中国道路丛书

厉以宁 主编　程志强 副主编　赵秋运 主编助理

中国道路
与
农民工创业

商務印書館
创于1897 The Commercial Press

2017年·北京

序　中国正在悄悄地进行一场人力资本革命

厉以宁

一、工业化开始后，农民外出务工是一种普遍现象

在工业化过程开始以后，农村劳动力涌入城市寻找工作，增加收入，是世界上任何一个开始工业化的国家和地区都曾经历的事情。英国、法国、荷兰就是典型的例子。可以说，如果没有农民涌入城市，充当体力劳动者，这些西欧国家的工业化是难以实现的。中国自19世纪中期以后，由于外国资本在上海、广州等沿海口岸投资建厂，江苏、浙

江一带的农民涌入上海等地，广东、广西、湖南一带的农民涌入了广州等地。这就是最早的同工业化有联系的来自农村的劳动力。到了20世纪初年，尤其是第一次世界大战爆发以后，民族资本对工业的投资增长很快，涌入沿海城市的农村劳动力越来越多。这都是正常现象。这种情况一直延续到20世纪50年代中期。20世纪初期以来，基本上都是如此。当时，沿海城市的农民，无论是来自农村的劳动力还是内地其他城市的劳动力，只要进入沿海的工厂，有了工作，就成为所迁入的城市的居民，他们如果把自己的配偶和孩子带进城市，也就能在迁入的城市登记上户籍，孩子能在迁入的城市的学校上学。当时，并没有所谓城市户籍和农村户籍的区分。

城乡分割的二元户籍制度是1958年户籍改革后才确立下来。从这时起，农民进城有一定的招工指标，不符合条件的进城或离开农村谋生的，被认为是黑户籍，是"盲流"。这种情况一直拖延了三十多年，以至于离乡进城的农民及其家属，包括儿童，都不能融入城市社会。即使已经在城市中工作和生活了二三十年（从1979年改革开放算起），都是这样的状况。"农民工"的存在表明：他们的身份是农民，而他们的职业已经是工人、手工业者或小商小贩了。

如果说中国工业化开始后的农民工和西欧国家工业化开始后的农民工相比，各有什么特色的话，可以说，最大的区别在于中国的农民工在中国工业化大力推进时受到二元户籍制度的严重影响，从而形成了城镇化的困难。据2015年的估计，中国农民工人数大约是两亿六千万人到两亿七千万人，此外，还有四千万左右的留守妇女，四千万左右的留守儿童，四千万左右的留守老人。他们进不了城镇。农民工家庭长期不能团聚，夫妇之间的误解或隔阂增大，留守儿童无人照顾，留守老人的生活不能自理，外出务工的农村劳动力根本无法尽子女之职责。这种情况在西欧国家工业化前期虽然也曾出现过，但由于没有城乡二元户籍制度的限制，类似的情况较快得到缓解，因为只要西欧国家的农民进城找到工作后，城市市区，特别是郊区是有可能找到住处的,所以棚户区、贫民窟相继形成,这就是一个证据。根据经济史资料,在西欧国家工业化的前期,跟随男劳动力进城的一大批妇女之所以能找到工作,同缝纫机的推广使用有一定的关系,这就是说,缝纫机进入了进城农民家庭,农村来的妇女当时只要能购买或租赁到一台缝纫机,就可以在家中接到企业的订单,靠缝纫机操作完成。农村来的妇女有了劳动收入,她们和孩子也就在城市里生活下去了。

到了西欧国家工业化的中后期,这些国家的农村劳动力的来源发生了显著的变化。这就是:来自本国农村的农民工越来越少。这些西欧的农村居民的生活状况与过去相比已有很大的改善,他们建立的家庭农场不仅有很好的业绩,而且在私人产权保护方面和农产品的销售价格方面还得到政府的保护。他们的下一代也受到很好的教育,他们不再像工业化前期那样流入城市去寻找体力劳动的工作岗位。那是他们的曾祖父辈、祖父辈的谋生经历,那个时代已过去了。代替他们在城市中寻找体力劳动力工作岗位的,是来自东欧农村、北非农村和西亚南亚农村的劳动力,还有些人甚至来自撒哈拉以南的非洲国家的农民。但机械化实现后,西欧工业化国家对体力劳动者的需求数量在减少,而对农村劳动力的质量和技术水平的需求都越来越高,进而使得从亚非国家涌入的农村劳动力很难找到固定的工作。

中国在进入工业化中后期时代以后,农民工的来源也在发生变化,沿海地区的农民如果愿意自己经营家庭农场或参加农民合作组织,他们是不会去城市从事体力劳动工作的。他们也许会选择小作坊经营、小商小贩活动,认为这更有利于自己发展。在城市从事体力劳动工作的,可能是从西北、西南或中部地区的农村劳动力,但也有可能以此为过渡的工作岗位。但不管怎样,即使来自西北、西南或中部地区的农村劳动力的供给量已经不同于20世纪八九十年代的情况。因为从西北、西南或中部地区供应的劳动力中,没有经过专业技术培训的同样难以找到固定的工作。应当指出，城乡二元户籍制度更深刻的害处在于，它挫伤了中年人，尤其是年轻人改善自己前途的信心，甚至陷入绝望、悲观的境地，进而影响他们的子女。整个农村死气沉沉，过一天算一天。

二、原有的发展方式发生了危机

任何国家在经济发展中都会遇到原有发展方式逐渐不再适应新的形势这样的问题。也就是说，经济转型是每一个走上工业化道路的国家必须经历的一个阶段，而且经济转型并非只有一次。随着科学技术的进步和对新创新成果的认识，经济继续转型的必要性被政府和企业界所认识到，经济也会继续转型。这一点已被世界上不少国家所认识到。

原有的经济发展方式既然已经被认识到不适用了，这条路也已被认识到越走越窄了，所以经济转型和产业升级都成为走上工业化道路的国家所关注的事情。世界经济的发展趋势就是如此。谁有实力，谁有眼光，谁就走在世界经济的前列。这个道理也已被各国所认同。

中国经济同样如此。从改革开放以后的三十多年的历史来看，中国经济大致可以分为三个阶段。

第一个阶段可以从 1979 年改革开放开始时算起，大体上到 1992 年邓小平同志视察南方的讲话公开发表之时为止。在这个阶段内，中国经济转型反映在农村承包制的推广和乡镇企业的兴起方面。农村承包制的推广意味着农民生产积极性的提高，实行多年的凭票供给城市居民食物的做法取消了，各城市和村镇中新出现了各类农贸市场，产品供应充足，市场活动，再加上乡村中涌现了许多乡镇企业，它们生产出各种工业制造品，并在全国范围内销售，于是在传统的计划经济体制外出现了乡镇企业的商品市场，从而大一统的计划经济体制之外，乡镇企业商品市场建立了，并对生产和生活发生重要影响。

第二个阶段大体上从邓小平同志视察南方的讲话公布后开始，到21世纪第一个10年结束时为止。这个阶段内，一方面国有企业的股份制改革开始推进，另一方面民营企业开始有较快的发展，并且有些民营企业也采取股份制形式。这个阶段内，社会主义市场经济体制得到了中共十四大的肯定，在经济中也得到了不少企业家的支持。与此同时，在邓小平同志视察南方讲话公开发表之后，一部分学历较高、有世界眼光的、原来在体制内工作的知识分子纷纷辞职下海，成为新型的企业家，他们被称为“九二派”，他们成为沿着社会主义市场经济道路前进的开拓者。这些都是这一阶段致力于中国经济转型的积极分子。此外，中国经过多年的努力，终于成为世界贸易组织的成员。这是有利于中国经济转型的一件大事。

第三阶段大体上开始于21世纪第一个10年结束时，特别是中共十八大开幕之时，一直延续到今天。这一阶段也是进一步改革开放的时期，发展方式的转换成了全国上下关注的重点。在中共十八大、十八届三中全会、十八届四中全会、十八届五中全会、十八届六中全会的指引下，中国的经济转型大大加快了。人们普遍认识到新常态的含义，认识到必须转换经济发展方式，重质量，重创新，重效率，在经济增长速度方面要符合新常态的要求，从高速增长转变为中高速增长。在这种情况下，既要扩大消费，更要增加供给。增加消费，主要是要改善人民的生活，使市场继续繁荣；增加供给，主要是要实现结构性改革，使创新取得新的突破。要知道，增加供给必须调整结构，这是一个艰难的任务，因为结构的调整涉及深层次的问题，比如说，要深化国有企业改革，要推进混合所有制经济，民营企业也要根据情况而实现转型。又如，在结构调整过程中，要减少库存，要加快创新，要提高产品质量，要培养技术工人，提高他们的素质，还要降低生产成本、物流成本、管理成本等。这些都属于供给侧的结构性改革之列。因此,企业对雇工的要求比过去高,不是企业一招工,应试的农民都能适应的。再如,在提高效率方面,不仅要提高每个企业的生产效率,还要大力提高资源配置效率,使资源配置合理化。由此看来,第三阶段的经济转型的任务是十分沉重的。我们必须为新阶段的经济转型而努力。

三、土地确权和土地流转:新机遇的来临

在中国,无论是第一阶段的经济转型还是第二阶段的经济转型,都对农村劳动力的外流发生了巨大的影响。正由于第一阶段的经济转型,农民在家庭承包制之下,有了外出务工的客观条件,他们纷纷奔向沿海,特别是经济特区,以便在那里找出合适的工作,如进入工厂当工人,进入建筑工地当工人,或受城市居民家庭的雇佣,成为保姆、月嫂等。这时,进城的农民工因收入的增加而对家乡的农民产生了巨大的示范效应,于是有更多的农民外出务工。

到了经济转型的第二阶段,即 1992 年以后,从内地乡村到沿海城市和省内城市谋职的农民越来越多,他们只要有体力,或有一定的技艺,在城市中找到适合自己的工作并不困难。特别在一些已有本县、本乡、本村农民工工作的地方,经过同乡的介绍,也比较容易找到工作。这样,农民工的数量也就越来越多。从 20 世纪过渡到 21 世纪的时期,一些地方的农村甚至出现了如下的现象:青壮年基本上离开了农村,农村中只剩下老弱、妇女和儿童。

进入 21 世纪以后,特别是中共十八大以后,农村的经济转型加快推行。这主要是土地确权以及与此密切联系在一起的土地流转改革成为新阶段农村改革的起点。土地确权是在不改变农村土地的集体所有制,同时也不改变农村的家庭联产承包制的基础上实行的。从而,农民得到承包地经营权和经营权证、宅基地使用权和使用权证、宅基地上自建房屋的产权和房产证。有了三权三证,农民

有了财产,有了财产性收入。紧接着,农村的土地有了流转的可能性。农民们既可以在承包经营的前提下使自己的家庭农场办得更好,还可以通过租赁或转包等方式扩大生产规模,并雇佣外地的农民前来务农,使家庭农场做大做强。如果承包土地的农民愿意发挥在手工业或商业方面的所长,也可以把自己承包的土地出租给他人,或转包给他人,自己转而进城开作坊或办商店,因为土地已经确权并有了相应的权证,他们安心了,不怕土地经营权、宅基地和宅基地上的房屋会被别人侵占或强行拆迁。农民如果想外出从事手工业或商店,还可以加入农业合作组织,即以自己的承包地入股,按期分红,这样,他们也就安心了。

在新的经济转型阶段,外出的农民工还遇到两种新情况。一种新情况是:有些农民工是在煤矿或其他行业的企业工作的,虽然有工作可做,但生产条件较差,工作较艰辛,但总算有工作岗位,有工资可领。但在经济转型期间,有些煤矿关闭了,或减产了,也有些企业同样被迫减产或关闭。下岗的农民工考虑到农村的情况这几年已转好,所以他们就回家乡了,这样,既可以就近工作,同妻儿老人一起生活,又可以回乡务农,致力于创业。另一种新情况是:有些民营企业在经济转型期间为了降低成本,向内地迁移,甚至转移到东南亚去。这些企业迁移后,往往只带少数管理人员或技术工人一起走,其余的工人遣散回家。于是被裁减的农民工也就回家乡,以农业为生。2015 年 4 月,我和全国政协一些委员在陕西汉中市考察,发现西乡县、洋县、留坝县等地的农民因各种不同的原因从外地辞去职务,在家乡经营农业和林业,他们反映生活比在外地好,不仅因为同家人团聚了,还因为开支节省了,积蓄增加了。

还应当提出一个与农村土地确权有关的问题,即通过农村土地确权,发现城乡居民收入的差距大大缩小了。在浙江嘉兴市的一些乡镇,发现在土地确权工作开展以前,当地城乡居民人均收入之比是 3.1∶1,土地确权以后当地城乡居民人均收入之比已变为 1.9∶1。

城乡居民人均收入之比为什么会有如此明显的缩小，据我们在同农户座谈时所了解的，大体上有三个原因：一是农民在土地确权后普遍安下心事，积极从事种植业、养殖业，收入因此提高了；二是农民把确权后的承包地租赁或转包给其他农户，自己到外面去务工，开手工作坊，或经商去了，收入也因此增长；三是农民把宅基地上的旧房子拆掉了，普遍盖起了四层楼的新楼。我们问当地农民，这么大的房子你们自己住？农民的回答是："一层是店铺，租给外地来做生意的人用，二楼租给他们住，三楼、四楼我自家住。"这样，每月都有房租收入，农民的收入自然就多了。

这些就是新的经济转型阶段农村的新变化。也就是说，土地确权和土地流转给农民带来了致富的新机遇。

四、"城归"：新型的农民群

由此让我们转入一个新概念的讨论，这个新概念就是"城归"。

过去只听说有"海归"，而没有听说什么"城归"。"城归"这种说法是最近两三年才流行的。所谓"海归"指出的是改革开放以来历年到西方国家去留学的学生，他们在西方国家学习了一段时间，拿到了一定的学位，决心回国工作，以报效国家。于是他们被人们称为"海归"。那么，什么是"城归"呢？这是最近两三年内被人们使用的一个新名词，指的是：离开农村老家，通过不同途径，以不同方式，到城市去务工的农民工，现在返回老家，或者在本市或邻市、本县或邻县、本乡本村或邻乡邻村工作了，他们就被人们称作"城归"。

我们在安徽、江西、湖北、湖南、贵州、重庆、四川做过调查，发现这些从外地城市返回老家的人，有不同的经历，有不同的职业，也有不同的抱负。他们一般说来有如下的特点：离开老家到外地奔忙了几年甚至一二十年，有些人已经三四十岁了，也有人还年轻，三十岁左右。他们在外面工作了一些年，对市场经济比较了解，认识了一些朋友，积蓄了一些钱，有些还掌握了一些手艺或技能。他们认为长期在外边工作，一家人分居两地甚至三地，很不方便，而且孩子也大了，需要有人照料，家里的老人年纪越来越大，需要照顾。总之，农村的变化、家乡的变化，使他们产生了一些新的考虑：是继续留在外面务工或从事工商活动呢，还是下决心回家乡创业？其中有些人决定"见好就收"，即决定趁早回家乡创业，免得以后后悔，把机会丢掉了。"城归"一词就是这样出现和流行的。

我们在贵州毕节市对小微企业考察时就发现如下几个例子。

贵州毕节市原先是比较落后和闭塞的。外出农民工出去得比较晚，而且最初外出时没有经过职业技术培训，即使外出了，也只是充当简单劳动者、体力劳动者，收入微薄。我2004年春季到毕节考察时，看到公路边上的村民墙上，用白粉刷上两行标语："不读完初中，不外出打工。"我对陪行的当地干部说："读完初中也只有十五六岁，难道就让他们去外地务工么？是不是太小了？"当地干部说："我们正准备开展外出务工者的职业技术培训工作，让这些农家子弟经过职业技术培训后再到外省市去工作。"这种考虑是正确的。果然，以后我多次到毕节时，看到当地职业技术培训推行得很有成效。

2012年我在毕节市管辖的七星关区和黔西县考察时发现小微企业发展得相当快，从事小微企业的业主中有相当一部分人是外出务工一段时间之后又回到老家的"农民工"。他们是回老家创业的。我看到，有些小微企业是夫妇合办的。有的开办了面包房，兼做蛋糕。我问业主："在哪里学的手艺？"女主人笑着说："在外面打工时学的，现在回到老家，自己开了面包房。""生意怎么样？"回答是："很好。"又说："这里的居民原来没有吃面包和买生日蛋糕的习惯，现在成一种习惯了。特别是孩子和老人过生日，都来预订生日蛋糕。"我们还在毕节七星关区考察了农民工返乡后开设的裁缝店，生意红火。业主告诉我们，风气渐渐变了，城乡居民感到商场上所出售的时装价格较高，式样也不如人意，纷纷到新开的裁缝店来定做，这些裁缝店都是返回老家的农民工开办的。毕节市政府还专门划出一块地方建起“小微企业园区”，为新成立的小微企业服务。返乡的农民工，也就是创业者，兴高采烈，对我说：“这样一来，我们不再是‘没娘管的孤儿’了。”创业的小微企业主认为“小微企业园区”就是自己的新家，有困难也去找“小微企业园区”的管委会。

但在毕节市所辖的各个县区考察后得出的一个印象是：返乡农民工和当地农民办得最多的是两类小微企业：一类是汽车、摩托车的修理店，沿公路两侧，隔不多远就有一家；另一类是“农家乐”，既有供应游客食宿的，也有单纯供应一日三餐的。其中有些“农家乐”店铺生意很好，人手不够，就写信给仍在外地务工的家人，要他们回家来干活。这些都是农村中的新气象，值得大家关注。总之，“城归”一词现在渐渐普及了，“新的农民群”已是不少地方经济中的活跃人物。

五、农民是一种职业还是一种身份？

城乡二元户籍制度改革正在全国许多地方推进。这是中国改革开放以来农村改革的第三次浪潮。正如前面提到的，第一次浪潮是20世纪80年代初所推行的农村家庭承包制，第二次浪潮是21世纪第一个10年过去以后在全国有些地区开始兴起的农村土地确权工作和贯彻土地流转的改革。第三个浪潮就是最近积极推进的城乡二元户籍制度的改革。这将是摆脱计划经济体制和建立市场经济体制的改革中不可缺少的步骤，也是推动农民工创业的重要措施。农民工创业过程中，包括农民工家属融入城市社会生活的体制障碍都将在城乡二元户籍制度改革后消失。

怎样在大城市，尤其是特大型城市中实行户籍一元化？已试验这一改革并取得成功经验的特大型城市所采取的是"积分制"。具体地说,就是把进入这些城市务工的农民在本市务工的工龄、学历、务工期间的工作表现、获得奖励的记录等,一律折算为积分。积分达到标准,就可以转为城市户籍。如果积分还不够,可以再等待一些时候,届时就可以转为城市户籍了。这就使进城务工的农民工及其家属安下心来,不至于转到其他城市去。

至于广大农村中的农民如何纳入城乡户籍一元化的道路呢?办法是先建设新农村,务使公共服务到位,并积极推进城乡社会保障一元化,使新农村向新社区转变。城乡户籍一元化的顺势推进也就成为"水到渠成"的事情。也就是说,户籍一元化将采取分区推进的做法,不要急于求成,而要循序前进。

在分区推进的过程中,城乡户籍一元化进程虽然从速度上看是慢了一些,但这是一种稳妥的做法,否则会"煮成夹生饭",后遗症往往难以避免,以后长时间内还会"补课",甚至"返工"。

通过城乡户籍一元化的改革,对农村、农业、农民都会有深刻的影响。

从农村来看,一个最明显的变化是:从体制上说,城乡隔绝的体制障碍消失了。农民已经不再被认为是"二等公民",城乡居民在体制上处于同等地位,有相同的权利,包括社会流动的权利、社会保障的权利、受教育的权利、就业的权利等。从体制本身来看,农村的建制被改为新社区建制,从而也同城市中的社区处于相同的地位了。

从农业来看,综合土地确权工作的实施和土地流转的推行,中国的广大农村,包括广大牧区都在循着农业产业化、农业现代化、牧业产业化、牧业现代化的道路前进。农民牧民的收入将在这一过程中逐步增加。

从农民方面来看,城乡户籍一元化实行以后,农民可以切身感受到的将是:农民是一种职业而不再是一种身份。过去,在城乡二元户籍制度下，农民及其家属无疑是一种身份，如果他想转变为城市户籍，十分困难。考进大学或中专，毕业后分配在城市工作，这可能是途径之一。参军后升为军官，以后又转业到政府机关，可能也是一条途径。总之，要改变农民的农村户籍是很不容易的。现在，城乡二元户籍制度改革之后，农民不再是一种身份，而是一种职业。换句话说，城乡户籍一元化之后，愿意继续从事农业或牧业、养殖业的就是职业农民。职业农民的范围是相当广泛的，有家庭种植场主、家庭林场主、家庭牧场主，还有家庭养殖场主。家庭养殖场和家庭种植场的范围也是广泛的。种植什么？包括谷类、玉米、薯类、蔬菜、菌类、花卉、水果等。养殖什么？包括鸡、鸭、鹅、猪、牛、羊、马，还可能有鱼、虾、蟹或其他。可以把这些家庭种植场、家庭林场、家庭牧场、家庭养殖场统称为家庭农场。场主当然是职业农民，家庭农场雇佣的农业劳动者同样是职业农民。至于为家庭农场提供农业机械、化肥、农药、塑料大棚设施的企业及其员工，也可以列为职业农民，或涉农企业的工作者。

最后，还应当说明一点，长期以来，农民之所以受到城市居民的"歧视"，不仅因为他们是农村户籍，融不进城市户籍，而且还因为农民收入低、穷困。城乡户籍一元化以后，户籍上的歧视消失了，而且土地确权后农民有了财产权，有了财产性收入，再加上农业产业化使农民收入上升了，这样，农民就不再受歧视了。

这就是农民职业化的含义。

六、在中国，"农民工"将成为一个经济史上的名词

这是一个有关中国农村、农业和农民前景展望的问题。根据中国的国情，目前看来，在全国人口总量之中，农民人数比重过大了，这同西方发达国家相比，存在着相当大的差距。也就是说，在美国，20 世纪 90 年代，农、林、渔等部门就业人数约占总就业人口的 4%；

此后这个比例一直在下降,这表明了美国自 20 世纪 90 年代以后农业劳动生产率在继续提高。西欧国家也是类似情况。然而在中国,农村的总人口虽然自 2000 年以来历年都在减少,但农村从业人员的减少都是缓慢的。到 2010 年,农村总人口据统计为 6.71 亿人,农村从业人员仍有 4.14 亿之多。[1] 这意味着农业的劳动生产率有必要大力提高。

怎样提高农业劳动生产率?最重要的措施是以下四项:

一是土地确权,使农民的积极性上升,让安心从事农业生产的家庭农场主的效率提高,收入增加;

二是在加快农业产业化、农业现代化的过程中,发展为家庭农场供给良种、优质肥料和农药,以及提供机械(拖拉机、播种机、插秧机、收割机等机械)的支农企业;

三是在政府引领下为土地质量的改善和水利设施的完善,以及农村道路的修建投入较多的资金,以便粮食和其他农作物、饲养业产品既能增产,又便于运销;

四是扩大农场规模,或进一步推进土地流转,使农业呈现规模经济的优势,在组织形式上也应根据各地的情况,或健全、扩充农民合作组织,或帮助家庭农场融资,使它们有更大的发展,或促进务农企业同家庭农场或农民合作组织协作,以提高效率。

怎样使农民或农业从业人员不断减少?最重要的措施是大力推进城镇化,鼓励愿意进城工作和生活的农民进城。

在城乡户籍一元化逐步推进的前提下,城镇化势必转入一个新阶段。城镇化应“以人为本”,也就是说,让农民中自愿进城从事手工业生产或自愿开办小微企业的人,包括原来就多年外出务工的返乡农民工,作出选择,愿工则工,愿商则商,听其自愿。但城镇必须

---

〔1〕 参看张思平主编:《中国改革报告:2015 年》,深圳创新发展研究院,第 134—135 页。

成为适合人们居住的地方，棚户区拆迁、改造，古迹、人文景观保护好，医疗、教育、养老、就业等工作也应相继跟上去。

一旦农民进了城镇工作和生活，他们就不再是农业从业人员，他们就同城镇居民融合在一起了。城镇必然成为这些新迁入的居民的安居乐业的居住区。他们是否在原来的农村保留自己的老家，悉听他们的安排，不强迫一致。也许存在如下的情况，即农民还是农民，在家乡经营农、牧、林业，老人孩子都进了城，主要是为了孩子上学，为了老人便于照顾孙辈，老人自己看病、保健也方便。我们在内蒙古通辽市扎鲁特旗所看到的就是这种新情况。

那么，到那时是不是还会有“农民工”？对这种情况，可以从下述两方面进行分析：

一方面，既然城乡二元户籍制度已经逐步转变为城乡户籍一元化了，农民只是一种职业而不再是一种身份，那么流行多年的“农民工”这一称呼也就失去了体制的依据。返回老家创业的农民愿意迁入城镇居住和工作的，不管他们从事什么职业，都不应再以“农民工”的名义来称呼他们。也就是说，一种体制（城乡二元户籍制度）已经消失，“农民工”这个名称也就成为历史，供经济史研究者去研究。

另一方面，既然土地已经确权，土地流转已经流行，特别外出务工、外出经营手工业和商业的农民已经越来越向往更多的收入，所以也有一些仍然留在农村种地的青年农民，仍会产生外出闯荡的可能。他们认为，只有离开老家，才能实现自己的创业愿望，他们会外出寻找同乡和亲朋好友，由他们介绍工作。如果他们确有些本事，为人又有诚信，外出以后仍会在城市环境中成长起来的。也就是说，他们仍会像他们父兄辈那样靠自己的努力，成为创业者。但时代变了，他们不再被城市中的人称作“农民工”，因为这种称呼已经过时，也没有人再使用了。他们是新进入城市的居民，同达到工作年龄的城镇居民没有什么区别。

从上述这两个方面来看,农村中的从业人员继续在农业中干活的,会日益减少,这是符合城镇化的走向的。但他们不是转变为"农民工",而是转变为新城市居民。严格地说,继续从农村进入城市,从事工业和服务业工作的农民,不仅不再被人们看成是"农民工",他们自己也不这么看。他们是正在形成中的"蓝领中产阶级"的一分子。

在这里特别要提到,要关心以往这些年跟随父母进城的"农民工二代"孩子,他们从小在城市中长大,但却受到不公平的待遇。虽然这已经是过去的事情,但仍需要他们朝前看:一个人的前途完全依靠自己的努力。要鼓励他们适应城镇化,适应市场化,成为新一代的创业者。

今天的中国正在悄悄地进行一场人力资本的革命,主力就是农民。不管他们是不是外出而返回家乡的"城归",也不管他们是不是继续务农的农民,他们已经懂得了学知识、学技术、交朋友、闯市场的深远意义。中国的人力资源已经耗尽了吗?中国农村不再有"人口红利"了吗?这显然是不符实际的。今天,凡是深入农村考察的、调研的人都能看到中国人力资源的潜力正在发生巨大的变化,世界上最大的"新人口红利"正在中国涌现!

目录

理论篇

实 践 篇

理论篇

改革开放以来农民工创业的理论基础与未来展望

程志强

为了使广袤的乡镇企业更加兴旺，促进就业增长以及收入增长，国务院在2015年发布了《中共中央国务院关于加大改革创新力度加快农业现代化建设的若干意见》和《国务院关于进一步做好新形势下就业创业工作的意见》（国发〔2015〕23号）。2016年5月25日国务院办公厅印发《关于支持农民工等人员返乡创业的意见》，是全面贯彻落实党的十八大和十八届二中、三中、四中全会精神的重要文件。农民工创业问题已成为中央和地方高度重视的问题。根据2015年国务院发布的农民工监测调查报告显示，

2015 年农民工总量为 27 747 万人，比 2014 年增加 352 万人，增长 1.3%。2011 年以来农民工总量增速持续回落。2012 年、2013 年、2014 年和 2015 年农民工总量增速分别比上年回落 0.5、1.5、0.5 和 0.6 个百分点。这表明 2008 年金融危机以来，受外部经济环境不景气的影响，大量的外出务工人员也选择了回乡创业。20 世纪 90 年代以来，由于城市生存压力的不断上升，以及城市就业环境的恶化，外出务工的群体出现了返乡创业的现象。在新的历史发展时期，科学引导农民工创业实现创业型就业显得尤为重要，这对于加快实现农村劳动力有序转移、提高农民收入、实现人口城镇化有着重要的战略意义。就业是民生之本，农民工的就业问题尤为突出。可以看到，就业困难一方面是压力，另一方面也会形成“倒逼”机制，激发人们的创业热情。

从人口特征学的角度上来看，创业活动的选择会受到创业者个人特质（年龄、婚否、性别及工作经验等）、家庭环境等的影响，同时也受到创业者个人的受教育程度、技能等的影响。清华经管学院中国创业研究中心发布《全球创业观察 2015/2016 中国报告》。根据报告，中国创业活动的主体是青年，占创业者总体比例的 41.67%，创业动机以机会型创业为主，64.29% 的创业者为机会型创业者。

从学术关注的角度来看，学者们对创业的定义仁者见仁、智者见智，针对不同的研究问题，研究者的侧重点有所不同。而农民工返乡就业是我国特有的一个社会现象，国际上也没有统一的界定。而对于农民工定义中，需要清晰界定两个条件：一是创业的主体是农民工。农民工是拥有农村土地和农村户籍的，但不是在户籍所在地从事农业活动而选择异地从事非农或农业活动的个体。二是创业的地点在户籍所在地。也即是农民工返回户籍所在地借助各方面条件开展各方面的经营管理活动，创造价值。

梳理现有对农民工创业问题的研究，目前已有研究的焦点主要集中讨论了以下几个实践问题：创业的动机、创业的意义、如何创业以及如何解决创业过程中所遇到的问题等。已有的研究成果对开展农民工创业问题的理论研究非常有帮助,但目前创业研究尚没有一个独立的理论体系,也没有统一规范的理论框架来解释并预测农民工的创业问题。

基于此,本文主要讨论改革开放以来农民工创业现象的理论基础,从理论上理解农民工创业的必要性和可能性,再结合经典的创业模型探讨改革开放以来我国农民工创业所遇到的困境,并在此基础上展望我国农民工创业的未来。

一、改革开放以来农民工创业的必要性

农民工群体已成为中国新时期创业的重要力量。从短期来看,农民工创业不仅能解决农民工就业难的问题,还有利于解决“三农”问题。更长远地来讲,有利于我国工业化的进程,更有利于城镇化的建设和可持续发展。

我们看到农民工创业不但能解决自身的就业问题,还能新增就业岗位,带动多人就业。具体而言,我们能看到返乡创业的农民工能创造一系列新的就业岗位,为农村剩余劳动力创造了一批新的就业岗位,带动当地的农民实现转移,同时也能缓解城市就业问题的紧张。农民通过经营获得非农收入,有利于提高农民的收入。同时如果农民工选择返乡创业,其创业的形式大多选择与当地的农业活动联系起来,这能充分带动当地农业产业化的水平,也有利于帮助农民增收。返乡就业能带动一大批当地农民发展生产以及走向富裕,这也是农村经济发展的重要力量。

农民工返乡创业大多聚集在城镇或者县城,能直接推动当地的经济发展。以返乡农民工创业者带动城镇经济发展,能改变农村比较单一的种植结构,促进农村产业化结构的升级,推动农业的合理分工和产业集群的发展。此外,还能带动资本等要素向城镇聚集,

促进城镇产业的多元化发展。而此时城镇的聚集功能也发挥起作用,带动当地人口规模的扩大,城镇化的加速。

此外,农民工在外打工的经历和见识,返乡创业后,将成为当地和城市联系的重要桥梁,帮助当地农村更好地了解和接触城市,对当地的文化习俗、生活方式有所影响,也更有利于实现“人”的城镇化。同时,也改变了家乡的面貌,推动农村基础设施的建设和发展,改变农村的生产生活面貌。

当然,农民工创业既有必要性也有可能性,一系列积极的创业政策的出台以及城市产业转移的政策,外加农民工自身多年外出打工所积累的财富和经验都让农民工创业具备了一定的可能。中央政府和各级地方政府都相继出台了完善和支持农民工创业的针对性文件,对于鼓励和支持农民工创业的方法进行了探索,极大地改善了就业环境。

二、改革开放以来农民工创业的理论基础

尽管创业实践方面的理论成果非常丰硕,创业管理的理论得到了长足的发展,但对于农民工创业方面的研究尚处于解释阶段。创业研究所涉及的面非常广,可以从不同学科对其进行分析,不同学科的学者从不同的研究视角都构建了自己的理论体系,我们总结了以下几个创业理论,其中包括创业的动机、机会、资源以及过程等方面的理论。

(一)创业动机理论

理解是什么因素促使创业者创业是理解整个创业过程的关键。创业动机也决定了个体是否有创业的意愿,并在一定条件满足的情况实现创业行为。强烈的创业动机是个体创业的起点和助推力,且更进一步地推动着创业者接触和了解创业信息,寻找创业资源,突破现有思维,持续实现创业的保证。

对创业动机理论展开研究最初是开始于基于心理学的角度对创业的动机和需求的探索。瓦鲁姆（Vroom，1964）认为动机是效价、期望和手段三者的乘积，可以表示成三者的数学函数。贝格曼和斯腾伯格（Bergmann & Sternberg，2007）指出创业行为背后的驱动力是创业动机，这种驱动力促进具有创业条件和创业能力的个体进行创业。有学者认为将对创业的认识和创业意向转换成创业的真正关键是创业动机（Carsrud & Brännback，2011）。也有不少学者认为创业动机是创业者内心目标，这种目标会激励创业者个体的行为，并激励创业者抓住或创造机会努力实现目标。

基于已有的研究，我们总结认为，创业动机是驱动个体创业的内心动力。它是在环境的影响下，将创业行为付诸行动的心理状态。

农民工的创业动机根据不同的标准可以划分为不同的动机。吉拉德和莱文（Gilad & Levine，1986）提出了两个理论——“推动理论（push theory）”和“拉动理论（pull theory）”。“推动理论”指的是创业者是被外部环境推着去创业的，例如由于对现有工作不满、工资低等原因从而选择了创业。而“拉动理论”则认为，创业者是由于想追求自身梦想实现，寻求独立、财富以及自我实现等原因而主动追求的创业。根据创业动机的“拉动”理论和“推动”理论，可以将创业动机划分为两种动机，如清华经管学院中国创业研究中心发布的《全球创业观察 2015/2016 中国报告》将创业划分为生存型创业动机和机会型创业动机。生存型创业即没有更好的就业机会而选择的创业，而机会型创业则是由创业者本身出于自身选择的创业。

此外，还可以将其分为三种动机：经济性动机、社会性动机和成就性动机。经济性动机是养家糊口，为了更好的生活需要而选择的创业。社会性动机是对现有工作或状态不满意，受身边人影响而选择创业，满足社会性的需求，同质性的社会网络会促进农民工创业动机的形成。成就性动机是基于自身理想，为了实现梦想而选择创业。

创业动机理论强调创业者本人内心的创业想法，并充分利用资源完成创业行为。农民工群体创业有着强烈的返乡创业动机，且在城市当中累积了一定的人力资本和财富资本，返乡创业的愿望更为强烈。一部分农民工选择返乡创业是为了谋求更好的自身发展，另外也有一部分农民工返乡创业是为了生存需要。

创业动机也不是立刻能形成，更多的是由一定的主观、客观因素萌生了创业想法。农民工群体的创业动机包括：个体特质、家庭环境、社会环境、政策扶持、物质追求和精神追求等方面。农民工个体受教育程度更高，家庭平均收入更高，基础设施建设更完善，投资创业环境更好，对农民工群体的创业行为会产生积极的影响。

（二）创业机会理论

创业机会也是学者们研究的关注点之一。该理论认为创业机会才是创业的核心，创业机会的本质是通过机会发现，把资源创造性地结合在一起，并创造出新的价值的一种可能性。该理论主要关注创业机会为什么存在、何时会存在以及如何存在的问题。同时也关注为什么某些人（而不是其他人）能发现创业机会、怎么发现以及如何利用开发这种创业机会。例如，柯兹纳（Kirzner，1973）就认为创业是资源整合，为了不断满足市场需求以及创造市场价值的过程。创业是个体一种自发性的意愿，这种意愿能帮助人们发现机会，开拓创业活动（Shane，2003）。而从情景出发的话，创业机会也可以认为假设为未来的一种成功率高的情境，在这个情景中，创业者可以弥补市场的缺陷并在此过程中寻找利润。国内有学者认为，创业机会是一种可以利用的商业机会，这种机会能让购买者或最终使用者认为其具有一定的价值（左凌烨、雷家骕，2002）。

创业机会理论对推动创业研究产生了极大的影响，对推动农民工创业的研究也产生了重要影响。感知和发现创业机会，会激发农民工的创业行为的发生。具有创业动机的农民工会有意识地关注行业动态，收集相关信息，拓展社会资源，构建社会网络，他们会比其他人更快更轻易地发现和挖掘出创业机会,并抓住创业机会整合资源实现创业。

(三) 创业资源理论

创业资源理论是从创业者手中所拥有的资源角度出发分析的理论。创业资源理论的源泉来自于管理学的企业资源理论。无论企业发展处于哪个阶段,企业的特有资源对企业的发展都是非常重要的。这些资源能让企业在竞争中获得超额利润。每个企业的物资资源和人力资源的投放力度不相同,也就导致了不同企业之间的绩效的不同。把企业资源的研究加入创业研究中去,也就形成了创业资源理论的研究。事实上,创业本身就是一种资源整合的过程。当然,创业资源理论还探讨资源的来源,以及创业资源与企业成长、企业绩效的关系等问题。

目前,国内对创业资源理论的研究主要集中在创业资源的定义以及创业资源的划分上。对创业资源的定义如同对创业的定义一般,众说纷纭。创业资源指的是在创业的过程中,所需要的各种生产要素,包括人力、资本等。有时候政策支持也是非常重要的创业资源。创业资源是创业不可或缺的条件,如果能够高效率地整合已有的资源,对初创企业而言非常有利。创业所需要的资源包括直接的资源和间接的资源。直接的资源包括场地、资金、人才等,间接的资源包括政策、信息、技术、文化、品牌、社会关系、营销网络、商业计划等。

其中很重要的资源是农民工自身的能力——人力资本。这在农民工创业过程中发挥着关键作用的重要因素。农民工的人力资本是在以往的教育、工作经验中得到的。这种人力资本在创业中可以体现为创业能力、人际交往能力等,这些能力对创业过程都有着非常重要的影响。创业能力的高低主要是通过整合资源的能力来体现的。其中创业能力可以具体分为创业的思维能力(创新性、竞争性)、创业的行为能力和创业的语言能力。农民工获得了这些资源后还需要依靠内外部的力量对这些资源进行整合,创业资源的获得是伴随着整个创业过程的。尽管农民工在以往的打工过程中累积了一些经验、资金以及人脉,但在综合运用能力上仍处于劣势。在创业型企业的成长过程中还需要不断提高自身的能力,以形成自身独特的难以被模仿的竞争优势。

(四)创业过程理论

从20世纪90年代以来,创业研究的逐渐聚焦于创业过程的研究。早期人们理解创业过程主要从活动的角度来理解。创业过程是新组织的创建活动。近期对创业活动的理解主要从创业行为的过程角度出发。例如,尚恩(Shane,2000)认为创业过程是一个创业机会识别和利用的过程。

创业过程可以分为广义的过程和狭义的过程。广义的创业过程包括从一个有利润空间的市场机会的发现到形成一个新的企业,以及该企业成立以后的经营管理的全过程都是创业的过程。而狭义的创业过程仅仅包括新企业的注册成立,创建成功。杨俊(2004)试图从特定角度描述创业过程的复杂性与动态性内涵,认为创业过程背后确实隐含很多关键要素,本身蕴含着一系列活动,而且这些关键要素和活动遵循一定的逻辑与平衡关系,而且创业过程的复杂性与动态性决定了创业过程研究的独特性。

从本质上而言,农民工的创业与其他创业主体的创业模式并无差别,都是寻找发现创业机会,整合创业资源,进而利用资源开发创业机会实现利润的过程。但区别在于,由于农民工群体受其自身的条件和外部环境等因素的制约,在创业的过程中会受到不同条件的制约,这将进一步影响创业的结果。农民工的务工经历、风险偏好的程度对创业的绩效有着重要影响。

三、农民工创业模型

经典的创业模式包括:蒂蒙斯(Timmons)创业模型、威克姆

(Wickham)创业模型和萨尔曼(Sahlman)创业模型。农民工群体作为我国目前重要的创业主体之一,经典的创业模型同样适用农民工创业群体。

(一)蒂蒙斯创业模型

蒂蒙斯在1974年提出了一个创业模式。他认为创业活动要取得成功,需要三个要素的平衡搭配——商机、资源和创业团队三者的互动搭配实现动态平衡方能实现创业成功。机会萌发了创业,继而组建一个创业团队。最为关键的是商机的挖掘,初期的重点是团队,如果顺利开展创业计划,对身边的资源才会需求增加。也就是说,商机、资源和团队这三者在创业过程中可能会失衡,因此需要及时进行调节,使保持平衡。而在整个创业的过程中,商机的模糊性、市场环境的不确定性、资本市场的动荡以及一些外生因素都会对创业活动产生影响,因此需要创业者的沟通能力、创造力以及领导能力克服这些困难,把握机会,适时调整以上三个因素,使三个组合保持在动态的平衡当中。

蒂蒙斯创业模型可简单地表示为下图。

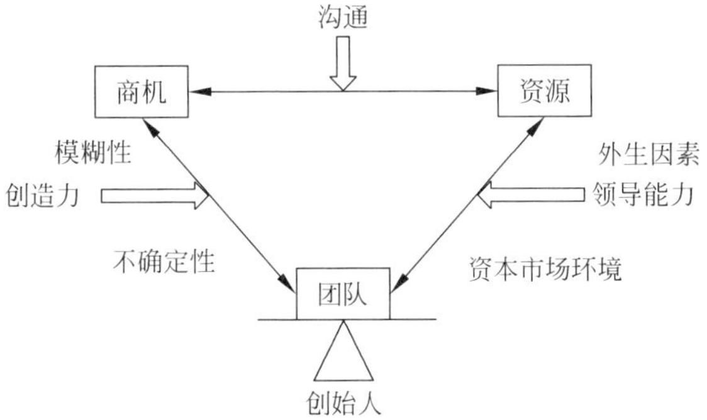

图1　蒂蒙斯创业模型

(二) 威克姆创业模型

威克姆2001年提出一个创业模型,该创业模型的基础是学习过程。具体而言是,创业过程是一个持续学习的过程,该过程中包括机会、创业者、资源和组织四个要素,通过这四个要素之间的转换,可以实现动态平衡及成功创业。而创业的本质就是有效地整合这四个要素的关系,保证要素之间的动态匹配与平衡。

创业者在这个过程中处于中心位置,创业者的任务就是要确认创业机会,管理资源领导组织,并使资源与组织相适应。创业机会的确认过程其实就是创业机会的寻找、发掘并评价的过程。创业者需要根据创业机会的不同而调整资源与组织的组合。在该模型中,创业者始终是各个要素的核心和关键,创业活动实现的要点之所在。创业的成功与否,需要充分发挥创业者的主观能动性,通过学习与持续变换要素之间的关系来实现创业过程的动态平衡(见图2)。

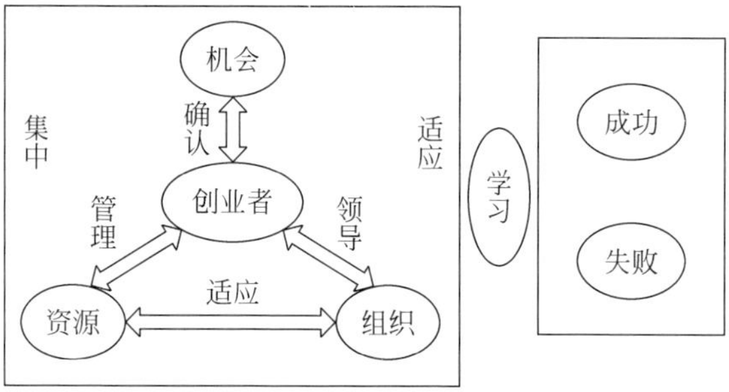

图2 威克姆创业模型

(三) 萨尔曼创业模型

萨尔曼在1999年提出一个包含四个关键创业要素的创业模型。这四个要素分别是:人和资源、机会、交易行为和环境。这四个要素相互联系相互影响。其中,环境是外部因素,交易行为主要体现在创业企业成立后的组织管理问题,包括激励分配和知识共享。

与威克姆创业模型不同的是,该模型强调环境的重要性。他认为其他三个要素都受环境这一要素的影响。

萨尔曼模型强调创业机会、创业资源和交易行为这三个因素都来源于环境并受环境的影响,创业成功与否取决于能否从环境中寻找创业机会(见图3)。

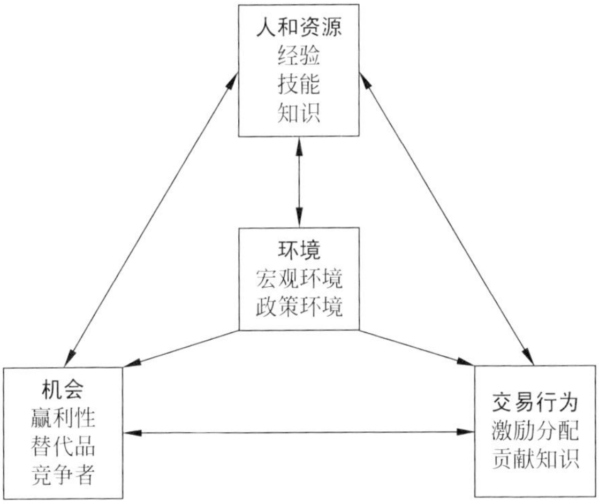

图3 萨尔曼创业模型

四、改革开放以来农民工创业遭遇的困境

改革开放以来,农民工在创业过程中遭遇了不少的困境,有来自于创业实践主体的困境,也有来自于创业实践客体的困境。创业主体所遭遇的困境主要包括资金困难和创业缺乏科学性。而创业客体,例如创业环境等,所遭遇的困境包括社会网络支持缺乏以及政策缺失等。

(一)资金短缺,融资渠道狭窄

制约农民工创业的瓶颈和最为困难的问题是资金短缺的问题,

进一步提高了农民工创业的成本与风险。虽有政策支持农民工群体创业，但无明确的税收优惠政策以及财政支持政策，农民工群体创业首要解决的问题则是资金短缺的问题。金融部门难以操作支持农民工群体创业，导致农民工创业遭遇障碍。

农民工创业所需要付出的成本要比其他主体多得多。农民工群体由于缺乏评估机会以及资源整合的能力，从而导致创业的能力较弱，所花费的成本更高。同时，创业也有一定的门槛，创办一个企业需要审批的程序比较多，这不单单是农民工创业的困境，也是我国目前所有创业主体所面临的困境之一。

（二）以生存型创业为主，具有一定盲目性

改革开放以来，新生代的农民工成为了农民工的主体。许多新生代的农民工选择了创业。而生存型的创业是改革开放以来农民工创业的主导模式。农民工群体出于生存的需要，为了摆脱困境不得不选择创业。生存型创业的创业者比较容易触发创业动机，但缺乏创业资源，且对创业的路径不熟悉，具有一定的盲目性。而机会型的创业者基于创业资源发现创业机会后才触发创业动机，相对而言，具有一定的科学性和可行性。

农民工的创业行为离不开资源和禀赋的限制。在打工期间工资低、对现有工作不满以及对未来工作前景无望等因素驱动着农民工创业。这种创业行为呈现出边缘化和低层次化的特征，一般会寻找投入成本小、风险小的传统领域进行创业，很难做“大”做“强”。缺乏必备的创业技能培训、缺乏人才支撑、缺乏技术的支撑等，都增加了农民工的创业风险。

（三）缺乏社会网络的支持

我国是一个关系型社会，且我国目前处于经济社会转轨时期，因此农民工群体创业无法通过正式的市场交易来获得创业资源，主

要是通过亲缘（血缘）关系、地缘（老乡）关系等获得创业资源，开展创业活动以避免创业失败。但在这过程中，农民工遭遇了两个困境：一方面农民工在城市创业，会由于远离家乡而得不到亲缘等的社会网络支持，同时也由于难以融入城市得不到城市社会网络支持。另一方面，农民工以往的就业行业大多是建筑业等非农产业，如果返乡创业则远离城市，而难以参与城市产业分工分享产业发展的外部经济。这两种困境都会增加农民工的创业成本和创业风险。

（四）政策缺失与不健全

农民工创业不但缺乏社会支持网络，政策支持的平台也不够，农民工创业的制度供给严重不足。缺乏持续有效的长期制度的支持，例如金融系统支持乏力等。各级政府都在中央政府的号召下出台千篇一律的鼓励农民工返乡创业的政策，但执行的过程中常会出现执行困难，优惠政策得不到落实，各部门之间信息沟通不畅。各种政策雷声大雨点小。例如，政府明确出台政策降低农民工创业贷款门槛，但哪个主体部门或是金融机构降低这一门槛？怎么降低？降低多少？申请贷款的具体条件又该如何？都没有明确的研究和标准。审批贷款过程中负责人是谁？权责不清的情况下极容易造成责任相互推诿的情况，以至于最后导致农民工创业的优惠政策得不到落实。

五、农民工创业的未来展望

从农民工自身而言，农民工创业要善于对机会进行客观科学的评价，对资源进行有效的整合，提高创业的能力，这期间需要系统科学的培训。农民工自身要自觉主动地参加继续教育、职业教育等教育，提高自身受教育水平，提高知识文化水平。同时，也要提高自己的“干中学”能力，类似“农民培训班”要积极参加等，这类活动可以提高农民工群体的人力资本。

从公共政策的角度来看,创业政策的设置和实施对农民工创业尤为重要。

1. 依据农民工的创业需求,制定和完善农民工创业的制度和政策体系。针对不同阶段的农民工,设置不同的引导政策,激励政策和扶持政策,一定要重视农民工创业系统的持续性和科学性。从理论分析中可以看出,创业是一个动态的过程,其间各因素随时间的变动而变动,因而需要创业者自身动态地调整,同时如果能得到外部公共政策的支持,将会使创业过程更加持久。

2. 建立常态化的创业培训机制。农民工创业具有普遍性也具有特殊性。其他创业主体创业过程中所遇到的问题农民工群体也会遇到,同时也会有农民工创业过程中的特殊性。农民工创业过程中属于比较被动的情形,创业成功率也较低,所选择的创业行业也大多是传统的行业,滞后于市场发展的需要。因此需要建立科学规划并且持久性的创业培训机制,提高农民工创业的能力。培训机制的形式可以多样化,例如可以聘请成功企业家、专家等组成智囊团对农民工创业群体进行辅导、帮扶。可以聘请专业的项目咨询师对项目进行分析,例如分析农民工创业项目的行业状况、赢利状况、风险状况以及政策等方面,如果有能力,实行“一对一”的创业辅导。

创业项目、创业技巧、创业成功案例等信息的公布,对于帮助农民工群体熟悉社会经济环境,识别和把握商业机会,切实提高其创业能力是非常重要的。创业是一个非常复杂的过程,需要创业者具备多方面的综合能力,方能确保创业的成功。政府要积极参与到农民工创业培训上,才能确保创业培训顺利开展。同时不但要提高创业技能,还要提高创业意识。此外,在政府主导的机制下,引入多方积极参与,充分发挥各方的积极作用,例如,商会、创业者协会、培训学校、农村经济合作社及农村龙头企业,整合社会资源,强化服务保障。政府要支持社会组织在帮助农民工创业上开展科学有序的公共管理服务。

同时,也要保证创业培训的经费保障,政府要加大对创业培训的投入,将政府培训支出列入政府预算中,使之成为一个长期有效的机制。

3. 构建有利的创业环境,科学规范引导农民工创业。落实农民工创业的宏观调节机制,真正落实农民工创业优惠政策,例如信贷政策的创新与落实,建议各地方政府部门成立专门的机构负责农民工返乡创业问题,根据各地区的行业选择、区域主导产业、区域经济情况制定适合本地区发展的优惠政策,并将这些政策制度化、流程化。各地方政府部门应认真学习中央关于促进农民工创业的相关政策文件,中央近年来已颁布了多项关于促进农民工创业的纲领性文件,明确提出要促进农民工创业就业,现阶段党和中央都十分关注农民工的创业。农民工创业问题已被提到一个新的历史高度,纳入各级党和政府的议事议程中。地方政府作为当地农民工返乡创业具体优惠政策的制定者与实施者,只有充分认识到农民工问题是现阶段民生的重要问题,意识到农民工返乡创业是现阶段推动当地区域经济增长的重要力量,才能制定出切实可行的区域长期规划,将创业优惠政策落到实处。

4. 积极帮助农民工拓展和维系网络,以获取创业的知识资源和其他资源的支持。进一步落实对农民工的扶持和关爱计划,开展农民工的文化娱乐活动,加强社会文化建设,扩大以及维系农民工的社会网络关系。此外,进一步基于农民工在资金、工厂等资源方面的扶持,提高农民工群体的创业能力;再者,引导农民工创业者进入各类工业园区创业,营造良好的产业氛围,促进农民工新创企业参与产业分工和合作,提高农民工创业管理能力,逐步实现农民工快速向“机会型”创业转变。

总之,改革开放以来,新生代农民工逐渐成为农民工的主力,这代农民工充分感受到了市场经济的浪潮,受到创业的熏陶,对创业改变人生命运的价值观持肯定态度。农民工创业群体已成为创业的重要力量。政府扶持创业的政策对返乡者的创业决策具有显著的影响。因此,如果真正希望鼓励返乡者创业,政府应该在组织保障、行政服务和政策扶持等方面加大改革力度,具体包括金融政策、开展返乡农民工创业一站式服务、税费优惠等降低返乡农民工的创业成本,努力建立起"政府支持—创业资本—创业动机"这个三位一体的理论分析框架。

本文主要讨论了改革开放以来农民工群体创业的理论基础以及改革开放以来该类型创业主体所遭遇的困境,并提出相关建议措施。展望未来农民工创业,理应积极地由"生存型"向"机会型"创业转变。同时,注重创业理论与实践相结合,降低创业的风险,提高创业成功的概率。

参考文献

1. 李凯:《新生代农民工创业路径的案例研究》,东北财经大学2012年。
2. 杨俊:"创业过程研究及其发展动态",《外国经济与管理》2004年9期:8—12。
3. 左凌烨、雷家骑:"创业机会评价方法研究综述",《中外管理导报》2002年7期:53—55。
4. Bergmann, H. Sternberg. R., "The Changing Face of Entrepreneurship in Germany", *Small Business Economies*. 2007.
5. Carsrud, A.,& Brännback, M. "Entrepreneurial motivations: What do we still need to know?", *Journal of Small Business Management*.
6. Gilad, B. & Levine, P., "A behavioral model of entrepreneurial supply", *Journal of Small Business Management*.
7. Kirzner, *Competition and Entrepreneurship*, Chicago: The University of Chicago Press, 1973.
8. Sahlman. W. A. & H. H. Stevenson, "Introduction, in W. A. Sahlman and H. H. Stevenson", *The Entrepreneurial Venture*, Boston: McGraw Hill, 1991.
9. Shane, S., Locke, E. A., & Collins, C. J., "Entrepreneurial motivation", *Human Resource Management Review*.

10. Shane, Scott, Venkataraman, S. , "The Promise of Entrepreneurship as a Field of Research", *Academy of Management Review*.

11. Timmons. J. A. , *New Venture Creation*: *Entrepreneurship for 21 Century* Illinois. Irwin. 1999.

12. Vroom, V. H. , *Work and Motivation*, New York: Wiley 1964.

13. Wickham. P. A. , "Strategic Entrepreneurship", *Essex*: *Pearson's Education*. 2001.

（程志强，北京大学光华管理学院）

从企业管理角度分析『城归』农民工创业

高尚全　姜海纳

一、引言

“农民工”一词最早由社会学家张雨林教授于1983年提出来，这个群体具有农民的身份，但从事于工业生产劳动，是城乡户籍制度下的产物。农民工群体一直以来都令人关注，厉以宁先生认为，中国的新人口红利有三种来源：一是今天有大量的创业、创新者，他们将成为中国的新人口红利，上千万人在创新创业，其中百分之一、千分之一能成为大的企业家，这就能对中国经济产生重大的影响；二是大量职业技术学校、学院毕业的学生,他们在工作中能发挥自己的专长,将来也有可能进一步提升为熟练技师;三是农民,现在很多地方的农民开始学习家庭农场的思路。农民学技术、学管理,这是西方农业发展的结果,也是中国未来要走的路。由此可见,农民工“城归”创业不仅是从个人层面解决就业问题,也从社会层面缓解了城乡差距问题,并在国家层面为经济增长提供了新动能。

在供给侧结构改革的背景下,李克强总理在2016年重点工作部署中明确提出:“充分释放全社会创业创新潜能。着力实施创新驱动发展战略,促进科技与经济深度融合,提高实体经济的整体素质和竞争力。”“大众创业,万众创新”战略一方面为经济发展提供新动能,另一方面将促进产业结构创新升级,并充分释放全社会的创新、创业潜能。在此宏观环境下,作为中国户籍二元制度下产物,农民工通过在城市务工,得到职业技能锤炼,但受制于多种因素制约,因而成为“城归”(即从城市返回原居住地)。在双创背景下,返回户籍所在地的部分农民工利用所学技能开启了创业的道路。本文希望通过分析农民工创业的动机和现状,结合现有政策,从企业管理的角度分析“城归”农民工的创业问题。

二、农民工的特点与农民工创业的动机

(一)农民工特点

分析农民工的特点有助于了解农民工创业背景,掌握农民工创业动机。值得注意的是,我国创业者有年轻化趋势。以北京市海淀区为例[1],创业者平均年龄为31.53岁,其中年龄在20—30岁的

---

[1] 北京市海淀区聚集了多所知名高校、科研院所和大量创业者,因此具有一定代表性,数据参考《海淀工商局海淀区青年创业现状及影响因素调研报告》。

创业者占创业者总数的40.5%,而年龄在30—40岁的创业者成为创业人群的中坚力量,该年龄段的创业者占到创业者总数的58.2%。由于创业者趋于年轻化,我们认为在关注农民工创业的时候应该尤其注重新生代农民工[1]的特点。

1. 农民工总数增长速度下降,新生代农民工占比下降

根据国家统计局发布的信息[2],从2010年起,我国的农民工总数虽然仍在增加,但增长速度已经开始回落。农民工总量增速由2011年的4.4%下降到2016年的1.5%,其中外出务工的农民工增速下降更为明显(2011年增速为3.4%,而2016年增速为0.3%)。相应的,由于本地农民工增速下降较小,本地农民工在农民工中的比重逐渐上升,2011年本地农民工占农民工总数的37.2%,2016年则为39.9%。在交通愈发便利、区域间流动更为频繁的当下,农民工开始偏好在离户籍所在地不远的城市务工,这反映了农民工融入城市的困难,也解释了"城归"现象的发生。

根据图1所示,农民工的年龄结构中,新生代农民工的比重开始缓慢降低,而40岁及以上的农民工比重开始逐渐升高。国家统计局住户调查办公室通过对农民工进行问卷调查发现,农民工尤其是新生代农民工在身份认同上处于"市民"与"农民"之间的尴尬位置。一方面,由于收入较低,无法购房、成家,虽然想留在城市,但难以融入;另一方面,很大部分新生代农民工已丧失农业技能,因此也难以回归农业生产。但是,得益于在城市务工期间对劳动技能的培训,这种介于城市与农村之间的尴尬境地使得他们更有创业倾向和创业可能性。

---

[1] 新生代农民工是20世纪80年代后出生的年轻人,他们一般拥有农村户籍而在城市务工。2010年中央一号文件首次使用"新生代农民工"一词,传递出中央对"80后"、"90后"农民工群体的高度关注。

[2] 本段数据皆来自于国家统计局2017年发布的《2016年全国农民工监测调查报告》。

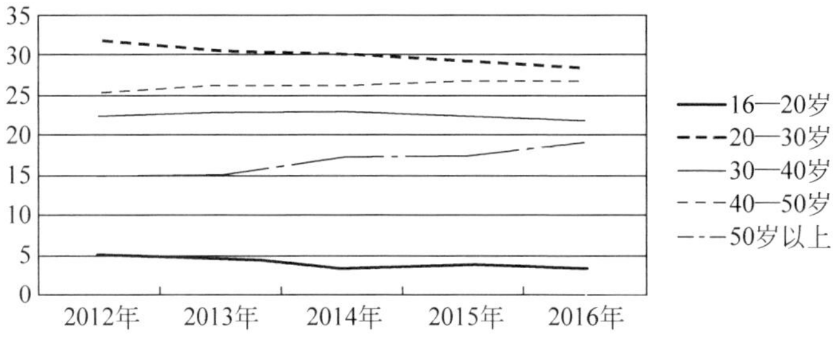

图 1　不同年龄段农民工所占比重　单位:百分比

2. 农民工受教育、培训水平提高,但从业行业分布不平衡

2016 年,全国的农民工中,初中受教育程度以下的农民工人数占农民工总数的 14.2%,较 2014 下降近 2%。绝大部分农民工只接受过初中教育(59.4%),而接受过专科及以上教育的只有 8.3%。未曾系统学习专业技能,匮乏的受教育经历成为掣肘农民工创业的一个核心因素。

在职业技能培训方面,2015 年、2016 年分别有 33.1%、32.9% 的农民工接受过农业技能和非农业技能的职业培训。虽然只有三分之一左右的农民工接受过职业技能培训,但没有接受过技能培训的农民工仍可以通过从业过程中学习掌握一定的职业技能,这些掌握了一技之长的农民工回到户籍所在地后很有可能利用所掌握的技能进行创业。

正因此,农民工从业的行业将很大程度上影响到农民工创业的行业。从图 2 可以看出,农民工从业结构不平衡,有一半的农民工所从事的行业为制造业和建筑业,此外,受制于教育水平,农民工所从事的行业多为劳动密集型产业。

尽管农民工整体接受的教育水平提升,但与社会平均水平仍有差距。行业分布方面,由于农民工存在从业行业的结构问题,导致农民工在创业的行业分布不均衡,同质化严重。

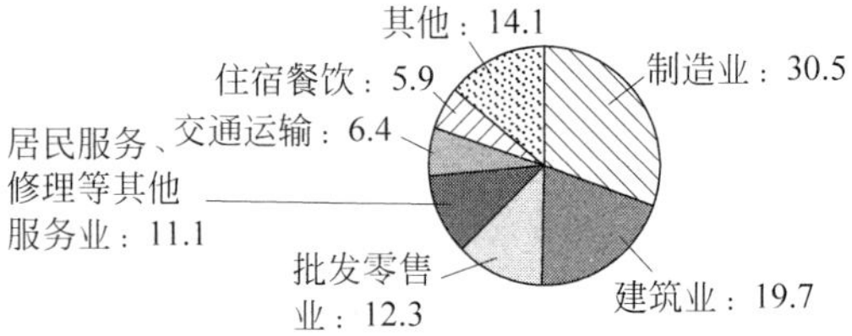

图 2　2016 年农民工从业行业分布情况　单位：百分比

3. 农民工社会资本、社交网络逐渐丰富

对于创业者而言，自身的素质固然重要，而社会资本和社会网络对于创业的价值同样不容忽视。相比 2015 年，2016 年进城务工的农民工与老乡的交往频率和与当地朋友、同事的交往频率都有所提升，而不与他人交往或很少与他人交往的比重稳步下降。随着交往的增多，农民工的社交网络更为丰富，其在创业过程中可能受到支持的概率也有所提高。

更大比重的农民工中参与了工会组织。2016 年，53.8% 的农民工加入了工会，比上年提高 2.9 个百分点。正是因为农民工社会资本和社交网络的发展，新生代农民工改变了过往“有工就打”的择业路径，试图用创业来改变自己的生活和处境。

（二）农民工返乡创业的动机

根据动机理论，动机是促使行为产生的内在力量，动机将影响行为路径。动机的产生有两个来源，即需求和刺激。以农民工创业为例，农民工为满足生活基本需求进而创业属于需求导致的创业动机。而外部环境，如政府为激励创业者颁布的政策属于刺激，由于有利好政策的刺激导致农民工创业。下面，我们将根据动机理论，并结合之前的研究，解析农民工的创业动机。

1. 农民工返乡创业的内在需求

农民工创业的内在需求由三种来源构成，如图 3 所示，其中最核心的是经济需求。由于新中国成立后优先发展城市的策略，导致城乡收入差距较大，农村收入水平较低，农民工脱离农业生产而参加工业生产的核心动机是为了增加收入。农民工通过在城市务工学习，培训了专业技能，增长了见识、眼界，对比城市务工的劳动收入与返乡创业的经济收入后，如果后者高于前者，则出现“城归”现象，农民工返乡创业。

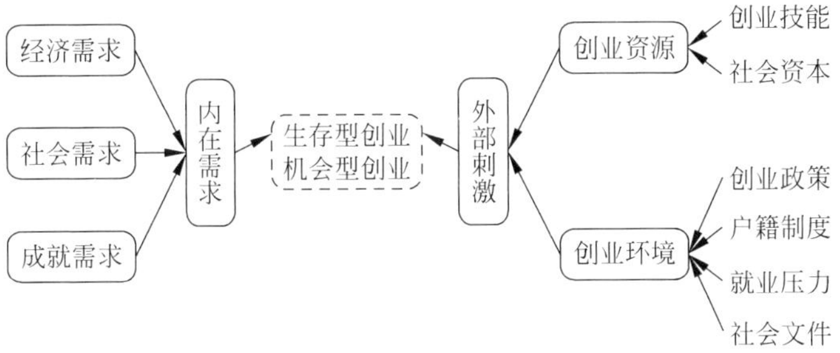

图3　农民工创业动机结构图

在满足了基本需求后，社会需求对于农民工同样重要。尽管农民工通过城市务工，收入有所提升，但在城市中，农民工仍无法获得较高的经济收入，更别说社会地位和社会影响力。家庭原因也是农民工选择返乡创业的重要因素。在农村中空巢老人的看养问题、留守儿童的教育问题，在城市里新生代农民工的结婚问题、农民工小孩的读书问题，这些问题由多种因素造成，农民工通过返乡创业或多或少可以缓解以上问题。

美国哈佛大学教授戴维·麦克利兰的成就需求理论认为，成就需要是指争取成功、追求优越感，希望做得最好的需要。农民工，尤其是新生代农民工，由于长时间与城市融合的进程，在追求经济收入的同时，逐渐与城市青年趋同，且树立了控制自我、追求成功的人生理想。因此，农民工创业不单单是为了解决自身的需求，同时也展现了农民工的担当与社会责任感。

2. 农民工返乡创业的外部刺激

之前的分析讲到,动机的来源有两个,分别是内在需求和外部刺激。下面将从创业资源和创业环境两个方面分析农民工创业的外部刺激。

农民工在城市务工实现收入增长,开阔了视野,积累了社会资源和专业技能,为返乡创业提供了基础。厉以宁先生曾提及,在2012年于毕节市七星关区和黔西县考察时发现一部分小微企业的创始人来自于曾在城市打工后返乡创业的农民工,其中有个面包房,兼做蛋糕,面包房女主人的技艺则是来源于她在城市务工时学习的技能。

除了创业资源的积累,农民工创业也受到创业环境的影响。"大众创业,万众创新"的社会文化氛围鼓励着农民工投身创业大潮中。受亚文化的影响,新生代农民工逐渐放弃了"有工就打"的就业路径,敢于拼搏、敢于创新。优惠政策对于创业者的支持激发农民工群体创业动机,金融支持、教育培训、相关配套基础设施的提供为农民工创业提供了创业便利。

就业市场的激烈性和自身综合就业能力的制约,迫使农民工在就业过程中处于相对劣势地位,就业面相对其他群体更窄,主要从事于较危险和技术要求较低的工作中。相对窄的就业面和激烈的就业竞争使得农民工在城市生活得比较艰难。而受户籍制度的影响,农民工在接受医疗服务、子女教育等多方面不能享受与城市居民同等的待遇,正是因为就业压力和各方面待遇上的不均等,进一步激发了农民工"城归"创业动机。

3. 农民工返乡创业的类型

根据前文对农民工创业需求和环境分析,农民工创业类型可分为自愿和被动两类,与之相应的机会型创业和生存型创业(刘美玉,2013)。农民工生存型创业多是出于没有其他选择,这可能是创业者在城市无法继续支撑或出于家庭照看的原因。而农民工机会型创业则属于创业者已经感知到创业机会而自愿选择创业。创业者动机不同,这两种创业类型会影响到创业企业未来成长潜力和创新能力。

三、农民工创业的情况

(一) 早期农民工返乡创业情况

农民工返乡创业主要从20世纪90年代末期开始,根据“百县调查”数据[1],在被调查的301个村中,2006年外出务工人数共计16.1万人,返乡农民工总数为3.7万人,占外出务工人数的23%。返乡农民工一部分回归到传统农业生产、一部分被当地企业雇佣、一部分进行返乡创业,回乡创业者占回流农民工的13.8%。

如图4所示,早期农民工返乡创业的产业结构分布较为均衡,并没有出现产业结构失衡现象。创业项目包括特色种植养殖业、加工业、小型工矿企业、餐饮服务业、运输业、经商、农村旅游业等。有意思的是,在调查中98.5%的返乡创业农民工仍有家庭承包的耕地,这个现象说明部分农民工创业动机并非建立一个有一定规模的现代化企业,而是迫于生计,也说明耕地承包权的解放将给农村发展提供巨大机遇。

早期的农民工创业性质主要是个体经营,有四成左右的农民工创业项目在创业初期人数只有两人,大多以家庭为单位夫妻搭档创业。很少有合作或是利用其他来源的资金进行创业,从初次投入资金规模来看,超七成的农民工返乡创业项目的投资不超过五万。

---

[1] 国务院农民工办委托国务院发展研究中心牵头,成立课题调研组,开展了农民工回乡创业问题的调查研究。在(原)劳动和社会保障部支持下,组织对全国100多个劳务输出示范县农民工2000—2006年回乡创业问题进行了大规模的问卷调查。

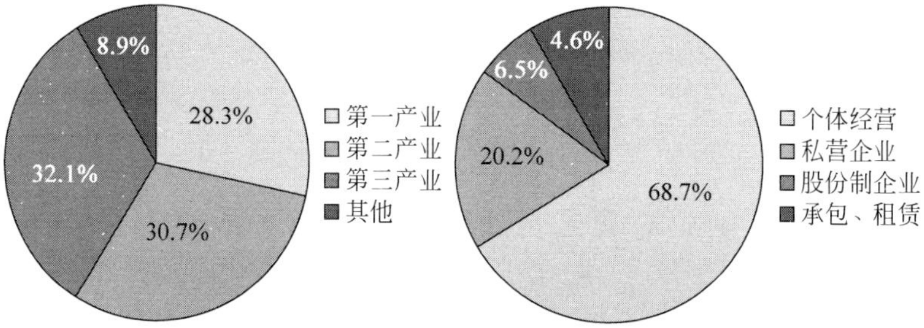

图 4　早期农民工创业产业结构与企业性质

（二）农民工返乡创业的现状

在内部需求与外部刺激的相互作用下，农民工创业类型主要分为两种。一类农民工创业项目是被动的，是因为城市就业、竞争、待遇等多方面原因从而决定返乡的生存型创业。另一种农民工创业项目是主动的，是由于返乡创业的经济效益要优于在城市务工，或者是出于自我成就的内在需求作用下进行的机会型创业。受制于农村市场规模、自身资本等原因，农民工创业的现状如下。

1. 农民工返乡创业项目的资本情况与行业分布

资金一直是困扰创业者的核心问题，也是每个企业最关注的问题，资金状况制约了企业的发展，决定了企业的存亡。平均来讲，农民工群体属于收入较低群体，缺乏资本积累，而其父辈多在农村务农，创业初始资金难以依靠代际转移实现。因此，农民工创业项目往往初始资金规模较小，且资金来源依托于自身存款、银行贷款以及民间借贷。

参考之前的调研结果[1]，返乡农民工创业项目的初始投资金额平均为 12.6 万元，对比清华大学经济管理学院中国创业研究中

---

[1]　数据参考国家自然科学基金项目“劳动力输出大省农民工返乡创业的影响因素与政府扶持机制研究——以江西为例”的相关研究。

心关于中国创业项目的调查结果(中国创业者创办企业平均所需资金为11.3万元),农民工创业初始资金的规模与全国平均水平相近[1],如表1所示。

表1 农民工返乡创业项目与全国创业项目对比

	农民工创业项目	全国范围内创业项目
创业初始资金	12.6万	11.3万
创业初始资金来源	52%自有资金+27%银行贷款+21%民间借贷	91.3%源于自有资金
创业行业分布	养殖业(21%)、餐饮业(12%)、加工业(20.3%)、旅游业(12.8%)	服务业为主(69.8%) 高附加值产业(8.2%)

在资金来源方面,农民工创业项目受制于收入水平,需要更多地利用外部资源,在抵御风险和对抗财务危机方面,农民工创业项目更为脆弱。在创业项目的行业布局方面,全国的创业项目主要集中在服务业,服务业创业项目占比将近70%,并有一定的高附加值产业。而农民工创业项目则更多依托农民工有限的职业技能,主要集中在劳动密集型产业和低附加值产业。养殖业、餐饮业、加工业和旅游业四大产业占到农民工创业项目的百分之六十以上。因此,受制于有限的职业技能,农民工创业项目同质性现象较为严重,可能导致同质服务、产品的恶性竞争。

2. 农民工返乡创业项目的经营情况

总的来说,农民工返乡创业项目的赢利能力不强,利润在10万元以下的农民工创业项目占到农民工创业项目总数的68.4%。其中,利润水平在2万元以下的项目占到总项目数量的18.2%,而利润水平在20万以上的创业项目只占到项目总数的15.8%。与此同

[1] 我们推测造成这个现象的原因是从全国范围来说,创业项目、创业者的多样性更强,进而导致创业项目的初始资金方差较大,但初始资金的平均规模与农民工创业项目相近,由于缺乏相关数据,因此没有进行论证。

时,2015 年农民月平均工资为 3 359 元,以 12 个月计算,换算成年收入为 4 万元左右[1]。考虑到城市生活的较高成本,相比农民工外出务工的收入水平,农民工返乡创业对农民工具有一定吸引力,不过农民工创业项目整体赢利能力有待提高。

(三)农民工返乡创业的未来

虽然农民工创业项目存在同质化竞争、赢利能力较差、规模较小等特点,但农民工创业项目的发展前景是美好的。以湖南省的农民工返乡创业情况为例,2016 年,湖南省农民工创业人数已累计达到 28 万人左右,安排劳动就业 60 余万人,年销售(营业)收入超过 400 亿元。

农民工返乡创业的规模化企业开始显现,并在政府引导下,区域化布局、规模化经营的创业园区将成为主体。以湖南省隆回县湖南军杰食品有限公司为例,2015 年,隆回县通过公司加基地的模式种植辣椒 1.12 万亩,带动农户 6 582 户,实现产值 2 000 多万元,实现年销售收入达 1.73 亿元,成为名副其实的规模企业。湖南省祁东县作为全省农业大县,目前全县已有各类种养大户 1 400 余户,各类农民专业合作组织 522 个,家庭农场 285 家,省、市级龙头企业 48 家。

四、农民工返乡创业的积极影响以及存在的问题与建议

(一)农民工返乡创业的积极影响

1. 以创业带动就业,提升农民收入水平

尽管农民工创业项目规模不大,但通过在当地雇佣工人,缓解

---

〔1〕 2015 年农民工平均收入水平参考于国家统计局发布的《2015 农民工监测报告》。

了农村富余劳动力的就业问题，同时降低了城市就业市场的激烈程度，之前提到湖南省农民工创业项目累计提供了60余万个就业岗位。农民工返乡创业同样提升了农民收入水平，以福建省为例，2007年回乡创业农民工家庭人均纯收入为21 443元，是福建省农民家庭人均纯收入5 467元的3.92倍。

2. 以创业促进基础设施建设，推进新型城镇化

农民工“城归”并不是城镇化的倒退，而是城镇化的发展与农民工创业的结合，通过农民工创业更好地推进城镇化进程。农民工返乡创业拉动了对配套服务的需求，扩大了小城镇的人口规模和经济规模，加速了人流、物流、资金流、信息流等向县城或集镇的聚集，规模以上的创业企业逐渐成为小城镇支柱性产业。此外，农民工返乡创业带来了新的理念以及受过技能培训的人才，人才和理念的发展是城镇化进程的保障。

3. 以创业发展农村文化，拉动生态文明建设

返乡农民工创业除了从事于农业生产类、工商类项目外，还有部分返乡农民工投身于教育、卫生等公共类事务，帮助农村地区文化发展、丰富农村文化。有两成左右的农民工返乡创业项目聚焦于农业生产，还有部分项目从事于农产品加工，农民工在创业过程中将精细化农业、生态农业、绿色农业的发展理念贯彻到实际生产过程中，有助于贯彻落实生态文明建设的发展。

（二）农民工返乡创业项目存在的问题

通过分析，我们发现农民工返乡创业是因为城市生存压力、良好的创业机遇和自身经济需求、社会需求以及成就需求共同作用下的结果。但受制于农民工自身特点，农民工返乡创业项目仍存在以下问题。

1. 缺乏有效宣传，农民工对创业政策了解不足

为了促进农民工返乡创业，帮助返乡农民工解决创业过程中存

在的问题，各级政府制定了许多支持农民工创业的政策。参考侯俊华(2016)[1]对江西农民工创业的问卷调查结果，仅7.9%的农民工对创业相关的帮扶政策比较了解，绝大部分的农民工对创业支持政策只是了解一点（这类农民工的比重44.2%）或听说过（这类农民工的比重38.6%）。仍有9.3%的农民工创业者表示对创业相关政策一无所知。对农民工创业政策宣传不够所导致的公共资源浪费和政策效果不佳需要进一步加大对相关政策的宣传力度。

2. 产品同质化、人才匮乏，农民工返乡创业项目赢利能力难以提升

部分农民工通过城市务工接受了职业技能培训，然而并不能满足农民工创业项目对创业者技能的要求。一方面，接受了职业技能培训的农民工只占到农民工总数的三分之一左右，比例有待提高。另一方面，管理经验和知识储备的缺乏也使得农民工创业项目难以做大做强。41.7%的农民工创业者认为管理经验和知识的匮乏是创业过程中第三困难的问题。

此外，农民工创业项目所在行业与农民工进城务工所属行业有高度的重合性。多数农民工进城务工受雇于劳动密集型、低附加值行业，农民工创业也专注在这类产业，导致农民工返乡创业项目的产业结构不合理，大量的创业项目聚集在养殖业、餐饮业、加工业和旅游业四个行业。而产业结构的矛盾最终体现在产品和服务的激烈竞争中，以至于在这些行业内的企业利润难以提升。

与此同时，人才、管理、资金问题还制约着企业的成长，加之部分农民工创业项目属于生存型创业，是迫于生计进行创业，因此农民工创业项目虽然数量多，但规模较小，赢利能力一般。

[1] 本部分所用调查数据引自侯俊华“农民工创业政策绩效的实证研究——基于江西调查数据”一文的调查结果。

3. 融资能力较弱,农民工返乡创业项目抗风险能力较差

参考表1内容,农民工返乡创业的资金来源主要依托其自身资本积累、民间借贷以及部分银行贷款。63.4%的农民工创业者认为资金问题是创业过程中第一大难题。民间借贷利率较高而银行贷款成功率较低[1],且缺乏可供农民工创业项目融资的其他途径。一旦创业项目需要资金流转,最直接的办法仍是通过利率较高的民间借贷,进而加重企业长期发展负担。尽管农民工创业项目的数量在持续提高,失败的项目也不少,我们认为这是因为较弱的融资能力致使农民工创业项目的抗风险能力较弱。

(三) 农民工返乡创业项目问题解决的途径

为了发挥返乡农民工技术、理念优势,改善农村创业环境,提升农民工创业能力,帮助农民工创业项目,各级政府、各个部门为农民工创业提供了许多便利的政策条件。我们将简单分析农民工创业的政策便利,并从企业管理的角度提出有助于农民工创业企业的建议。

1. 对鼓励农民工返乡创业的现有政策分析

为鼓励更多农民工返乡创业,我们应该知道农民工创业动机来源于其内在需求与外部刺激的共同作用。出于经济需求、社会需求、成就需求等因素,农民工创业的内部动机已初步形成。作为政府和各类社会组织可以通过树立农民工创业的典型案例鼓励农民工创业,并聚焦于如何为农民工创业提供更好的外部刺激,以更利于农民工创业的政策支持,便于降低农民工创业门槛,提升农民工创业成功率。

---

[1] 返乡农民工贷款难的原因主要有:一是缺乏必要的抵押担保,二是银行贷款利率偏高,三是对银行的信贷政策和条件不清楚,四是所在乡镇没有金融机构。

总结各类支持农民工返乡创业的相关政策,我们认为主要是从金融、土地、财税、培训四个方面帮助农民工返乡创业。

金融政策方面,面对农民工创业者融资难的问题,依靠行政的力量增加融资途径是低效的,市场在经济中应发挥基础性作用。结合实际情况,解决农民工创业者融资问题可以从银行贷款方面着手。以广西为例,广西为了帮助农民工创业者融资,正加快建立农村林权、土地承包经营权、农村居民住房财产权抵押、担保机制,开展林地承包(租赁)经营权及林木、畜禽、水产品等活体资产作为有效担保物试点。

土地政策方面,为支持农民工创业,甘肃省将农民工回乡创业用地纳入城乡发展、新农村建设总体规划和村镇建设规划,搞好基础设施及配套建设,改善创业环境;在现有的各类开发区和农业园区中安排必要的场地,建设定比例的廉租厂房,开辟创业孵化基地,支持农民工回乡创业。

财税政策方面,湖南省制定了 12 条规定扶持农民工创业、降低农民工创业负担。比如说,对规定期限内税费滞纳金的免除,对全省范围内营业税起征点不再划分区域,对需要办理涉税事项的返乡农民工,一律享受绿色通道服务、预约服务、节假日服务和上门服务,并以最短时间办结等。

培训政策方面,为了提升农民工等人员创业能力,促进其成功创业,人力资源和社会保障部等五部门将实施农民工等人员返乡创业培训五年行动计划(2016—2020 年),各个地区积极为农民工提供创业培训服务。

2. 对农民工返乡创业项目的管理建议

针对农民工创业过程中不能充分利用有利条件、赢利能力较差、抗风险能力较弱、融资难等问题,我们提出以下几点管理建议。

(1) 充分利用各种方式,获取市场信息、政策信息

在调研过程中,有相当部分农民工对创业相关政策不够了解,

对市场信息不够清楚。目前，各个地区对于支持农民工创业提供了切实可行的政策环境，而政策信息的忽视造成了公共资源浪费，制约了创业企业发展。作为创业者不应该被动地接受创业政策，而应主动学习相关政策，利用政策福利。

除了政策信息，农民工对于市场信息也同样缺乏一定的了解。农民工创业者获取市场信息的方式往往通过自身的社会网络，通过与同事、老乡的交流或通过缺乏一定依据的主观判断建立对市场的认识。价值链是否可以进一步优化、进货渠道能否有更好的选择、消费者的反馈如何，这些基本的市场信息被大部分农民工创业者所忽视。

值得一提的是，了解这些信息不一定建立在增加运营成本的基础上。政策信息是针对全社会的、公开的，并不需要付出多少成本就能了解。市场信息通常需要付出不小的成本，但作为农民工初创项目，其受众不论是数量还是范围相比城市都小了许多，了解这些信息并不要求第三方机构或是大规模调查，可以随着创业企业的成长再考虑更严谨的方法。

(2) 树立战略管理意识，明确企业战略与目标

根据前文分析，农民工创业分为生存型创业和机会型创业，这意味着一部分的农民工创业者并没有明确的企业愿景。我们认为战略是每个组织所必不可缺的，不仅是有一定规模的企业，公路旁边的小餐馆同样也需要自己的战略。而部分农民工创业者缺乏战略、目标意识，相应地，农民工创业项目存在同质化、内部竞争激烈的特点。

农民工创业者应树立基本的战略管理意识，定位是什么、目标群体是哪些、细分市场是哪块、优势劣势在哪里等这些基本的战略管理意识帮助农民工创业企业走差异化的道路。

农民工创业项目另外一个特点是高进入率和高退出率，之所以失败的项目很多，一个原因就是战略不明，走了歪路。明确了企业

战略,企业便不会迷失方向,创业者更能够围绕核心目标优化资源配置和策略组合。在调研湖南省农民工创业企业过程中我们发现,部分具有一定规模的企业虽然销售规模上来了,但由于战略不明确,导致在企业有能力的情况下错失了扩展价值链的机会,最终导致产业融合度不够。战略清晰、方向明确,企业才能走得更稳健、更持久。

(3) 合理利用资本运作,注重无形资产的积累

资金问题是制约着所有创业者的核心问题,一方面农民工可以利用逐渐开放的抵押制度从银行贷款,同时也应尝试使用其他资本运作方式。湖南省衡阳市 8 690 余家农业企业、合作社、家庭农场基本上是家族企业,且资本运作水平低下,家族企业是农民工创业的一大特点,但这也意味着农民工创业企业有进行资本运作的空间。

随着创业企业的发展,企业无形资产的积累便显得尤为重要,在这里我们分析无形资产主要关注品牌和专利。品牌是一种产品或服务的识别标记,消费者和社会公众赋予它某些特定含义,代表着同一水平的产品或服务[1],农民工创业企业初期应该注意培养自己的品牌而不是宣传自己的品牌。通过质量上的稳定性获取市场的认可,在企业发展起来之后再利用宣传打造自有品牌。

而想要摆脱低附加值、占据相对安全稳定的市场位置,企业的专利同样重要。在具有一定市场影响力的创业企业中,研发和专利并没有引起应有的重视,相比之下,全球最具价值的品牌如苹果和谷歌,在 2016 年的研发费用同样居于全球前四位。研发和专利是企业得以长久领跑的保障,在这方面农民工创业企业仍需注意。

---

[1]　符国群:《品牌资产研究》,湖北人民出版社 1998 年版。

参考文献

1. 刘美玉:“创业动机、创业资源与创业模式:基于新生代农民工创业的实证研究”,《宏观经济研究》2013 年 5 期。
2. 侯俊华、丁志成:“农民工创业政策绩效的实证研究——基于江西调查数据”,《调查报告》2016 年 10 期。

(高尚全,中国经济体制改革研究会;姜海纳,北京大学光华管理学院)

社会保障体系与农民工创业——医疗保险和养老保险

郑拓 刘伟

在过去近40年的社会经济发展中，超大规模的农村劳动力转移和城镇化是中国经济得以高速发展的主要因素之一。而在农村人口流出中，农民工（从事非农产业却仍是农村户籍）占绝大部分。2016年，农民工的总量超过了2.8亿人，约占总人口的20%。但2010年之后，农民工的数量虽然仍在增加，但增速逐步降低。

2011年之后，中国已经进入了劳动年龄人口总量负增长的阶段，经济活动人口即将达到峰值，然后开始减少。虽然就业的总量性矛盾得到了缓解，但就数量庞大的农民工

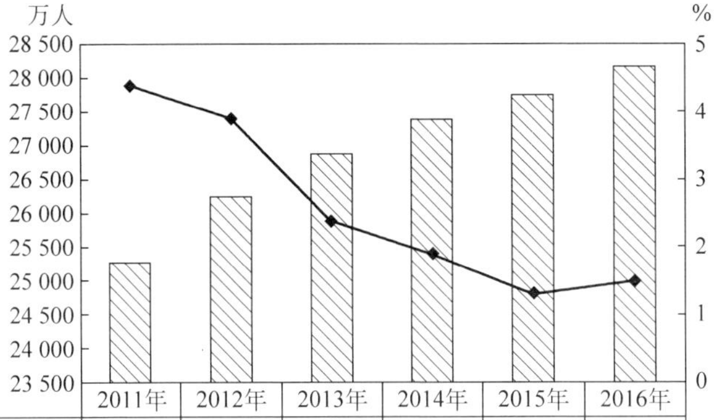

	2011年	2012年	2013年	2014年	2015年	2016年
规模	25 278	26 261	26 894	27 395	27 747	28 171
增速	4.4	3.9	2.4	1.9	1.3	1.5

图1　农民工总量及增速图

资料来源:《2016 年农民工监测调查报告》。

群体而言,就业质量仍不高:稳定性低,社会保险(就业地的城镇职工保险)参与率低,因户籍壁垒无法获得均等的公共服务。这些因素就使得农民工在达到一定年龄(如 40 岁)之后,返乡意愿增强。这一趋势不利于提高劳动参与率、保持经济中高速增长和“人的城镇化”。

中国的城乡二元结构在 20 世纪 50 年代为配合计划经济体制而建立,以户籍制度建立为标志,并且一直延续至今。改革开放之后,城乡二元结构有所松动,但在农村土地制度和户籍制度等方面一直未能进行根本性的改革。在 20 世纪 90 年代,社会保障制度建立时,在城乡二元结构的既定格局下,社会保障体系也分割为两种制度。

这种社会经济结构使得农民工在各个方面都处于劣势地位。在一次分配领域:城市控制了工业和商业用地、资本和技术等要素,并在诸多行业实行了行政性垄断。这些因素抑制了农村的发展,也抑制了农民工收入水平的提高。同时,我国当前的税制实质上呈累退性(我国的税收制度以间接税为主,从税负与收入的比例看,穷人负担更重。所以有学者认为,中国的税制为累退性,即纳税人的税负随着收入的增加负担变小),对农民工等低收入群体不利。在二次分配领域:医疗保险和养老保险都将农民和城镇职工分为两种制度,差别很大,且难以衔接转换和跨行政区转移接续。而各级公共财政对教育等公共服务的投入和供给又集中于城市(尤其集中于高级别城市),并通过户籍等手段将农民工等群体排除在外。

这些制度阻碍了"人的城镇化",也抑制了社会阶层流动性。例如,因为无法获得城市户籍,农民工被排除在城市中的公共服务(如子女教育)和社会保障(包括社会保险和社会救助)之外。这就使得农民工无法在城市中定居,也使得农民工的子女(即便从出生起就完全脱离了农村)无法融入城镇社会,也难以通过接受教育而在社会分层中向上流动。

在社会保险层面,对于进入城市就业的农民工而言,因为户籍、缴费年限、就业稳定性等限制,加入城镇职工医疗保险和养老保险的收益为负,实际上补贴了流入地的城市人口。农民工事实上也选择了留在户籍所在地的新农合(新型农村合作医疗)和新农保(新型农村社会养老保险)制度中,参加就业所在地城镇职工医疗保险和养老保险的比例很低。新农合和新农保虽然表面上福利色彩较重,但仍是以农村户籍为制度基础,仍是基于城乡二元结构和地区分割,既不适应农民工群体常态化流动,也不利于农民工群体的市民化,难以支持其在城市中的就业与生活。总之,当前的社会保障制度根本上不利于建立统一的劳动力市场,也不利于支持并促进人力资源的高效配置。

近几年,中国经济发展增速下降,增长模式转换和产业升级压力凸显;人口结构正在发生深刻变化;地区间经济发展和公共服务水平差异悬殊。"稳增长、促改革、调结构、惠民生、防风险"成为经济发展的主题。为了实现 2020 年全面建成小康社会的伟大目标,党中央、国务院提出了"双创"("大众创业,万众创新")和"新型城镇化”发展战略。“新型城镇化”的核心就是农民工群体的市民化，而充分就业又是农民市民化的前提条件。而“双创”，尤其是农民工创业，又是在经济转型升级形势下充分就业的重要途径。

当前社会保障体系实际上并不利于农民工创业：新农合和新农保与农村户籍绑定，不能有效为进入城市的农民工提供保护和支持；在统一的城乡居民基本养老保险和医疗保险建立后，居民养老保险依然与户籍绑定；虽然允许农民工参加居住地的居民医疗保险，但因需要地方政府补助，必然受到地方政府限制；农民工加入城镇职工保险，之前参加的居民医疗保险难以与城镇职工保险衔接转换；而且，城镇职工医疗保险的制度漏洞（达到一定缴费年限，退休之后不缴费）使得职工医疗保险不再是一个现收现付制度。参加城镇职工医疗保险的农民工在迁移时，之前的缴费年限难以携带；农民工加入城镇职工养老保险同样面临缴费年限等权益难以携带的问题，从而造成农民工不愿参保。而更为严峻的问题是，因为历史负债和人口老龄化的双重压力，职工养老本身也面临着可持续性危机。

中国当前社会保障体系面临许多挑战，仍在持续的改革演化过程中。而新的宏观形势又要求社会保障体系有利于建立统一的、有效率的劳动力市场，从而促进农民工创业和就业，进而推动“新型城镇化”。

一、医疗保险和养老保险对农民工创业的影响与现状

对于农民工而言，首要的需求是就业，进而才能够公平地获得均等的公共服务，才能实现市民化。社会保障体系应有利于统一、灵活、高效的劳动力市场发挥配置资源的作用，并为农民工的就业、创业、生活、安居提供保护和支持。中国的社会保障体系建立较晚，制度设计上存在缺陷，远未完善。又受限于当时的特定条件和特殊

国情的限制,造成了农村和城市两种制度分立的格局,又因为主要由地方政府提供,造成了与户籍绑定、地区分割、统筹层次低等弊病。社会保障体系要促进劳动力市场的发展、农民工就业创业和市民化,就需要进行根本性的改革。

农民工因其农民身份而与城镇职工处于分割的社会保障制度内。在城乡居民医疗保险统一后,农民工则进入居民医疗保险。居民医疗保险之中的养老保险仍与户籍绑定,医疗保险也因要求地方政府补助而使得就业地(非户籍所在地)的地方政府缺乏激励。这些因素都限制了农民工流动和市场对劳动力要素的有效配置。同时,居民医疗保险是针对不就业或不稳定就业人群设置,不覆盖失业、工伤,而这又是农民工就业创业所亟须的保障;保障性住房等保障也因户籍将农民工排除在外。城镇职工保险一方面由于农民工往往为非正规就业而不允许其加入,另一方面制度本身并不公平,对农民工缺乏吸引力。

(一)医疗保险的可携带性

医疗保险有利于农民工流动(不论进城还是返乡)和形成统一有效劳动力市场的关键在于医疗保险的可携带性。

理论上,医疗保险作为一种现收现付的制度,本身具有可携带性:参保人在一个统筹区域内缴费,并获得保障;当参保人迁移到另一统筹区域内,将在新的统筹区域内缴费,符合一定的过渡条件,就可以获得保障。但在中国社会保障体系形成的过程中,职工医疗保险和居民医疗保险(含新农合)都因为特定原因而使得权益可携带性受限。

在20世纪90年代末,职工医疗保险建立之初,主要是为了剥离国有企业的保障责任,将之社会化。因为当时存在大量国有企业职工提前退休、下岗等情况,为减少改革阻力,而采用了退休后不缴费的政策。这一政策就使得“缴费年限”这一权益变得难以转移接续。流出地有激励不转移统筹账户资金，而流入地有激励不承认缴费年限。职工医疗保险的制度设计就是针对稳定就业的群体，其征缴体制也是适应这样的长期在同一地区稳定就业的社会群体。但随着社会经济发展，这样的制度设计已经不适应当前劳动力市场的现实需要。因为缺乏可携带性，不仅对流动性大的农民工群体没有吸引力，而且对灵活就业和新型就业形态也无法发挥保护和支持作用。在政策层面，退休之后缴纳医疗保险的信号已经释出，但因福利刚性，医疗保险也面临巨大的阻力。

城乡居民医疗保险由新农合和城镇居民医疗保险合并而来。新农合和城镇居民医疗保险建立都较晚，制度目标和设计都与职工医疗保险不同。2016 年，《国务院关于整合城乡居民基本医疗保险制度的意见》出台，将两种合并为城乡居民医疗保险。城乡居民医疗保险虽然在制度上没有退休后不缴费的漏洞，但可携带性依然受到限制。新农合和城镇居民医疗保险按照城乡二元结构划分，并且与户籍绑定。两者合并之后，因为筹资机制依赖于地方政府补助，实质上依然是与户籍绑定。

同时，两种制度都存在统筹层次低的问题，这就使得可携带性更低。

居民医疗保险与职工医疗保险的关系和衔接也不明确。居民医疗保险虽未规定强制参加，但实际操作中要求全覆盖。而当参保人就业时，又强制加入职工医疗保险，而两种制度的管理和经办并不统一(有些地区在人社部门，有些地区在卫生部门)，信息不共享，造成了严重的重复参保行为。居民医疗保险虽然与户籍绑定，待遇水平也远低于职工医疗保险，但因为有政府补助，福利色彩较重。对于农民工群体而言，因为年龄结构相对年轻，医疗保险需求低，逆向选择效应强。同时，职工医疗保险费率也高，增加了农民工的就业成本，减少了现金收入。居民医疗保险较职工医疗保险往往更具吸引力。农民工群体的职工医疗保险参保率低也反映了农民工的现实选择。

（二）养老保险的可持续性

对农民工群体而言，养老保险的可携带性同样是关键。但与医疗保险不同，养老保险的全国统筹在技术层面并无困难，政策方向已经确定，虽然有多方面的阻力，但一旦全国统筹，则可携带性问题基本可以得到解决。但如果只是采用中央调剂金的方式进行全国统筹，则对于参保人仍然存在可携带性障碍。

职工养老保险和居民养老保险都面临严峻的可持续性问题。

居民养老保险的筹资水平低，随着人口的急剧老龄化，制度抚养比也随之恶化（与城镇居民养老保险合并后情况更严重，城镇人口老龄化程度更严重），难以保障参保人年老后的经济能力，支持其生活。由于在制度上仿照了职工养老保险制度，居民养老保险也同样存在类似城镇职工保险的制度漏洞（如15年缴费年限）。替代率持续下降，则制度难以持续。

职工养老保险则受到历史负债、人口老龄化和制度漏洞多方面的压力，制度的可持续性面临严峻挑战。在某些地区，如东北，职工养老保险已经出现了沉重的赤字压力。

如果农民工在户籍所在地加入居民养老保险，年老时从制度获得收入偏低，不足以支持其在城市中的生活。而且，随着人口结构老龄化，抚养比恶化，统筹部分的发放将面临巨大的压力；城镇人口老龄化程度较农村人口严重，城乡居民养老保险统一后，制度抚养比又进一步恶化。

如果在就业所在地加入城镇职工养老保险，则又面临户籍和缴费年限的壁垒，难以在年老时，在就业地定居并发放养老金。在落户门槛高、就业压力大的城市，如上海，将农民工纳入城镇职工医疗保险和养老保险实质上是利用其人口结构年轻，未来很难在就业城市支取养老金的弱点，令其缴费补贴老龄化的本地户籍人口。

中国人口的急剧老龄化已经不可能逆转,宏观上养老保险制度由现收现付制向累积制转变已是必然途径。中国当前的养老保险制度为“统账结合”,但个人账户多为空账,实际上是现收现付制,即年轻人缴费赡养老年人。如果不向着累积制改革,其结果要么是年轻人不堪重负,要么是老年人无法安度晚年。

郑秉文等学者提出利用名义账户将当前的“统账结合”改革为“全账户制”,以平滑地向累积制过渡。即年轻时存钱,年老时支取。但当前的养老金制度已经形成了强大的福利刚性和制度的路径依赖,改革面临难以克服的障碍。

对于农民工而言,在当前的“统账结合”制度下“被扩面”加入职工养老保险,只是将制度的可持续性危机向后推的短期行为,利用人口结构较年轻的农民工群体来改善职工养老保险的抚养比,而在其年老时再将其排挤出制度。

就当前的现实而言,允许农民工加入当地城乡居民医疗保险养老保险是较为现实的选择,但“全面放开落户限制”政策的落实依赖于地方政府是否有激励为流入人口提供公共服务。人口流入少甚至流出的地区,如辽宁,相对更有动力落实户籍改革,而人口流入多、落户需求强的地区则有激励不落实户籍改革。农民工因为受教育程度、先进生产技能、资本资产等方面都处于弱势,并不受地方政府欢迎。社会保障缴费年限(通常是职工保险)也成为落户门槛之一。就业创业需要当地社会保障支持,而就业创业又是获得户籍加入当地社会保障的前提条件,这就使得农民工陷入了难以摆脱的困境。

二、医疗保险和养老保险对农民工创业的意义与支持

我国是个人口大国,如何落实 2.8 亿农民工的就业,引导其中有能力、有愿望的农民工返乡创业,如何保障他们身后包括留守儿

童、留守老人在内的6亿农村人口的衣食住行、医疗、养老及教育，是我国最重大的经济课题和政治课题之一。在市场经济条件下，社会保障体系，特别是医疗保险和养老保险，可以行之有效地维护社会公平稳定。

党的十七大报告指出，要坚持和完善按劳分配为主体、多种分配方式并存的分配制度，健全劳动、资本、技术、管理等生产要素按贡献参与分配的制度，初次分配和再分配都要处理好效率和公平的关系，再分配更加注重公平。社会保障体系的存在，可以弥补市场经济体制下分配制度中天然存在的不足，维护社会收入分配的相对公平。是我国应用马克思主义，走中国特色社会主义道路的一次有力实践。对缓解社会矛盾、协调社会关系有着重大的意义。

在党的十八大上，习近平总书记提出了“两个一百年”的奋斗目标。我国将于2021年实现全面建成小康社会的目标。党的十八届五中全会上，习近平总书记系统论述了创新、协调、绿色、开放、共享“五大发展理念”，更是丰富了中国特色社会主义理论，为第一个百年奋斗目标注入了灵魂。其中，协调和共享理念的贯彻，离不开建立更加公平更可持续的社会保障体系。包括农民工在内的全民参保的社会保障体系一方面将在促进经济社会协调发展、基本公共服务均等的任务中发挥重要作用，另一方面也是“坚持发展为了人民、发展依靠人民、发展成果由人民共享”的共同富裕和共同迈入全面小康社会的具体体现。

社会保障体系，特别是医疗保险和养老保险，在促进经济发展、提高劳动生产率方面也会起到巨大的作用。不少研究结果表明，如果社会保障体系能够健康运转并维持在对于社会的最优水平上，是可以显著促进劳动生产率和经济的可持续发展。国际劳工组织第89次会议报告中指出，职工的健康问题是影响劳动生产率的最重要因素之一，不论是由于患者本人病休或带病工作引起的劳动生产率下降，还是由此引起的，例如被迫招募新职工或者对其他职工工作效率的影响等连锁反应，都会妨碍到社会生产力的稳定与发展。养老保险则从另一个侧面保证了劳动力市场的健康发展。高龄职工没有后顾之忧地正常退休，年轻的劳动力有序进入劳动力市场，就可以使劳动生产率一直保持在一个较高的水准。

公平的、可持续的社会保障体系对于农民工，特别是返乡农民工有着更加特殊的意义。在向新型城镇化、全国人民共同富裕迈进的大前提下，我国劳动力市场呈现很强的地域性和非对称性。在过去的30年里，一线城市快速发展，大量农村劳动力涌入这些城市从事第二、第三产业工作，成为农民工。现在一线城市的发展放缓，劳动力市场饱和，反而是处于新型城镇化前沿的地区蓬勃发展，劳动力需求旺盛。不少农民工由此产生了返乡谋职、返乡创业的想法。

但医疗保险和养老保险的可携带性和可持续性是我国现行的社会保障体系中的顽疾。一方面现行社会保障体系仍具有很强的地域性，当农民工移居到其他城市谋求新职业时，往往会使得他们脱离社会保障范畴，或者面临医疗保险、养老保险金支取困难的问题。另一方面参加就业所在地的城镇职工养老保险，则往往面临缴费年限的规定。这种缴费年限不随改变务工城市积累的现状，使得农民工在面对去留抉择时陷入两难境地。保障力度有限的现行体系对农民工吸引力低。而这种不友好的体系也增加了农民工对返乡创业的担忧，影响了劳动力市场的自由流动，妨碍了劳动力资源的有效配置。

（一）国际经验

尽管以户籍制度建立为标志，在20世纪50年代为配合计划经济体制而建立的中国城乡二元结构有其历史原因和独特性，但迁徙务工人员，即在非本国工作的劳动者，在经济全球化时代是普遍存在的。特别是在以欧盟为例的经济一体化地区，不同国籍的劳动者可以较为自由地谋职。如何将这些迁徙务工人员纳入社会保障体系的范畴也是一项国际重大课题。早在1919年,国际劳工组织就确立了“保障外国迁徙务工人员权益……使他们免于失业、疾病的威胁……”的目标。在国际劳工组织的倡导下,各国做出协定。在保持制定社会保障制度独立性的同时,各国均在保障迁徙务工人员上取得了长足的进展。其中,欧盟各国在合作建立社会保障体系中起到了典范作用。

欧盟最新颁布的883/2004法规及其修正法规988/2009和补充法规987/2009已于2010年5月1日取代旧版1408/71法规生效。新的法规将欧盟社会保障体系对迁徙务工人员的保障扩展到部分拉丁美洲、非洲等的非欧盟国,并且更加系统地阐述了欧盟社会保障体系的四大主要原则。

其一,公平原则。只要劳动者或个体经营者在东道国居住一定时间以上,就可以享受和东道国居民同等的权利与义务。

其二,累计原则。当劳动者或个体经营者在某一东道国申请社会保障时,其在法规内的其他国家工作或居住的时间应被计算在内。

其三,单一适用原则。每个受益人只能同时参与一个国家的社会保障,并且也只需向这个国家缴纳费用。既避免了同一受益人违规参与多份社会保障,又保护受益人不会重复缴费。

其四,可支取性。对于医疗保险和养老保险而言,收益人可于法规内的任一国家支取费用。各国不得以留给本国居民为由拒付保险金。

(二)我国国情

尽管在共享发展理念的指导下,我国绘制了“建立更加公平更可持续的社会保障制度,实施全民参保计划,实现职工基础养老金全国统筹,全面实施城乡居民大病保险制度”的宏伟蓝图,但很多措施的落实面临重重困难。我国社会保障体系的运行还是存在着可持续性差、责任分担机制不合理和制度碎片化的问题。

对比欧盟的经验与政策，我国社会保障体系面临着相似的困境。一方面，我国医疗保险和养老保险都将农民和城镇职工分为两种制度，区别对待。跨制度衔接转换和跨行政区域转移接续都难以实行。公平原则、参保年限累计和可支取性都无法得到保证。另一方面居民保险和职工保险关系不明，统筹层次较低。造成同时参与职工保险和居民保险的现实，重复缴纳费用，增加了农民工的就业成本，妨碍了农民工返乡创业的积极性。

在厘清政策制定和落实不足的基础上，也要认识到我国农民工与国外的迁徙务工人员的根本性不同。本质上说，尽管我国施行的是城乡二元户籍制度，但还是属于一个国家。政府在制定社会保障制度时，也能从更宏观的角度入手，提高统筹层次。而不需要如同欧盟各国一样协商解决。

国务院于2014年7月颁布《关于进一步推进户籍制度改革的意见》，明确建立城乡统一的户口登记制度，正是深刻认识到“农业”和“非农业”二元户籍管理模式阻碍了有效劳动力市场的建立和更公平社会保障体系的完善。

三、政策建议

尽管户籍改革的施行能从根本上建立公平的社会保障制度，从而支持农民工返乡创业，但改革面临的最大阻力是如何打破现有的利益格局而不造成新的社会冲突与群体对立，如何革除其利益分配功能，而使其回归到仅仅作为对人口进行登记管理的必要手段，以及如何配套教育医疗、社会保障等基本福利，但不至于使地方财政捉襟见肘这三个方面。户籍改革是个长期的艰巨任务，这些制度性障碍在现阶段难以得到根本性的解决。寻找现实的解决办法，为农民工返乡创业提供社会保障势在必行。

在十八届三中全会召开之前，国务院发展研究中心提出了一份改革方案（外界称为383方案），提出实施“国民基础社会保障包”制度，以可以在全国范围内携带的社会保障来取代与户籍绑定的公共服务，从而实现市场配置劳动力资源机制，并推动社会保障和公共服务的均等化。这一社会保障体系的改革思路以财税体制改革、中央扩大事权为前提。虽然至今为止，这样的改革并未展开。在当前的现实条件下，可以养老金全国统筹为契机，推动在全国范围内可携带的基本社会保障包，以促进人力资源的自由流动，并支持农民工的就业创业，从而推动“新型城镇化”的进程。

（一）以养老保险全国统筹为契机，建立“全账户”制养老保险

在养老保险面临巨大赤字压力的现实条件下，养老保险全国统筹有望能够压制各方阻力得以实现。只要不是采取“中央调剂金”模式的假全国统筹（郑秉文等学者认为，调剂金模式并未改变现有的碎片化制度，也就不符合全国统筹的制度要求，所以并非真正的全国统筹），则养老保险的全国统筹必然带来中央政府事权的扩大。为了推动全国统筹，则通过名义账户建立“全账户”制养老保险的可能性大大提高。如此，养老金在全国范围内的可携带性问题得以解决，也能够较为平滑地向累积制过渡。名义账户制也有利于城乡居民养老保险与职工养老保险的衔接转换，甚至整合。

（二）医疗保险参保补助费随人走，退休后仍要缴费

医疗保险因为涉及医疗服务的提供方，而我国不同地区之间社会经济发展水平差异大，医疗保险很难也无必要实现全国统筹。居民医疗保险的可携带性问题可通过医疗保险参保补助费随人走解决。为保障这一机制的实行，应提高医疗保险统筹层次（至省级）；中央政府规定最低参保补助标准，并由中央财政补助。职工医疗保险同样提高统筹层次至省级，实行退休之后缴费，建立与养老保险

发放联动的征缴机制。在医疗服务的供给侧，应推动公立医院改革，取消医生事业编制，放开医师自由执业，促进社会资本办医，实现医疗资源的市场化配置。

参考文献

1. 周卉："国外社会养老保险关系转移接续政策借鉴——以欧盟和美国为例"，《地方财政研究》2014 年 11 月。
2. 徐玮、杨云彦："流动人口失业特征、分布及影响因素分析"，《人口与发展》2016 年 22 期。
3. 吴伟东、吴杏思："劳动力跨国就业与东盟的社会保障一体化"，《东南亚纵横》2015 年 7 期:55—60。
4. 国家统计局："2016 年农民工监测调查报告"，http://www.stats.gov.cn/tjsj/zxfb/201704/t20170428_1489334.html。
5. 佚名:《全国流动人口动态监测数据集》，中国人口出版社 2014 年。
6. 佚名:《中国流动人口发展报告》，中国人口出版社 2015 年。
7. 蒋智华："城镇化进程中农民工社会保险问题研究"，《经济问题探索》2008 年 9 期:66—70。
8. 卢海元："积极的城市化政策与农民工社会保险"，《中国社会保障》2003 年 4 期:28—29。
9. 王全兴、汪敏："我国农民工社会保险立法初探"，《律师世界》2003 年 5 期:4—7。
10. 郑秉文、孙永勇："对中国城镇职工基本养老保险现状的反思——半数省份收不抵支的本质、成因与对策"，《上海大学学报(社会科学版)》2012 年 29 期。
11. 刘明兴、徐志刚、陶然等："农村税费改革前后农民负担及其累退性变化与区域差异"，《中国农村经济》2007 年 5 期。
12. 王菲："欧盟职业教育与培训(VET)与劳动力市场——浅析 VET 对与就业有关的流动人口的整合作用"，《中国职工教育》2014 年 18 期。
13. Ursula Kulke, ILO, Geneva., "Filling the Gap of Social Security for Migrant Workers: ILO's Strategy", *Social Protection*, 2006.
14. Wouter van Ginneken, "Social Protection for Migrant Workers: National and International Policy Challenges", *European Journal of Social Security*, vol. 15, 2013(2).

15. Kenichi Hirose, Miloš Nikač, Edward Tamagno, "Social Security for Mogrant Workers: A Rights-based Approach", *International Labour Organization*, 2011.
16. International Labour Office, "Social Security: Issues, Challenges and Prospects", *International Labour Conference 89th Session Report VI*, 2011

（郑拓，中国人民大学；刘伟，中国人民大学）

城市化过程中的农民问题

魏 杰

城市化是传统的农业社会向现代化的城市社会发展的过程。其实质是农业劳动生产率提高,农村剩余劳动力从农村转向城市、从农业向非农产业部门。因此说,城市化的标志就是农村中的农民向城市转移最终变成市民,整个社会中农民的比例下降,农业生产率得到普遍提高。只有这些标志性的问题得到了解决,我们才可以说城市化的过程是成功的。而那些把城市化过程简单地理解为城市自身发展的认识是很不全面的。仅仅是城市的大规模发展,而农村不发展,农村中的剩余劳动力不能向城市转移，这个过程不是真正意义上的城市化过程，而只是城市自身膨胀的过程。所以说，在整个城市化过程中，农民问题是一个最重要的问题。脱离开农村问题、农民问题来谈城市化的问题是毫无意义的。因此，我们有必要在这一节中专门对于农民问题进行一下讨论。由于人们对于城市化中的农民问题讨论得比较多，提许多非常有益的意见和深刻的观点，因而我们下述的分析带有归纳和总结的性质，也就是将人们的观点整理如下。

一、城市化过程中农民问题的重要性

城市化中的农民问题往往会吸引人们最多的注意力，这不仅仅是因为农民问题是城市化中最重要的问题之一，而且还因为农民问题是城市化中最棘手、最难解决的一个问题。这是由农民问题本身的特点所决定的。

第一，城乡之间存在着很大的差别。这种差别体现在生产、生活的各个方面，比如说收入上的差别、生产方式上的差别、生活习惯上的差别、消费习惯上的差别等。这些差别给城乡融合以及农民向市民的转化带来了很多的障碍。

第二，农村人口众多。我国现有农村人口的基数太大，仅仅是剩余劳动力的数量就已经超过了现有城市的容纳能力，这些农村剩余劳动力要都转化为市民的话，将给城市带来巨大的冲击。

第三，农民的素质普遍偏低。农村中的农民接受教育的程度相对于城市来说要低得多，因此农民的素质要普遍偏低。如果这些农民都进入城市的话，会对城市原有的规则和秩序产生一定的冲击。

第四，城市对于农民的排挤。无论是城市本身还是城市的居民都不愿接受农民转化成市民，害怕农民给他们带来各方面的压力。农民在城市中只能从事一些“脏、苦、累、险”的工作，而且不能转化为市民，只能成为城市的流动人口。这给农民问题的解决、农民向城市的转移带来了相当大的阻力。

第五,政府的政策影响。政府所采取的就业制度、户籍管理制度、社会保障制度、土地制度等一系列的政策,将会直接影响到农民向城市的转移。而推动这些政策的改革也是一件十分困难的事情。

总之,各个方面的因素共同作用,使得农民问题变得相当复杂。如何可以处理好城市化过程中城市和农村存在的矛盾,如何可以使广大农民最少痛苦地、平稳地而又较快地转移到城市,又如何可以减少城市化过程中带给城市的“阵痛”,成为了制约整个城市化发展过程的关键问题,而所有这些问题的解决将是一个十分艰巨的过程。

无论这些农村问题、农民问题有多么的复杂,解决起来有多么的艰巨,我们都必须不遗余力地去克服它。因为只有很好地解决了农村问题,才有可能推动城市化的顺利进行。在解决农村问题的过程中,确实需要投入大量的成本和精力,而且很有可能解决这个问题是一个长期的、反复的过程,需要不断地投入,但是我们绝对不能放弃对于农村问题的解决,放弃了农村问题就等于放弃了城市化。其实,解决农村问题还会带来很大的正面效应,而不只是带来成本。如果我们可以很好地解决农村问题,哪怕是推动农村问题有一点儿好的改变,都会给城市化带来正面的影响。

不少同志认为,这些积极的影响表现在:

第一,有利于消除或是降低城乡二元经济的影响。我国目前存在的城乡二元经济结构是影响城市化进程的关键因素。而造成二元经济结构的主要原因是城市和农村的不均衡发展,农村经济的发展往往受到很多因素的制约而滞后于城市经济的发展。如果农村问题不得到合理的解决,城市和农村之间的交流受到限制,城乡经济分离的情况将更加严重,城乡差距也将不断地加大,城市化的进程将更难推行。而解决目前存在的二元经济结构的出路就在于发展农村经济,走农村城市化的道路。如果我们可以通过很好地解决农村问题或是做出一些努力，从而促进城乡之间的良性互动，将会缩小甚至消除城乡之间的差距。这样一来，将会推动整个城市化的进程，最终使得城市和农村走上协调发展之路。

第二，有利于资源的合理配置。农村中聚集了大量的劳动力，我国 13 亿人口中就有 9 亿人是农民。随着农业生产率的提高，以及农民对于生存观念的转变，有大量的劳动力从土地中释放出来，成为了农村的剩余劳动力，这部分人的数量也是巨大的。而且农村的剩余劳动力相对于城市劳动力来说，具有成本低的优势。因此，对于我国目前的劳动密集型产业来说，农村剩余劳动力是潜在的、巨大的劳动力供应市场。如果可以正确处理好城市化过程中的农民问题，将有利于农村的剩余劳动力向城市转移。这样一来，就可以充分利用农村中的劳动力资源，使资源得到合理的配置，最终推动城市化的进程。

第三，有利于产业结构的合理化。从整个世界产业结构的演变规律来看，在整个产业结构中农业的比重将会逐渐下降，而第二产业、第三产业的比重将不断上升，在国民经总量增长中也将由第一、二产业带动转化为第二、三产业带动。整个社会的产业结构将逐步趋于合理化和高级化。中国的产业结构调整也必然会向着这个方向去发展。在这个过程中农业自身的发展将起着相当重要的作用。只有农业的生产效率提高了、农业自身发展了，农村中的剩余劳动力才可以完全解放出来，农村的生产才有可能实现现代化和规模化生产，才有可能使农业中的劳动力流向第二、第三产业，最终促进整个产业结构的合理化和高级化。仅仅依靠城市的支持和拉动，是不能带动农村生产效率的提高，以及农村经济长远发展的。而且随着整个社会的产业结构趋于合理化和高级化，将使得城市化的道路走向一个良性的发展轨道。因此说，如果我们可以很好地解决城市化中的农村问题，使得农业的生产效率不断提高，将有利于整个社会的产业结构趋于合理化和高级化，最终促进整个城市化的发展。

第四,有利于城市化过程中各种政策的实施。城市化的过程是一个很复杂的社会变迁的过程。在这个过程中将涉及人们生产、生活各个方面的转变,政府也将采取很多的措施来推动城市化的进程。这些措施可能会涉及就业制度、户籍制度、社会保障制度、行政制度、土地制度等一系列的制度改革。而这些措施的实施很多都是以农村、农民为载体的。政策的贯彻和执行要不就直接落实到农民身上,要不就取决于农民和市民之间的制衡。总之,城市化过程中所采取的措施都会或多或少地涉及农民问题。如果我们可以很好地解决城市化过程中的农民问题,就可以给所有这些政策的实施提供一个良好的环境,使它们更好地发挥功效,最终促进城市化的发展。

综上所述,我们可以看出城市化中的农民问题是一个十分重要、十分艰巨的问题。城市化的进程将与农村问题的解决紧密相连。如果我们可以很好地解决农民问题或者是在这个问题上做出一点点改善,就可以逐步的消除或是降低城乡二元经济对城市化的影响,可以充分利用劳动力资源,可以促进产业结构的合理化和高级化,还可以保证城市化过程中各种政策的实施等等,最终促进城市化的发展,提高整个国民经济的整体效益。相反,如果我们在推动城市化的过程中,忽视了农民问题,将会带来很多的负面影响,比如说加重城乡差距、劳动力资源得不到合理配置、产业结构失调、各种推动城市化的措施失效等。这一系列的负面效应将会严重地阻碍城市化的进程,影响整个国民经济的发展。

二、城市化过程中农民进城的类型

城市化中一个非常明显的标志就是整个社会中农民的比例不断下降,农村的剩余劳动力不断由农村转移到城市,由农业转移到非农产业。在这个过程中就自然而然要涉及一个非常重要的问题，那就是农民进城类型的问题。虽然最终的结果都是农民转化为市民，但是在不同的国家、不同的历史背景、不同的自然条件、不同的经济发展阶段，农民进城的类型会存在很大的差异。这些差异对于城市化的进程会产生不同的影响，因此说对于城市化过程中农民进城类型的研究是相当重要的。农民不同的进城类型将会直接影响到城市化过程中农民问题的解决方法，以及各种政策实施的效果。只有准确地掌握了农民进城的类型和原因，才可以对于农民的行为进行分析，找到解决农民问题的有效方法。也只有准确地掌握了农民进城的类型和原因，才可以在城市化的过程中对症下药，结合农民的实际，找到一条适合国情的城市化发展道路。所以，我们在解决城市化中的农民问题时，首先就要对于农民进城的类型进行研究。接下来，我们将通过对比国外一些发达国家和中国农民进城的类型，来分析我国农民进城类型的特殊性，从而找到一条适合中国国情的解决城市化过程中农民问题的途径。

1. 国外一些发达国家农民进城的类型

目前，在一些发达国家中，比如说英国、美国等，他们已经经过了一个农民大规模进城的阶段。现在正处于一个高度城市化的阶段，农业的生产效率相当高，甚至超过一些第二、第三产业生产部门的生产效率。在这种情况下，农民在城市和农村之间的流动将处于一种平稳的、自由移动的状态，市场的调节将起到主要的作用。农民之所以选择进城，是因为城市在经济效益等各个方面所带来的比较收益大于农村。而一旦他们发现农村的比较收益高于城市时，又会选择回到农村。这个过程是一个农民自由选择、自由流动的过程，不受任何限制。而且农民在城市和农村中的流动不会对于城市产生大的冲击。因此说，农民选择进城的原因可能多种多样，但归根结底都是由城市和农村之间的比较收益所决定的。而农民进城的类型也将变成一种综合的类型，并不能很严格地区分出来农民究竟属于哪一种类型。在这种情况下,政府在制定相应的城市化政策时,就可以将所有的农民作为一种类型、一个群体来对待。通过农民对于政策的不同判断,让他们来自由选择是否进城。

以上分析的一些发达国家中农民进城的问题,是建立在城市和农村已经进行过相当程度融合后的基础上的。在这种情况下,农民的流动变得更加自由,农业的生产率变得相对较高,政策的实施也变得相对简单,所以农民问题并不是一个制约城市化发展的关键因素,相反,在某种程度上还刺激了这些发达国家城市化的进程。而我们为了和国内的农民进城问题进行对比,就不能仅仅考虑这种城市化已经发展到一定阶段的情况,还要分析一下这些发达国家当初是如何解决农民问题的,如何促使农民大规模地进城从而为城市化、工业化、农业化的发展提供了条件,以及如何达到现有城市化水平的。

接下来,我们就分析一下这些发达国家当初农民大规模进城时的情况。当时农民进城主要有两大特点:

第一,这些发达国家早期的农民大规模进城都伴随着较为重大的土地变革和明显的劳动生产率的提高。发达国家在早期的城市化发展过程中,都发生了大规模的农村人口向城市的流动,以及大规模的农业人口向非农业的流动。在这个过程中,土地因素起了十分重要的作用。土地是农民生产和生活的根本,只要有土地存在,农民的生活就会得到最基本的保证。农民对于土地的依赖性十分强,他们不会轻易离开土地,这极大地限制了农业劳动力向非农产业的流动。所以很多的资本主义国家在初期解决城市化和工业化中的农民问题时,都是从土地制度的变革入手的。而他们所采取的土地制度变革往往都是革命性的、彻底性的、破坏性的,完全改变农民的生产、生活方式,很多的农民是被迫离开了土地。其中比较有代表性的就是英国进行的“圈地运动”。这种重大的土地制度的变革对于农民向城市的转移,以及农业人口向非农业的流动,所起的作用是十分直接而有效的。很多的自耕小农变成了无业游民，被迫进入城市寻找工作，为早期工业化和城市化的发展创造了条件。而且这种土地变革使得土地得到了集中，为大农场式的规模生产和经营提供了可能，带来了整个农业生产效率的明显提高。虽然这种土地变革的方式最终使得农民问题在一定程度上得到了解决，但是却是以牺牲广大农民的利益为前提的。在整个过程中将会带来大量的失业、农民的生活水平急剧下降、贫富差距不断扩大等一系列的社会问题。这些社会问题将会给整个社会带来巨大的冲击。

第二，这些发达国家农民进城的过程基本是和城市化、工业化的过程同步进行的。在这些发达国家中，农民大规模进城是为了满足资本主义工业化的发展要求而产生的。可以说工业化是促使这些发达国家中农民向城市大规模流动的重要力量。因此，当初的农民进城是由工业化带动的，农民进城后马上就可以转化为工业生产中的工人，适应工业化发展的要求。而工业的迅速发展又可以吸收更多的农村劳动力，使农民完成了角色转变。因此说，农民进城和工业化的发展是同步进行的。在这些发达国家中，农民向城市的大规模涌入，也促进了城市化的发展。在这个过程中，大量的农民彻底失去了土地，他们必须寻找新的地方进行生活，城市为了可以吸纳所有这些无依无靠的农民，必然要进行自身的发展。农民逐步地在城市中定居下来转化成市民，他们的生产方式、生活方式、消费方式也逐步发生转变。因此说，农民进城和城市化也是在同一个过程中得到了实现。

通过分析发达国家最初农民大规模进城时的特点，我们可以看出当时农民对于是否进城是毫无选择权利的，因此大都属于一种类型，即被迫进城型。农民进城主要是为了谋生，恰好城市又可以吸纳这些农民，因此顺利地完成了农民大规模的进城。这种农民进城的类型是具有时代特殊性的。

2. 我国农民进城的类型

我国长期以来都是以农业生产为主，是一个传统的农业大国。农业人口占全国人口的比重相当的高，我国13亿人口中有9亿是农民，这个数量远远超过了农村生产所需要的劳动力数量，农村中聚集了大量的剩余劳动力。为了实现我国国民经济三步走的战略目标，到本世纪中叶基本实现现代化，我们至少需要将目前从事农业生产人口中的2亿农民转移到城市，这个数字是巨大的，远远超过了现有城市所能容纳的数量。因此说，中国农民进城的问题是一个更加棘手的问题。

中国农民问题的现实状况决定了中国农民进城的类型和那些发达国家中农民进城的类型存在着很大的差异，而且那些发达国家所采取的农民进城的措施在中国根本行不通。经济学界不少同志认为，其原因主要是：

首先，我们国家没有经过一个农民大规模进城的阶段，大部分的农村剩余劳动力仍然聚集在农村。如果完全放开城乡流动的限制，剩余劳动力将大量地流入城市，给城市带来巨大的冲击。所以说，我国目前根本不具备那些发达国家劳动力自由流动的条件。我们仍然不能完全放开城乡之间的限制，使农村劳动力自由地在城市和农村之间进行流动，也不能通过城市和农村之间的比较收益让市场来决定农民的流动。进城对于农民来说成为了一项成本很大的选择。这就决定了农民选择进城已经不能给他们带来各个方面的综合收益了，所以农民必须考虑清楚自己进城的主要目的，然后再决定是否要进城。这就导致农民选择进城的类型出现了不同。

其次，我国目前的工业化和城市化水平都相对比较低，城市不能容纳这么多的农民都转化为市民，第二、第三产业也不能吸收这么多的剩余劳动力。如果在这种情况下，盲目地将大量的农民都转移到城市，只会给社会带来巨大的负担。大部分从农村转移到城市的劳动力不可能都固定下来转化为市民，第二、第三产业部门也不能为所有的劳动力都提供正式的工作。更多的农村剩余劳动力将进入城市中的非正式部门或者是在正式部门中从事非正式的工作。大量的失业人员和无业游民将在城市中聚集，给社会的稳定带来巨大的冲击。所以说，那些发达国家最初所采取的通过土地制度改革而把大规模农民推入城市的方法在中国是根本行不通的，因为农民进城和城市化、工业化的过程根本不同步。在现阶段我们国家只能采取比较平稳的过程来慢慢吸收农村的剩余劳动力，不能一蹴而就。在这个过程中，对于现阶段农民进城类型的分析就变得相当重要了。只有掌握了各种农民进城的类型，才可以针对不同类型的农民制定相应的措施来引导他们进城。这样一来，不仅可以使农民有了政策上的保证，可以最少痛苦地融入城市，还可以减少农民进城对城市的发展带来的冲击。

通过上面的分析，可以看出我国目前存在的农民问题有很多的特殊性，农民进城的类型完全不同于其他国家，而且农民之间进城的类型也存在着很大的差异，这都将影响到城市化政策的实施效果，以及整个城市化的进程。所以，我们有必要对于中国目前进城农民的类型做一下详细的研究。根据农民选择进城的目的不同，可以将农民进城的类型大致分为三大类：

（1）进城就业型

这种类型的进城农民主要以打工仔为主。他们的共同特征是家庭经济条件都比较差，而且进城的目的主要就是为了挣钱。他们根本不具备到城里生活、最终变成市民的物质条件，也没有想过要到城市中生活。由于农村人均耕地很少，农业生产真正所需要的劳动力有限，大量的劳动力就从土地上解放出来。而且以我国目前的状况来看，仅仅通过农业生产是很难获得高收入的，种植业的产出也就刚刚可以弥补生产的各种成本以及税收而已。因此为了谋生的需要或者是为了使生活过得更好一些，很多农民尤其以青壮年为主的劳动力，就会选择到城里去寻找工作。这部分进城打工的群体构成了农民进城的主流。

这种类型的进城农民大多是以非户籍改变型的流动为特征的。土地仍然是这些进城农民最重要的社会保障,农村仍然是他们生存的根基。农民进城后所从事的工作多是一些暂时性的工作,今天你可能还有工作,明天你可能就进入了失业大军,农民在城市的工作是相当不稳定的。而且我国对于进城农民的社会保障制度还很不完善。一旦农民进城后,失去了工作并不能享受到社会的保障。在这种情况下,他们就只能选择返回农村,继续从事农业生产。只要农民还有土地,他们就有赖以生存的生产资料,就可以通过在土地上的生产自我保障。所以农民在选择进城打工的时候,不会轻易地放弃土地,即使他们不再从事农业的生产,他们也会占住土地。他们也不会轻易选择放弃农业户口,到城市中固定下来转化为市民,因为整个过程中农民要承担相当大的风险。

这种类型的进城农民在城市中的流动具有暂时性和不彻底性。一般来说,农村劳动力向城市的流动都不是直接的、立即的、畅通无阻的。他们在刚刚进入城市的时候,往往只能取得一些工资很低、临时性的工作。而只有在连续工作了几年以后,才有可能慢慢地获得稳定的工作,并且工资得到提高。这个过程是一个积累的过程,是农民自身素质不断提高的过程。然而我国目前的情况是农民的流动性、随机性很强,很难在某一个工作岗位上长期工作下来。即使有的农民在城市中或者某一个企业中工作多年,也很少能得到素质的提升,因为大部分的企业、部门都是把农民作为廉价的劳动力而已,不给他们提供提升的机会。一旦农民的能力有所提高,雇佣成本增加,他们就会从大量的剩余劳动力市场中寻找新的廉价劳动力。而那些素质得到提升的农民劳动力,由于身份的限制又很难在城市中找到更加稳定、工资较高的工作。所以在我国这类进城农民很难彻底融入城市转化为市民。

这种类型的进城农民在城市中的流动还具有盲目性和无序性。

我国目前进城打工的农民很少是通过市场来获得就业信息，大部分人都是通过亲戚朋友的介绍，甚至有的农民是毫无目标地进入城市。他们根本没有事先联系好工作，就盲目地进入了城市，或者是听别人介绍，或者是根据个人的主观判断，认为只要进入城市就可以随时找到工作。结果进城打工的农民远远超过了城市中的实际需求，相当一部分的农民进城后找不到工作，最终被迫返回农村或者重新到其他地方进行尝试，造成了农村剩余劳动力的无效流动。而那些找到工作的农民也因为受到大量没有就业的劳动力所带来的竞争压力，不得不接受很低的工资，以及很差的待遇。另外，大部分农民进城打工是盲目的、自发的，因此没有组织可以对农民的行为进行统一的管理和约束，雇佣农民的企业也很少管理农民的日常生活，这就造成了农民进城的无序性。进城打工的农民最终目的只有一个，就是赚钱，他们并不准备在现在或是将来留在城市生活，所以他们并不会刻意去遵守各种城市规则。

这种类型的进城农民在城市中所从事的大都是一些“脏、累、苦、险”的工作。这些打工仔往往只能在一些非正规的部门找到工作，即使可以在正规部门就业也只能从事些非正式的工作。与当地的城市居民相比，进城打工的农民处于“二等公民”的地位，只能干那些城里人不愿干的脏活、累活、苦活和险活。他们所从事的职业主要包括各种用工单位的临时工、建筑用工、装修工等。

（2）进城生活型

这种类型的进城农民主要以那些有一定收入基础的农民为主。他们进城的目的主要是为了在城市中生活。城市相对于农村来说，为人们的生活提供了更广阔的空间。这里有方便的交通设施、通信设施、娱乐设施等，使人们的生活变得更加方便。进城的农民通过与城市的接触，产生了进城生活的欲望。当他们具备了一定的物质条件后，就会选择到城市中生活。我国现阶段农民选择进城生活主要有以下几种情况：

第一,一部分进城的农民通过在城市中长期的工作,或者是掌握了一定的技术,或者是在城市中闯出了一片天地立住了脚跟,他们有了较为稳定可靠的工作,收入水平也足以维持小家庭的生活所需,这时就会产生很强烈的举家进城生活的愿望,并付诸实施。由于这部分人长期在城市中工作,已经慢慢地改变了原有农村的那些生活方式、消费方式,并且渐渐习惯了城市生活的节奏,让他们仍然在农村中生活反而会很不适应。所以他们一旦具备了一定的收入水平,就会马上将整个家庭都转移到城市。他们对于土地不再有很强的依赖性,放弃土地对这些人来说风险也相对小多了。而且这些人通过自己的努力使自己的身份由农民转化为市民,居住地从农村迁到城市,也会成为当地农民所羡慕的对象,所以这些农民会有更强的努力动机。他们一旦具备了进城的能力也会马上表现出来,而且随着收入水平的不断提高,他们还会继续努力将所有的家庭成员都迁入城市,让自己的父母、兄弟姐妹到城市享福。

第二,还有一部分农民通过合法的经营有了一定的储蓄,他们基本的生活需求已经满足,开始产生了对于高档产品的需求,以及对于生活享受的需要。这时农村所提供的各种设施已经完全不能满足他们的需要,于是这些农民就产生了到城市生活的需求。如果他们可以承受起进城生活的成本,就会选择到城市中生活。这些农民进城的主要目的就是为了到城市中生活,而不一定要到城市中工作,所以他们对于市民这个身份实际上并不是最看重的。他们中的很多人仍然从事着农村中的副业经营,或者是经营着相当规模的乡镇企业,进城单纯就是为了生活。这部分农民对于城市的正面推动作用是很大的。

第三,还有一部分农民自身的经济条件有限,但是他们通过全家的努力,使得其在城市中获得的收入足以抵消掉家庭在城市中生活的必要开支(如房屋租金等),他们宁可苦一点、收入低一点也要在城市中生活。这部分农民试图通过自己的努力来改变原有的生活,他们宁可将打工挣到的大部分收入用于生活的开支,也不愿回到农村去过舒服的生活。对于这些农民来说,他们并不是靠丰厚的物质基础作保证,主要是靠个人的毅力以及对于新生活的追求来支撑。他们在整个农民进城打工的队伍中是属于比较特殊的一种,我们把他们归入了进城生活型,因为他们最主要的特征还是体现在了进城生活上。

通过上面的分析我们看出,对于进城生活型的农民来说,他们最大的共性就是都拥有一定的收入基础。不论这种收入是来自于城市打工所得,还是通过在农村的各种经营所得,都是农民选择进城生活所必不可少的。而这些收入通过农民在城市中的消费,最终都转化为了城市的收入,因此说进城生活型的农民往往都会推动城市经济的发展。

(3)子女上学型

这种类型的进城农民主要以那些可以供得起子女在城市上学的农民为主。他们选择进城的目的非常明确,就是为了让子女可以到城市中上学。这种类型进城的农民不在少数,而且多以中年以上的农民为主。他们通过自己十几年甚至几十年的努力和积累,拥有了较为稳定的工作和一定的储蓄。在品尝了城乡的差别,以及自己所走过的艰难路程后,决心为下一代的成长提供与城市同代人相同的起跑线。于是他们在大半辈子的生活中省吃俭用,积累了一些储蓄,就是为了将来有一天可以迁入城镇,保证自己的子女有一个较好的成长环境。所以很多的农民要不就只把子女送到城市去读书,要不就跟着子女一起进城边工作边供子女上学。

在现有的户籍管理制度下,送子女到城市读书成本是相当高的。每个农民都必须承担因为子女在城市中读书而缴纳的赞助费,这个费用是相当高的,甚至要用去全家的大部分收入。而且还要承担子女在城市中上学的生活费,这个费用相对于农村的生活费用来说,可能要高出一两倍,甚至更多。这一切都给农民家庭带来了经

济负担,他们需要更加努力才有可能支付起所有这些支出。这就产生了两种情况:

一种是一些比较富裕的农民家庭,子女进城上学的花费虽然很多,但是他们有能力承担所有这些支出,可以自由地选择是否送子女进城上学。而一旦他们决定下来,就会全力支持子女在城市中读书,除非收入上出现了大的问题,否则不会轻易地放弃子女在城市中的学业。这种农民家庭主要以农民企业家、农村中的干部、经营副业的农民、乡镇企业中的管理者以及那些有亲戚在城市中可以提供稳定收入支持的农民等为主。他们大部分都是把子女直接送到城市中上学,而并不改变自己原有的工作。通过在农村中获得的收入来供应子女在城市中的花费。所以他们的进城形态表现为子女进城和货币收入的流入。

另一种是那些家庭并不富裕,但是通过自己的努力可以为子女进城上学准备必要收入支持的农民家庭。他们的收入来源有限,只有借助多年来的积蓄,甚至是向亲戚朋友的借款,以及全家一直不懈的努力才有可能供得起子女上学所需的各种费用。这种送子女进城上学的农民家庭相对于第一种家庭来说,数量要少多了。只有那些很有志气的农民,确实想通过自己的努力,以及下一代的发展,来彻底改变自己生活环境的农民,才有可能下决心送自己的子女进城上学。他们一旦选择了这条路,就意味着全家要付出更多的努力。这种农民家庭主要以那些带着孩子一起进城的农民为主,他们边打工边供孩子上学。并不是所有进城工作的农民都会把子女带入城市,特别是供他们在城市中上学。所以我们将这种边打工边供孩子上学的农民归入了子女上学型的进城农民,因为供子女上学成为了他们最主要的特征。

通过上述分析我们看出,这种进城类型的农民也需要有一定的物质基础作为保证。并不是所有的农民都有收入和意愿支持孩子在城市上学,因此说,为子女上学而选择进城的农民相对于前两种类型的进城农民而言,数量上就少多了。但是这部分农民一旦选择了这种进城的类型,带给城市的贡献却是巨大的。他们不仅仅会对于子女进行长期而稳定的投入(这是由子女上学的周期所决定的),而且还会很努力地去遵守城市中的各种规则,因为他们要给子女做出示范。这一切都决定了子女上学型的农民进城带给城市的冲击是比较小的,相反带来的贡献却是巨大的。

到此,我们已经把中国目前农民进城的类型作了一个详细的分析。可以看出我国现阶段农民进城的目的是各不相同的,这也就决定了农村剩余劳动力向城市转移的复杂性。其他国家在城市化过程中关于农民问题的解决方法在中国似乎都不适用,中国的农民问题具有特殊性。对于现阶段的农民问题,并不是马上就可以找到一套有效的方法进行解决的。我们需要慢慢摸索出一套适应中国国情的解决城市化过程中农民问题的途径,并有计划、有步骤地将其付诸实施。而在这个过程中,对于农民进城的不同目的、不同类型的把握就显得十分重要了。只有针对农民不同的实际情况制定相应的措施,才可以起到最佳的效果,最终解决城市化过程中的农民问题。

三、完善农民进城的外部环境

在充分了解了农民进城的目的和类型后,接下来的任务就是要引导农民有秩序地进入城市。在这个过程中,一个良好的外部环境起到了非常重要的作用。政府所采取的各种城市化的措施,目的也就是为了可以给农民进城提供一个良好的环境。如果城市为农民进城提供了一个良好的环境,农民在进城的过程中各个方面的权益就会得到保护,减少了很多农民进城的痛苦,使得整个农民进城的过程变得十分平稳。如何才算是一个良好的外部环境呢?绝大多数同志认为主要有以下四大原则:

1. 农民自我选择的人权原则

我们这里所强调的农民自我选择的人权原则是指,农民可以自由地在城市和农村中做出选择,自我决定最终在哪里居住、生活、就业等。这个原则是解决农民进城问题的一个十分基本的原则,体现了农民在这个过程中的自主选择性。只有最终实现了农民在城市和农村之间的自由选择,才能从最根本上解决农民进城的问题。但是,我们还必须注意到,这个原则在不同的阶段会表现出不同的内容。我们已经分析过,在现阶段的中国完全放开城乡之间的限制,使农民可以完全自由地在城市和农村之间选择是不现实的。这时就要考虑这种人权原则在现阶段以什么方式体现出来。目前这种自我选择原则体现相对比较好的,就是农民选择进城就业的权利基本可以得到保证,农民可以自由选择是否到城市中就业。但现在这种选择也就仅仅停留在这一个层面上,农民对于是否可以留在城市中生活、是否可以固定下来变成市民,这些方面都没有选择的权利。因此现阶段农民自由选择的原则将要逐步地在农民居住权和生活权的选择方面得到体现,逐步地放开对于这些权利选择的控制。政府可以首先考虑制定措施来保证那些进城生活型农民对于生活和居住的选择权,然后再逐步地放宽到所有进城农民的范围。

政府要在农民进城的过程中体现出农民自我选择的人权原则,为进城农民提供一个良好的外部环境,就必须采取一些措施来消除各种法律上的、习惯上的障碍。农民之所以不能在城市和农村之间做出自由的选择,主要是因为城市中存在的一些限制农民进城的法律存在,比如说户籍管理制度、就业管理制度等。以我国目前的状况为例,农民之所以不能选择到城市中生活,不能定居下来转化为市民,其中最重要的原因就是严格的户籍管理制度的限制。我国现在实行的是身份证制度和户籍制度并行的管理体制,个人身份证是农民作为流动和就业的凭证,不能因此而获得市民的身份。而户口是居民选择居住地的凭证,没有获得城市户口的农民就不能在城市中长期居住,也不能转化为市民。户籍管理制度的存在就使得农民失去了在城市和农村间自由选择的权利,严重违背了农民选择进城的自由原则。这些法律上的限制都是政府制定的,因此要想重新构造一个良好的外部环境,充分体现农民自我选择的原则,就需要政府采取措施改变或者消除原有法律制度所制定的障碍。在这个过程中,政府就面临着两种方法的选择。

一种方法是彻底取消原有的户籍管理制度以及相关的各种管理制度。这种改革确实完全体现了对于农民自主选择的尊重,但是在我们这样一个农村人口众多的国家,在短时间内立即消除与每一个公民都密切相关的户籍制度,必然会引起管理上的混乱。因此这种改革的方法是不可行的。

而另一种方法是对于现有的户籍管理制度进行渐进式的改革。我们仍然保留所谓的户口,但是在实际中逐步弱化户口的作用,慢慢地放松户口对于农民进城的限制。当户口对于农民进城的约束作用逐渐变小直到最后消失的时候,户籍管理制度就得到了改革。这种改革的方法既体现了农民自由选择的原则,又使得整个农民进城的过程平稳而有序,所以是我国目前解决农民进城问题的一个有效途径。

尊重农民自主选择的人权原则,不仅仅体现在政府消除那些限制人们自由流动的障碍,还表现在政府不能强行地推进农民进城的过程。并不是所有的农民都想到城市中生活,他们可能更加适应农村的生活习惯,农村本身也存在着一定的发展规律。政府不能为了推进城市化的进程,而破坏农村自身的发展规律。目前,我国一些地方的农村,为了提高城市化的水平,不准农民翻建新宅,要求农民将住房盖到城镇上,甚至有的农村以各种工程的名义,占用农民的住房,逼迫这些农民迁到城镇中等。这种依靠政府的力量强行推进城市化的方法,严重违背了农民自由选择进城的原则。不仅不符合城市化自身发展的规律,而且还极大地伤害了农民的利益和感情,严重影响了农民城市化的良性发展。还有的农村为了增加村里的收入，大批鼓励农民进城打工，甚至排挤在家务农的农民。所有这些政府行为都严重干预了农民的选择，看上去似乎是一种“推力”，带动了一方经济的发展，但实际上却严重影响了农民迁入城市的愿望，以及农村自身的发展，因此同样是不可取的。

2. 农民就业的竞争原则

我们这里所强调的农民就业的竞争原则是指，进城打工的农民有平等就业和选择职业的权利，有平等取得劳动报酬的权利。前面讲的第一个原则是为了保证农民可以自由地进入城市打工，而这一个原则是为了维护那些进城打工农民的平等就业权利。这个原则同样也是解决农民进城问题的一个十分基本的原则，体现了农民在就业过程中的自由竞争性。农民只有有了平等就业的机会，才可能改善自身的社会地位和经济地位，才有可能主动地、积极地选择进入城市，并且很努力地工作，最终融入城市。否则的话，即使农民进入了城市，也是处于“二等公民”的地位，他们并不会全身心地投入，知道自己不可能得到和城里人一样的就业机会，只能从事那些城里人不愿意干的工作，所以他们就会毫无主人公的精神，目的就是为了完成任务，挣钱后一走了之。所以在这种情况下，农民虽然有了自由选择进城的权利，但是却没有进城后自由选择就业的权利，这对于农民来说仍然是存在着城乡流动的障碍，合法的权益仍然得不到保证。因此，在农民进城的过程中，坚持农民就业的竞争原则也是十分重要的。

然而在现实中却普遍存在着对于进城打工农民实行的就业歧视和工资歧视，这些都是违背农民就业竞争原则的最主要的表现形式。政府为了保证城市居民的基本就业，避免农民对于城市就业的冲击，往往会限制农民进入一些行业，实行就业政策的歧视。我国目前的情况就是各个地方的城市都存在着许多限制农民进城打工的歧视性的地方法规，在这些限制下农民只能从事一些“脏、累、苦、险”的工作，很难进入一些正规的部门。以一些国有企业为例，尽管这些企业使用一个城市工人的成本要比使用农民高出数倍，甚至那些“下岗”、“待岗”职工带给企业的负担都远远大于新雇佣农民的成本，但是这些国有企业必须站在地方政府的立场，优先安排城市的工人，不能吸收进城打工的农民。就业上的歧视导致了城市居民和进城农民在就业过程中的不平等竞争。城市中的居民仅仅是由于具有市民的身份，就可以享受很多的就业机会，不论市民的能力如何，只要想工作还都是可以找到一个岗位的。然而农民的处境就完全不同了，他们可以选择的职业范围十分的狭窄，最终可以找到什么样的岗位完全取决于农民的能力，有一定一技之长的农民，或者是素质稍为高一些的农民，就可以找到一些相对好的工作，但与城市居民的工作仍然是不能比的，而那些没有任何特长的农民就只能从事那些最苦、最脏、最险的体力工作了，甚至有的农民连这些工作都找不到。

工资上的歧视现象也普遍存在，在企业的心目中农民就是廉价劳动力的象征，他们支付给农民的工资是相当低的。同样的工作，如果企业雇佣的是一个城市工人，企业就会至少支付给这个工人城市中的平均工资，否则的话，这个工人就会选择流向其他的企业。相反，如果企业雇佣的是一个农民工，企业就可以任意来决定支付给这个农民工多少钱，完全可以低于城市中的平均工资，因为市场中存在着大量的农民劳动力，企业总可以雇佣到接受低工资的农民。因此城市中的企业就形成了对于农民工的工资歧视。而政府往往对于这种工资上存在的歧视采取置之不理的态度。

政府要在农民进城的过程中体现出农民就业的竞争原则，为进城农民提供一个良好的外部环境，就必须努力消除社会中普遍存在的各种就业歧视和工资歧视。一个理想的农民就业体制中，应该不存在任何形式的就业歧视和工资歧视。农民可以自由地选择职业，得到和城市居民一样的工资。但是我国目前的状况决定了在现阶段形成这种理想的农民就业体制尚存在一定的困难。城市岗位资源相对于大量的城市和农村劳动力来说,是一个十分稀缺的资源。仅仅是城市的工人都存在着失业,更何况大量的农民涌入城市后,造成岗位的进一步缺乏。而且农民自身的情况也决定了其廉价性的特征。完全取消就业政策上的倾斜,可能带来城市居民的就业和工资受到冲击,相反农民的情况不会有太多的改善。因此说,我国目前的就业政策应该是一种渐进式的改革,逐步放开对于某些行业的限制,使那些有一定技术特长、一定工作经验的农民可以首先承担一些正规的工作,最后再慢慢放宽到所有农民的范围。而对于工资上存在的歧视,政府可以通过政策和法律来约束企业的歧视行为,但是这个过程不能一刀切,也要通过引导的方式促使企业逐步地接受。

3. 农民生活福利的公平原则

我们这里所强调的农民生活福利的公平原则是指,农民有平等享受社会保障的权利,有平等的在城市中生活并且享受城市福利的权利。对于进城的农民来说,在解决了就业的问题后,接下来就要关注在城市中的生活问题,以及社会保障问题了。在农村,农民不用考虑生活和社会保障问题,因为他们有土地作为最基本的生活保障,吃饱饭保证最低生活需要还是没有问题的。即使有了突发事件需要处理,他们也可以通过亲戚朋友的帮助来解决。而一旦农民进入了城市,一切问题都变得茫然了,遇到困难后也很少有人可以帮忙,进城后农民的保障问题变成了一个社会问题,仅仅靠个人的力量已经很难解决,因此对于进城农民的社会保障就显得格外重要了。而农民生活福利的公平原则,是解决进城农民社会保障问题的一个基本原则。这个原则表现为每个进城的农民都可以享受到和城市居民同样的生活保障。只有坚持这个原则,并为进城农民提供各个方面的社会保障,才可以使他们摆脱进入城市后所带来的重重顾虑,真正融入城市。否则的话,农民最基本的生活问题将得不到保证，农民将不会选择在城市中长期生活，这样一来，将严重限制城市化的进程。

然而在现实中，进城农民的生活往往得不到保障，农民生活福利的公平原则经常被违背。以我国的现状为例，目前社会保障的对象基本上是以城市职工为主，进城农民基本上得不到社会保障，即使有一些社会保障的内容涉及进城农民，但在实际的操作中往往含糊不清，最终很少有农民真正享受到社会保障的好处。原则上说，进城农民的社会保障应该是由政府、企业、个人三方共同承担的。但在实际中，由于农民工往往是企业的临时工或合同工，雇主就不愿意为其投保，这样做对于企业的成本太大，因此企业经常采取直接将钱发给农民让他们自己上保险的方法来处理。而对于农民来说很少有上保险的意识，他们只会把这部分钱作为自己收入的一部分用在其他的方面。再加上目前政府的能力有限，不能对每一个进城农民都提供社会保障。这样一来，农民在城市中生活的一些最基本的生活福利就根本无法得到保障。企业这种不给农民上保险的做法严重违背了农民生活福利的公平原则，恶化了进城农民在城市中生活的条件。而政府对于进城农民各种生活福利的不理睬，甚至一些歧视性的政策，使得收入有限的农民在城市中的生活步履维艰。比如说进城农民的子女不能同城市中的孩子一样平等地享受教育，即使是九年义务教育，也要承担大额的花费，使得很多农民的子女上不了学、上不起学。

目前农民生活福利的公平原则受到严重违背的情况，不仅仅体现在政府和企业不能为进城的农民提供和城市居民一样的生活保障，甚至还体现在很多农民最基本的生活权利都得不到保证，这个问题更加严重，更值得我们去关注。这里仅仅列举几个现实中的例子来说明这个问题的严重性。在一些企业中，我们经常可以看到很多农民工的工作时间超过 10 个小时，而且没有星期天和节假日，但是他们的工资一点没有长，这是在城市的工人中看不到的；农民工的伙食质量相当的差，我们经常可以在一些建筑工地上看到很多民工围着一大桶炖白菜吃饭的景象；农民工在生病的时候也不能得到很好的休息，仍然要坚持工作，一旦请假还要扣相应的工资。这样的例子在现实中我们还可以搜集到很多，这都反映了农民工在城市中连一些最基本的生活权利都得不到保证，他们与城市中居民的生活相差得太远，这显然是与农民生活福利的公平原则背道而驰的。

面对进城农民现实生活中的不平等处境，政府有必要采取相应的措施来改革现有的社会保障制度，使其可以体现出进城农民生活福利的公平原则。这个改革的过程同样也会是一个渐进的过程。由于我们国家目前经济能力所限，马上实现对城市居民和进城农民提供相同的社会保障是不现实的。即使是解决好城市中居民的生活保障问题都是一件非常棘手的事情，更不用说再加上几亿农村劳动力了。但是这并不能成为政府不理睬进城农民社会保障问题的一个理由。我国目前应该首先解决的是对于进城农民最基本生活权利的保障，这个过程并不需要国家大量的资金投入，关键的问题是促使雇佣农民工的企业可以尊重农民最基本的生活权利。政府可以通过制定一些相关的法律来约束企业行为，以达到保障农民基本生活权利的目的。然后，随着整个社会保障体系的完善，政府可以逐步地使进城农民享受到城市居民所享受的所有福利。比如说可以让进城打工农民的子女也可以平等地享受到在城市中受教育的权利等。不过，后一个过程可能是一个长期改革的过程，政府需要逐步地投入资金，一项项进行改革。但最终的目的还是要使得所有进城农民和城市居民都可以平等地享有生活福利的保障。

4. 观念上的平等原则

我们这里所强调的观念上的平等原则是指，城市中的居民和企业对于进城农民平等看待的原则。在政府为农民进城提供了一个很好的政策保证后，接下来的问题就是城市中的居民和企业是不是可以接受政府的政策，平等地对待进城打工和生活的农民，与他们和睦相处。在这个过程中,城市中的居民和企业处于优势地位,他们长期在城市中生活,已经成为了城市的主人,对城市的各个方面都十分熟悉,而且占据了城市几乎所有的资源和重要的工作岗位,支撑着整个城市的发展。在这种情况下,农民进入到城市中来,除了自身的劳动力和有限的资金外没有任何其他的资源带到城市,相反却要和城市中的居民一起来分享城市中已经存在的各种资源,他们处于后进入的地位,这就要涉及城市中现有的居民和企业是否会接受这些进城的农民。一种最理想的结果就是,城市中的居民和企业可以接受进城农民,一起为城市的建设做贡献。如果可以做到这一点的话,就会使得进城的农民有一种归属感,他们会更加主动、努力地融入城市,最终促进城市化的发展。因此说,城市中的居民和企业在农民城市化的过程中,坚持观念上的平等原则是相当重要的。

然而在现实中,城市中的居民和企业往往具有十分强烈的排外思想。这主要是因为进城的农民往往会触及城市中居民和企业的现有利益。按照有关同志的分析,这种利益矛盾表现在:

第一,进城农民给城市居民的就业带来了很大的压力。随着整个社会产业结构的调整和升级,城市中一些传统的生产部门也将面临着生产结构的调整。很多的产业工人在这个过程中将面临着下岗、待岗、下岗再就业等一系列的问题。原有的铁饭碗已经被打破,很多城市居民的工作受到严重威胁,他们随时都会有失去工作的可能,即使目前还不会失去工作,也可能随时面对着开不出工资的威胁。所以说,目前城市中的居民已经面对着很大的就业压力。在这种情况下,农民又进入了城市,他们具有成本低的优势,一旦政府放开了对于农民进城打工的各种限制,那些传统的劳动密集型的企业自然都会选择雇佣农村的廉价劳动力,这将进一步冲击城市居民的就业。而且进城的农民往往具有能吃苦、不怕脏、不怕累的特点,他们将很快占据住那些城市居民原先不肯干的工作岗位,减少城市居民可以选择的岗位空间。总之,进城农民将成为城市居民潜在的最大竞争对手,一旦各种限制放开,这种潜在的竞争对手马上就转变成现实的竞争对手。

第二,进城农民给城市的正常秩序带来了很大的冲击。由于大量的农民涌入城市,将会带来城市的拥挤和交通的堵塞,使原本就已经趋于饱和的城市交通和城市居住环境承受更大的压力。造成的结果,每当赶上春节或者长假期,整个城市的交通运力就超负荷运转,无论是城市居民还是进城农民的出行都会遇到很大的麻烦。大量进城的农民还会带来城市的污染和城市环境的恶化。由于大多数农民素质比较低,生活比较随意,很少有遵守城市规则的意识,因此在进城农民集中生活,以及经常出入的地方,卫生一般比较差,造成了对城市环境的破坏。另外,大量进城的农民还给城市的治安带来了冲击。很多进城农民由于暂时找不到工作,成为了城市中存在的无业游民,他们是城市安全的最大隐患。在他们选择返乡之前,往往会顺手做一些违法的事情,然后一走了之。这也给城市的治安管理带来了很大的麻烦。我们这里只列举了进城农民对于城市秩序的几个主要影响,其实,在现实中进城农民给城市居民的生活所带来的冲击会体现在很多方面,这些影响都是城市居民不能马上接受的,所以他们才会很排斥农民大量地涌入城市。

通过上述分析我们看出,由于进城农民自身的特点往往会影响到城市居民的利益,这就决定了城市中的居民存在着很严重的排外思想。而这种排外思想进一步又影响了农民进城的过程,使得农民不能真正地融入城市,造成城市居民和进城农民之间的矛盾进一步加深。所以我们要想解决城市化过程中的农民问题,就必须尽快地消除两者之间存在的隔阂,促使他们和睦相处,共同建设城市。但是这种矛盾深藏在人们的观念之中,消除它并不是一个简单的事情,需要两方经过长期的共同努力才可以解决。对于进城农民而言,需要解决自身存在的一些问题,提高自身的素质,关于这个问题我们将在下一节中专门进行阐述；而对于城市居民而言，要尽量消除原有的排外思想，不能总坚持固有的偏见，认为进城农民的素质一定是低的，一定会影响城市秩序，一定会影响自己的就业。要在心中逐步形成一种平等的观念，很客观地看待进城农民给社会、给城市带来的积极一面，接受他们所做出的每一步努力。

综上所述，我们在解决农民进城过程中的外部环境时，要坚持四大原则。分别是农民自我选择的人权原则、农民就业的竞争原则、农民生活福利的公平原则以及观念上的平等原则。这四大原则几乎涉及了农民进城中所能遇到的各个方面问题，从农民是否可以自由地选择进入城市，到进入城市后是否可以平等地选择就业，平等地享受各种生活保障，以及农民是否可以和城市中的居民和睦相处。虽然这些问题的解决并不是那么容易，可能需要一个相当长的时间，但是只要我们坚持这四大原则为指导，就可以最终解决所有这些农民进城过程中所出现的问题，创造一个良好的外部环境，促使农民尽快地融入城市，推动城市化的发展。

四、农民在城市化进程中的自我修养

要想解决好城市化中的农民问题，仅仅塑造一个外部环境是不够的，还需要农民自身的素质得到相应的提高。城市化过程中城市居民和进城农民之间的矛盾是双方面的问题，必须通过双方的努力才可以很好地解决。农民自身确实存在一定问题，这是农民本身固有的一些特点所决定的，然而这些特点往往与城市格格不入，所以农民在进城的过程中需要不断地改变自己的一些旧习，提高自身的素质，以适应城市生产、生活各个方面的要求。只有这样，进城农民才可以真正转换自己的角色，从一个低素质的农民转化为一个高素质的可以适应城市要求的农民，甚至转化为一个市民。也只有这样，城市中的居民和企业才可以更好地接受进城农民，政府所采取的各项城市化的政策才可以更加有效地发挥作用，最终促进进城农民和城市的相互融合，推动城市化的进程。农民如何才可以使自身的素质得到提高呢？这将是一个自我修养的过程。面对大量进城的农民，政府和企业采取集中培训的方式似乎不太现实，因此只能依靠农民自觉地在实践中不断磨炼、更新观念、改变原有的旧习、提高自身的技术水平和各方面素质，来适应城市的各种环境。根据经济学界和社会学界的有关分析，农民的这种自我修养主要体现在以下几个方面。

1. 遵守城市的规则

无论人们选择在哪里生活，首先都必须要遵守那个地方的各种规则，这是一个最基本的要求。这些规则都是人们在长期的生活过程中逐渐建立起来的，已经得到了大多数人的认同，形成了一个地方的文化。如果一个人不遵守这些规则的话，就会被这个地方的大多数人所排斥，很难融入其中。尤其对于一个外来者而言，原先生活的地方可能和现在的地方在规则上存在着很大的差异，这时就要求这个人尽快地适应新的规则，只有这样才可以真正融入新的生活环境。

对于进城农民而言，当他们从农村进入到城市的时候，就面临着各种规则的转变，因此，他们要想在城市中生存下去，就必须遵守城市的规则。城市中存在的很多规则都是不同于农村的，甚至有很多规则在农村中根本就不存在。

比如说，在农村居住的农民并没有卫生和环境保护意识，生活中的垃圾随便就处理在田间，手中的废物也会随时、随意地丢在路边，这种行为在农村是毫无争议的，因为大家都没有这个意识。但是在城市中，城市居民的规则是不能随便乱扔废弃物，垃圾也要处理到一个集中的地方，然后再一起销毁。而当农民刚刚从农村转移到城市的时候，往往很难马上改变原有的环境意识，还会经常在人们不注意的时候随意丢垃圾，造成了城市的严重污染。所以说，城市中的居民会因为进城农民不讲卫生的坏印象而排斥农民进城。而农民要想使城市居民接受他们,就必须首先改变自己原来的那种乱丢垃圾的旧习惯,严格遵守城市的环境规则。

还比如说,在农村由于交通并不拥挤,所以各种交通规则对人们的约束作用十分有限,大部分农民没有形成一种严格遵守交通规则的意识,在本来就不宽的道路上横冲直闯,互不避让。但是在城市中,交通十分拥挤,各种车辆、行人的数量远远超过农村,人们为了自身出行的方便,都会很严格地遵守交通规则,于是整个城市的交通系统十分井然有序。而当农民刚刚进入城市的时候,往往不会遵守这些复杂的交通规则,经常出现闯红灯、骑车逆行、不走人行横道的情况。这样一来,严重影响了城市原有的规则,给城市中遵守交通规则的市民带来了麻烦,他们自然就会很排斥农民进城。而农民要想改变城市居民对他们的看法,就必须改变原先那种不受任何交通规则约束的旧习惯,严格遵守城市中存在的各种交通规则。

通过上面两个例子的分析,我们可以看出进城农民遵守城市中已经存在的各种规则是相当重要的。其实,城市中存在的规则所涉及的方面远远不止这两个方面,而且很多都与农村中的规则相差很远,这就需要农民在进城的过程中,自觉地、尽快地改变原有的旧习惯,遵守城市中存在的各种规则。

2. 保护城市的公共产品

保护城市中的公共产品,同样也是对于进城农民的一个最基本的要求。在农村生活的农民,主要是以自给自足的生产方式为主,使用的产品也多是以私人产品为主,很少涉及公共产品的使用。所以,农村中的农民往往对于自己的私人产品有很强的保护意识,而缺乏对于公共产品的保护。我们经常可以看到有些农村中的农民会将一些公共设施破坏后据为己有,比如说损毁农村中的光缆卖钱;还可以看到有些农民占用公共产品为自己使用,比如说收获的时候都在马路上晒麦子等。类似于这样的现象在农村中还是比较普遍的,一方面有的农民为了个人的私利破坏了公共产品,而另一方面其他的农民由于这些事情与自己的利益关系不是很大,没有损害其个人的产品,所以往往也是置之不理。造成的结果是,大家都是只注意个人的私有产品,而没有保护公共产品的意识。

然而在城市中生活的居民就不同了,他们不仅仅使用着私人产品,而且还使用着大量的公共产品,享受着这些公共产品的外部性。公共产品已经成为了城市居民生活中不可或缺的一个组成部分。为了自己和他人使用的方便,城市中的居民往往都具有很强的公共产品的保护意识。当看到路上的井盖没盖好时,有的市民就会主动将其盖好;当城市中的光缆存在安全隐患时,也会有市民主动地通知相关部门进行修理等。类似于这样的例子在城市中比较普遍,城市中大部分的居民都会主动地保护公共产品。即使有的市民没有很强的保护意识,他们至少也不会去刻意破坏那些公共产品。

通过上面的对比分析我们看出,农村和城市中的居民对于公共产品的保护意识是完全不同的。所以说,当农民进入城市的时候就必须改变原有的意识,注意对于公共产品的保护。然而现实中进城农民的行为并不令人满意,很多农民在刚刚进入城市的时候,严重缺乏保护公共产品的意识,甚至破坏公共产品,比如说有的农民在城市中行走时随便践踏草坪等。这些行为在城市居民的眼中都是格格不入的,所以城市中的居民才会十分排斥进城农民对于公共产品的使用,才会不接受进城农民和他们共同生活在一个环境中。因此,进城农民要想尽快地融入城市,就要提高自身对于公共产品的保护意识。

3. 改变原有的生活文明准则

前面分析的两个方面,遵守城市的规则和保护城市的公共产品,都是农民进城过程中一些最基本的要求,只有农民可以做到这些基本的要求,城市中的居民才有可能接受他们在城市中生存。正因为现在的进城农民连这些最基本的要求都做不到,所以我们首先提出来农民要在这两个方面进行提高。然而仅仅做到这些基本要求还是不够的,这只能保证城市中的居民不会十分排斥农民进入城市。最终农民要想真正融入城市的生活中,还必须进一步改变自身的一些生活文明准则,使各种生存的方式接近城市居民。

农村和城市的整个生活文明准则是相差很远的。农村中的生活文明准则我们可以用“田园化”这三个字来概括。它体现出来的生活方式是以单个家庭的自给自足为主体,与外界的交流主要局限在同一个村中的交流,或者是以亲戚关系联结起来的有限范围内的交流。在这个范围内,人们彼此都比较熟悉,而且很少牵扯过多的利益关系,更多的是相互之间的帮助。所以人际交往的过程是比较直接的,彼此之间没有太多的顾虑,可以随便表达自己的真实想法。比如说,很多农民在交谈时,会声音洪亮,操着一口浓厚的家乡话,想到哪儿说到哪儿。

而城市中的生活文明准则我们可以用“商品化”这三个字来概括。它所体现出来的生活方式是以家庭之间以及家庭与社会之间的相互联系为特征的。每个人、每个家庭都不可能脱离社会而存在,而且接触人的范围十分广泛,从亲戚到朋友,再到陌生人,人们都要去适应。其中相当一部分的联系是建立在商品关系之上的,包括复杂的上下级关系、商品交易中的买卖关系、生意上的客户关系,甚至是邻里之间的关系、朋友之间的关系等。这些关系都是与每个人、每个家庭自身的利益紧密相连的。所以,人们之间的交往不会再向农村那样简单,在彼此交流的过程中,会有很多的顾虑,会考虑其他人的想法,而不是选择那种最直接的表达方式。同样我们可以举个例子,在城市中居民交谈时,就会选择一种比较含蓄的交谈方式,音量适中,都说普通话,每谈论一件事情都会经过认真的思考。

农村和城市之间在生活文明准则上存在的差异,决定了农民进入城市后需要一个过程来适应城市中的生活方式,这个过程是相当必要的。然而农民在刚刚进入城市的时候,往往不会很快地接受城市的生活方式。他们依然会在公共场合大声说话,依然会操着一口浓重的方言,依然会以自己最亲的人作为交流的对象而避免与其他人的交流,他们甚至很排斥城市中居民的生活方式。造成的结果是,我们经常可以一眼就认出谁是城市中的居民,谁是进城的农民。这样只会阻碍农民进城的进程,以及城市化过程中农民问题的解决。因此,进城农民要想真正地、尽快地融入城市,就必须改变原有的生活文明准则去适应城市,而不是要城市来适应自己。

4. 提高自身的技术能力和素质

进城农民需要自我修养的最后一个方面,就是要全面提升自身的技术能力和素质。这一方面的自我修养相对于前三方面的修养来说,更加地有难度,但是却是最重要的。进城的农民仅仅在生活上适应了城市的规则还是不够的,他们还必须有很强的谋生手段。只有农民通过自身不断努力具备了一定的技术能力和素质,才有可能和城市中的居民进行竞争,最终占据到城市中一些比较正规、比较重要的岗位。否则的话,即使农民融入了城市,也只能从事那些比较低级的工作,自身的地位仍然没有发生根本性的转变。

然而农民的普遍现状是素质比较低,缺乏一定的技术能力。大部分进城农民所从事的工作都是以脏活、累活、苦活、险活为主,只需要付出简单的劳动就可以了,不需要具备一定的技术能力。在这种情况下,农村中大量低素质的,而且又没有一定技术能力的农民,都拥入了城市,而且找到了一份工作。但是这些工作岗位并不能使得农民积累经验,或者是掌握一定的技术。这就使得农民自身素质的提升变得十分困难,农民就只能长期从事这些岗位,始终处于社会工作的最底层。而城市中的居民却因为长时间生活在城市中,受到各方面的熏陶,素质普遍比较高。他们几乎又占据了城市中所有的正规工作岗位,以及城市企业所提供的所有培训。所以城市居民相对于进城农民而言,有着很强的优势。在这种情况下,农民根本无法与城市居民进行竞争,只能选择那些城市居民不肯干的工作了。

而农民要想改变这种现状,就必须首先使自身的技术能力和素质得到提升,具备与城市居民竞争的最基本条件。但是这个过程想依靠政府和企业来完成是不太现实的,政府没有那么多的人力、物力、财力来满足这么多农民的需求,企业也根本不会花成本将一个低素质的农民培养成一个高素质、有技术的农民,他们宁可选择雇佣城市中现成的技术工人。所以,这个过程就需要农民通过自己的努力进行自我修炼。通过在实践中的自我磨炼和不断积累,逐步摸索出一些经验、掌握一些技术,然后再达到熟练应用的程度。这个过程对于一个本身素质水平很低的农民而言是相当难的,但是进城农民为了改变原有的状况,就必须坚持不懈地努力,最终使自身的素质和技术能力可以适应城市的要求。

综上所述,农民在进城过程中的自我修养是相当重要的。进城农民只有自觉地遵守城市的规则,保护城市的公共产品,才可以消除城市居民对于进城农民的一些偏见;只有改变原有的生活文明准则,才可以真正融入城市生活中;也只有最终提高自身的技术能力和素质,才可以彻底改变自己在城市中的社会地位和经济地位。所以,农民在进城过程中就需要同时提升所有这些方面的素质,以适应城市的要求,为解决城市化过程中的农民问题创造一个良好的内部条件,最终推动城市化的发展。

参考文献

1. 魏杰、谭伟:“城市化中的农民问题”,《理论导刊》2003 年。
2. 魏杰:“城市化战略的选择”,《理论视野》2003 年。
3. 魏杰、谭伟:“我国城市化进程中的农民市民化问题”,《经济纵横》2003 年。
4. 魏杰:“中国城市化进程中的区域性中心城市的城建问题”,《中国党政干部论坛》2001 年。

(魏杰,清华大学经济与管理学院)

农垦农业供给侧结构性改革与农民工创业

王守聪　周业铮　巩前文

习近平总书记在中央经济工作会议上指出:“深入推进农业供给侧结构性改革。这是供给侧结构性改革的重要一环。”供给侧结构性改革是基于中国实践的理论综合性集成创新,是中国经济和中国模式在新时期的一次探索性改革和调整,是用宏观调控的办法矫正供需结构错位和要素配置扭曲,实现更高水平的供需平衡。农垦是推动我国农业发展的国家队,是国家推进农业供给侧结构性改革的重要抓手,农民工在农垦农业供给侧结构性改革中将大有作为,农垦农业供给侧结构性改革与农民工创业同心互促。

一、农垦有条件成为国家农业供给侧结构性改革的排头兵

(一)农垦有责任、有能力、有条件成为推进农业供给侧结构性改革的排头兵

1. 农垦始终是国家战略最坚定的响应者和实施者

自南泥湾垦荒开始,无论是屯垦戍边保持边疆稳定,还是发展农业生产支援国家经济建设;无论是安置转业官兵和知识青年,还是保障国家粮食和橡胶等重要农产品供应;无论是在革命战争和自然灾害等特殊时期,还是在“非典”和汶川地震等应急时刻,农垦始终把履行国家使命作为第一职责,始终把贯彻中央决策部署作为第一任务,在第一时间完成国家指令,发挥了抓得住、调得动、应得急的国家队作用,为保障粮食安全和重要农产品有效供给、促进区域经济社会发展提供了坚强的基础。新形势下,农业主要矛盾已经由总量不足转变为结构性矛盾,推进农业供给侧结构性改革,提高综合效益和竞争力,是当前和今后一个时期我国农业政策改革和完善的主要方向。农垦要切实发挥新时期中央赋予的国家队、示范区、排头兵和稳定器的重大职责,在推进农业供给侧结构性改革工作中积极探索、试点先行。

2. 农垦推进农业供给侧结构性改革具有基础性优势

长期以来,农垦现代农业建设走在全国前列,某些方面达到或接近发达国家水平。从基础条件看,农垦农业基础设施和现代农业装备水平较高,建设了一批高产稳产的标准农田,有效灌溉面积已达到 4 734 万亩,占耕地总面积的 57%;已拥有农业机械总动力超过 2 000 万千瓦,全国农垦耕种收综合机械化水平已突破 80%,高于全国平均水平 30 多个百分点。农业科技创新能力较强,农业科技贡献率已达到 58%。从主要经济指标上看,粮食产量达 600 亿斤以上,商品率 85% 以上;棉花产量达 140 多万吨,占全国的 20% 左

右;液态奶产量占全国的9%,糖料产量占全国的6%,天然橡胶产量占全国的60%。农业产业化经营格局基本形成,各垦区在粮食、棉花、油料、糖料、橡胶以及奶业等培育了一批农业产业化龙头企业,已经逐渐成为当地产业的龙头。传统农业的一些短板在农垦发展历程中已经提前补齐。

3. 农垦有条件成为农业供给侧结构性改革的先行者

一直以来,农垦的组织化、规模化、标准化程度较高,目前农垦农业人均耕种面积超过40亩。特别是经过多年企业化、集团化和产业化改革,培育了上海光明、北京首农、重庆农投、黑龙江北大荒以及广东农垦等一大批市场化程度较高的大型现代农业企业集团,在现代农业、食品行业发挥着举足轻重的作用。随着农垦改革的不断深入,农垦农业经营体制机制的不断完善,各垦区不断完善统分结合的双层经营体制,以扩大农业经营规模、提高生产力水平和经济效益为目标,积极探索适合不同垦区实际的农业经营模式。各垦区农业社会化服务体系初具规模。在种植结构调整力度、产品结构创新力度和对接市场方面有一定优势。在国内农业成本上升的情况下积极走出国门全球化配置资源,已经在42个国家和地区种植超过300万亩,年产值超过500亿元,是农业走出去方面的领军力量。可以说目前进一步发展现代化大农业、优化农产品供给结构的基础条件已经形成,提高效益和竞争力的主体要素已经形成,支撑全面深化改革、推动跨越发展的氛围已经形成。

(二)农垦推进农业供给侧结构性改革的主攻方向

农垦推进农业供给侧结构性结构要按照习近平总书记提出的“努力打造农业领域航母”的战略目标,把增加绿色优质农产品供给摆在突出位置,把提供农业供给体系质量和效率作为主攻方向,把农业的资源、要素、产品、技术、产业、区域的优化组合和集聚重组作为重点,把打造消费者认可、市场上急需、社会上接受的中国农垦品牌作为主线，坚定不移地推进农业供给侧结构性改革。

1. 坚持消费者导向，在供给能力上下功夫

适应我国中等收入阶层不断扩大以及对安全优质农产品和食品消费理念、消费方式、消费习惯的不断变化，农垦要从追求规模上量的增长转向追求内涵上质的提升，着力调整优化产业结构和产品结构，注重增加绿色优质农产品的供给，特别是在掌握优质原料、控制产地环境、提升生产标准、优化加工工艺、追求安全新鲜、彰显消费个性上补短板，将资源配置到农业价值链的高端，发展名、特、优、新、稀、绿品种，通过产品创新引导和创造需求。要瞄准京津冀、长三角、珠三角等三大区域目标消费市场，依托农垦星罗棋布的农场基地资源，加快推进农垦农业区域化布局、专业化生产、产业化经营，特别是把发展高效特色农业作为重点，推进蔬菜、水果、茶叶、花卉等园艺产品集约化、设施化、标准化生产，特别是加强与阿里巴巴、京东、苏宁等第三方电商合作，着力推进城市食堂解决方案和生鲜农产品电商等工作，统筹解决生产端主体优质优价和消费者端主体信任危机等问题。

2. 坚持品牌化导向，在供给质量上下功夫

以打造中国农垦母子品牌体系为龙头推进全程标准化生产，完善生产、加工、包装、储运等环节的生产技术规范和操作规程，提高农业综合生产能力，保障农产品质量安全。建设农业标准化示范区、畜禽标准化规模养殖场、水产健康养殖示范场、热作标准化生产示范园等一批标准化农业生产示范基地，分领域、分品种示范推广标准化生产管理技术。健全农产品质量追溯体系，完善制度建设、简化追溯程序、强化主体责任，扩大质量追溯覆盖面，推动垦区农产品质量追溯的转型升级。当前重点要以乳业为突破口，通过积极引导光明乳业、中垦乳业、北京三元、完达山等农垦乳业企业严格执行显著高于普通标准的中国农垦生鲜乳标准，酝酿实现国内乳业的率先突围。下一步要通过特色农场建设和国家现代农业庄园的培育，

逐渐让消费者接受中国农垦优质安全的农产品和食品，让社会和市场认同中国农垦“良品生活源自农垦”的品牌观念。

3. 坚持市场化导向，在供给效率上下功夫

市场是推动农业供给侧和需求端实现动态平衡的核心力量。要提供农业供给效率必须在增强市场理念、培育市场主体、优化市场机制、营造市场环境上做文章。农垦要紧紧围绕农场企业化、垦区集团化的改革主线和联合联盟联营、打造国际大粮商的发展路径，依靠市场利益和市场机制，把垦区在科技研发、生产管理、精深加工、仓储物流、销售渠道、品牌打造、金融保险、国际合作等庞大的需求有效连起来、动起来，通过打造生产规模化、质量标准化、产品品牌化、产业一体化的全产业链经营体系，全力提高产品产业竞争力。当前要积极创新农业规模化生产经营模式和营销商业模式，切实发挥好中国农垦农场联盟以及各产业联盟的纽带作用，切实利用好中国农垦产业发展投资基金这个平台，提升农垦企业的农业价值链、延伸农业产业链、打造农业供应链，打造一批具有竞争力的现代农业产业集团。同时要以社会化服务为载体，示范引领新型农业经营主体增加有效供给。

二、农垦农业供给侧结构性改革是农民工创业的重要契机

（一）强化农产品有效供给需要更多更好的市场化服务

中国农垦长期以农产品生产为主，且农垦耕种收综合机械化水平的大幅提升，为农产品供给量提供了技术保障。然而如何提高农产品的市场竞争力、掌控农产品价格话语权等，成为强化农产品有效供给面临的重要问题。为此，必须大力加强农产品市场化服务建设，打造农垦农产品生产、加工、仓储、销售、物流的全产业链体系。

长期在城市务工的农民工，受到现代消费观念、思维方式的熏

陶，更了解城市消费者的需求和消费方式，也积累了资金、科技、信息、管理、理念等要素。同时，农民工在当地有广泛的人脉关系和资源环境，更有能力为农垦提供市场化服务，尤其在农产品销售和初加工方面，具有天然的资源稳定性优势。农垦农业供给侧结构性改革带来的农产品市场服务需求空间，将为创业农民工与农垦发展农产品供销加对接提供良好的市场环境。

（二）坚持品牌化导向需要培育更多新型农业经营主体

农垦实现农业产业升级、建设现代农业大基地、打造农垦品牌需要培育国家现代农业庄园和特色农场。《关于组织开展国家现代农业庄园创建工作的通知》指出，到2020年全国将建成100个国家现代农业庄园，基本形成结构合理、效益显著的庄园经济带。农垦在坚持品牌化导向，打造中国农垦母子品牌体系，建设国家现代农业庄园和特色农场，推进农业供给侧结构性改革过程中应培育更多新型农业经营主体参与其中。

农垦培育新型农业经营主体为农民工创业提供了契机。农民工返乡创业往往依托农村、农业等农民创业环境特色，围绕传统种养殖业、农产品加工及产业链延伸、休闲农业等领域从事农业规模经营和开发性生产活动。而且，农民工具有一定的技术和资金优势，农垦也可以作为新型农业经营主体的带头人，为愿意参与到新型农业经营主体建设的农民工进行培训。因此，农民工要抓住农垦打造农业品牌、培育新型农业经营主体的契机回乡创业。

（三）推进城镇建设呈现产业“减法”与“加法”共存

产业结构升级转型是加快新型城镇建设的根本动力，农垦农业供给侧结构性改革为垦区城镇化建设中的产业结构调整提供契机。一是推进新型城镇建设将呈现产业“减法”，促进落后产业淘汰、过剩产能退出，避免资源错配并减轻城镇发展的负担。二是推进新型城镇建设将呈现产业“加法”，产业发展将发挥集聚效应，促进新型城镇建设中的一、二、三产业深度融合，推动旅游、商贸、电商、物流等现代服务业态出现，增加并培育新供给、新动能，创造更多消费缺口，扩大城镇经济增长的新极点。产业“减法”和“加法”的并存，将发挥市场对资源配置的决定性作用，加快新旧产业、产能之间的升级改造，并创造更多创业就业机会。

三、农垦推进农业供给侧结构性改革中农民工创业的困境

（一）创业农民工对农垦认识需要一个过程

创业农民工需要有稳定的政策环境和开放的市场环境。中国农垦是建立在土地国有性质基础上的特殊组织形态，区别于土地归集体所有的农村土地制度。创建之初的历史背景及特殊使命决定了农垦在发展工农业生产、保障国家粮食安全供给的同时，还承担着诸多地方性的社会职能，如公检法、教育、交通、社会保障等，形成了与当地政府独立、双轨运行的管理体制。

近年来，农垦系统内部开始推行体制改革，从国有化到非公有制改革，从政企、社企一体到逐步分离，从长期封闭经营到面向市场全开放转变。这种体制改革推动了农垦市场竞争力的提升和集团化产业化的现代农业龙头企业发展，也为周边农村带来了市场契机。然而，农垦长期的独立性和封闭性，体制改革的探索和实践步伐缓慢、发展方向不明，让较多创业农民工对其体制机制认识不足，担心农垦改革带来的特殊性风险——体制风险，这种风险带来的非常规性、信息不对称性又是农民工难以掌控和避免的。而农垦系统内部职工长期形成的地位优越感也会强化创业农民工对农垦的负面认识。创业农民工对农垦改革带来的契机，面临多重因素的考量，对农垦的认识还需要农垦系统内部的开放、农垦职工和农民工思想上的共同转变。

（二）创业农民工需要的政策扶持尚未明朗

创业农民工不仅能够带回现代城市需求理念、先进管理方法和资金等，且可以吸纳当地富余劳动力，促进地方经济发展，并为农垦推进供给侧结构性改革中要求的更多更好市场化服务提供重要支撑。然而，农民工的创业之路并不顺利，正面临资金周转、融资贷款、公共服务缺失等困境。当下针对农村的商业性金融机构，如农村信用社、农商行等，难以向没有财产抵押的创业农民工放贷，对于农民工来说，虽经过外出务工积累了一定的资本，但面对创业门槛高、风险多、融资难的现实情况，在没有相应的政策扶持下难以实现返乡创业。目前农垦推进农业供给侧结构性改革中与创业农民工利益联结的扶持性政策尚未明朗。

（三）创业农民工需要的创业环境不够宽松

创业环境是影响农民工能否顺利创业、持续经营的重要因素。当地政府在市场准入、创业优惠、业务经营、金融与投资服务等方面还未营造出开放宽松的经济环境，当下“重审批，轻监管”，注重事前鼓励农民工返乡创业，缺乏事中、事后的指导和监管，导致创业数量多、亏本多、破产多等现象。当地政府对市场的过度干预，难以调动市场和社会力量弥补政府在资源调配上的不足。多数创业管理权限依然集中于当地政府，在一定程度上影响了农民工申请创业的办事效率，束缚了返乡农民工在当地创业的积极性，农垦改革带来的制度红利未能得到释放。

政府还未能从管理职能向服务职能转变，单方面的行政命令难以考虑到创业农民工的真正需求。且当地政府与农垦的特殊的双轨管理体制，可能导致多方管理冲突，无法营造良好的创业环境。这就要求政府将市场自由与管控结合，实现管理型政府向有限政府、高效服务政府的转变。

四、农垦农业供给侧结构性改革促进农民工创业政策建议

(一) 统一认识农民工创业与农垦农业供给侧结构性改革同心互促

农民工创业和农垦农业供给侧结构性改革都对创新农业经营方式,提升农业规模化、集约化经营水平,提高农业综合效益和竞争力发挥着积极作用。农民工创业与农垦农业供给侧结构性改革是相互促进的。农垦推进农业供给侧结构性改革,建设现代农业产业园,会带动落实农业农村发展支撑政策,成为农民工等新主体"双创"的载体。同时,农垦已培育的新型农业经营主体也为农民工创业提供了可借鉴经验。而农民工创客、新型职业农民等成为新型农业经营主体又是解决农垦目前经营主体老龄化、知识退化问题的重要途径。农民工创业对农垦融合一、二、三产业发展目标的实现有推动作用。

(二) 加快出台系列农民工创业扶持政策,确保农民工创业起好步

农民工返乡创业是加快我国农村地区发展、促进城乡统筹发展的重要路径。农垦要对口帮扶农民工创业,鼓励积累了一定资金、技术和管理经验的农民工创业,加快制定农民工创业扶持政策,为农民工创业奠定基础。首先,加大财政和金融支持,健全多元化的金融服务体系、增强授信、构建农村信用环境,提高农民工创业动力;其次,制定农民工创业投资政策,为农民工创业地点选择、设备购置等提供优惠;再次,可以调节农民工创业税收政策,通过部分税收减免来激励农民工创业;最后,要为创业农民工提供创业知识和技术培训,提高农民工创业能力。

(三)设立农垦大众创业管理服务机构,营造优越的农民工创业环境

创业环境是创业选择与创业成败的关键。政府推进农业供给侧结构性改革,要实现由管制型政府向服务型政府的转变,设立农垦大众创业管理服务机构,为农民工创业营造优越的环境。

农垦大众创业管理服务机构要全面服务于农民工创业。首先,要避免严格审批制对农民工创业积极性的打击,可以采用备案制,对创业农民工基本信息备案;其次,要推行创业申请"一站式"服务,提高创业程序的便捷度;再次,可以采用"负面清单"的管理模式,在对创业农民工基本限制条件规定外,充分尊重农民工创业方式的自由;最后,要摒弃传统"重审批、轻监管"的管理理念,实行"宽准入、严监管",对农民工创业过程中出现的问题及时监管。

参考文献

1. 陈进:"关于农垦推进供给侧结构性改革加快现代农业发展的几点建议",《中国农垦》2017年3月,24—26。
2. 向丽:"基于新型农业经营主体培育的广西农民工返乡创业思路",《对外经贸》2015年4月,139—142。
3. 唐健飞:"中国(上海)自贸区政府管理模式的创新及法治对策",《国际贸易》2014年4月,27—32。
4. 李猛、沈四宝:"中国自贸区管理制度创新现状与发展",《现代管理科学》2017年4月,21—23。
5. 郑有贵:"我国农垦体制改革回顾与辨析——以黑龙江、海南两省为例",《中国经济史研究》2004年4月,43—51。
6. 尤飞、李红梅:"新时期农垦改革问题研究",《开发研究》2010年5月,21—24。

(王守聪,农业部直属机关党委;周业铮,农业部农垦局;巩前文,北京林业大学马克思主义学院)

金融服务覆盖与农民工创业

——基于三阶段生命周期模型的分析

龚六堂　赵玮璇

基于对现有理论研究的回顾，本文认为金融服务覆盖不仅有利于提高农民工群体的福利水平，更可以为其提供更多的创业机会，并使其通过投资小微企业提高生命周期后两个阶段的收入水平。同时，考虑到各种现实因素，我国也应积极防范农民工在投资创业中可能遇到的各类风险，使农民工金融服务行业健康发展。本文运用三阶段生命周期模型对这一结论作了简要证明，并提出政策建议希望可以为国家制定相关的政策提供参考，为农民工群体更好地创业发展提供理论支持。

一、引言

1958年户籍改革后确立的城乡分割的二元户籍制度使中国产生了一个新的群体:农民工。他们的身份是农民,而他们的职业却已是工人、手工业者或小商小贩。中国的农民工及其家属在中国工业化大力推进时受到二元户籍制度的严重影响,即使已经在城市中工作和生活了二三十年也无法融入城市社会。据国家统计局《2016年农民工监测调查报告》[1]显示,2016年农民工总量达到2.82亿人,比上年增长1.5%。2016年3月底以来民政部、教育部、公安部在全国范围内联合开展的农村留守儿童摸底排查工作也显示,目前不满16周岁的农村留守儿童数量已达902万人。如何使农民工群体更好地就业、创业,如何使其更好地融入城市,如何提高其福利水平,已成为当下学者不得不思考的重大问题。

根据《监测调查报告》,2016年从事第二产业的农民工比重为52.9%,比上年下降2.2个百分点。从事第三产业的农民工比重为46.7%,比上年提高2.2个百分点。其中,从事批发和零售业的农民工比重为12.3%,比上年提高0.4个百分点。随着越来越多的农民工群体离开制造业、建筑业与低端服务业,个人或家庭创业已成为了一种发展潮流。

农民工创业不仅需要个人在经营管理、整合资源等方面的素质,更需要社会提供良好的政策与环境支持,其中金融服务支持是最为关键的支持之一。由于农民工家庭固有资产本身较少,入城后收入水平也较低,其金融需求往往难以得到满足。据作者相关课题的调查发现,从农村地区来到城市务工的流动人口在金融服务需求严重得不到满足。由于城镇金融系统存在较高的进入门槛与农民

---

〔1〕 资料来源:国家统计局:http://www.stats.gov.cn/tjsj/zxfb/201704/t20170428_1489334.html。

工金融意识薄弱等社会原因,农民工群体享受到城镇的金融服务很少,贷款投资创业的难度也较高。

本文在对农民工金融服务的现状进行简要梳理分析的基础上,运用三阶段生命周期模型证明了对农民工普及金融服务的必要性以及金融服务支持农民工创业可能产生的效果与风险。据此,本文提出相关政策建议,旨在为我国更好地推动农民工创业增收、推进农民工市民化与推动新型城镇化发展献智献策。

二、文献综述

刘亮、楼文龙(2013)指出,在新型城镇化进程中,已经进城但是尚未完全融入城市生活的农民,以及未来几年将要从农村进入城镇生活的农民,金融意识不断增强,对金融资金的需求不仅增长迅速,而且呈多元化发展趋势。然而,面对这一迫切的现实需求,城市现有的金融体系却并不能为农民工群体提供充分的金融服务。俞德洪(2007)的研究发现,农民工信贷供给主体单一,目前为农民工提供信贷服务的只有农村信用社一家银行机构。而且由于农村信用社网点和业务仅局限在县及其以下农村地区,致使外出务工农民由于信息制约而很难获得贷款服务。刘亮(2013)也指出,目前正规金融机构在有些城镇的网点是呈现收缩趋势的,特别是小城镇的金融覆盖面出现下滑,金融服务的范围相对较窄,很难满足农民在市民化转变过程中对金融资金的多元化需求,并且满足失地农民需求的金融服务以及金融产品亟须创新。

与此同时,农民工作为城市中的边缘人群,其享受社保的情况也不容乐观。劳动保障部 2005 年 4 月下旬的一项农民工调查显示,农民工中购买医疗、工伤、养老保险的比例分别为 4%、9%、11%。调查表明,社保费过高,是导致大量用人单位不愿为外来务工人员足额投保的主要原因之一。孟颖颖(2011)就这一问题进行归纳，提出农民工自身特征、制度设计和执行力度、用人单位投保积极性等因素共同影响着农民工的社会保险需求。曹明、丁江萍(2010)还进一步指出，现行社会保险制度不但难以满足农民工流动性需求，还在客观上形成了对农民工的歧视，增加了社会不安定的因素，阻碍了劳动力在城乡或不同区域的合理流动。而商业保险则因其资金的统筹范围和保险基金的融资及增值能力，能切实减轻农民工用工企业及农民工本人的缴费负担，具有明显的优势。因此，若是能普及对农民工的金融服务，将极大地填补传统社保所面临的不足。

普及金融服务对推进市民化进程、深化城镇化程度也具有重大的意义。2013 年中央 1 号文件提出“有序推进农业转移人口市民化。把推进人口城镇化特别是农民工在城镇落户作为城镇化的重要任务”。而在这个过程中，积极推进转移劳动力市民化，加快教育、医疗、住房、社会保障体系的改革，构建适合转移劳动力特点的社会保障制度，对缓解各种矛盾、促进社会和谐具有重要的理论和现实意义(孙茂阳，2013)。而左晓慧(2012)也指出，充分发挥金融业的资金融通功能和优势，对推进城镇化将产生重要的支持作用。

最后，推动金融服务对农民工的覆盖，加大对农民工创业投资的支持，才能带动农民工发挥潜力创造财富，释放中国经济发展的新一轮活力。谢韶光(2011)从产业发展的视角论述了农民工创业的贡献：农民工创业促进了小城镇经济发展，缓解了农村富余劳动力的就业问题，开辟了农村富余劳动力安置的新途径，改变了人才和劳动力等资源要素的重组和流动，提高了生产要素的配置效率，对当地的社会发展有很大的促进作用。金融危机以来，我国政府也积极鼓励农民工创业，并出台了一系列的就业扶持政策。包括《国务院办公厅关于切实做好当前农民工工作的通知》、《中共中央国务院关于 2009 年促进农业稳定发展农民持续增收的若干意见》等。然而，金融机构为农民工提供的贷款项目限制很多，贷款利率较高，阻碍了农民工群体贷款创业的需求金融体系的建设和完善。欧阳玲玲等(2016)也认为,由于农民工金融知识认知不足,金融资产抵押不足,金融机构不重视等原因,金融系统对农民工创业的支持明显不足,我国亟须强化金融服务对农民工创业的支持,以政策推进制度发展。

总之,金融服务覆盖对我国农民工福利的改善、更好的市民化以及创业致富具有关键性的作用,更对推进城乡一元化、深度城镇化具有重大的意义。下文将以三阶段生命周期模型对农民工一生的收入情况进行模拟,并进一步在模型中引入金融服务与小微贷款,讨论金融支持创业对农民工收入所产生的积极影响与可能带来的风险。

三、模型的构建

(一)三阶段生命周期模型

为了更好地对农民工的收入流情况进行模拟,本文基于中国农民工群体的现实情况构建一个三阶段生命周期模型。

生命周期假说由莫迪格里安尼于20世纪60年代提出,又被称为消费与储蓄的生命周期理论。该理论认为人们在生命周期内所能获得的全部收入和财产的总和决定了他们的消费。个人会充分考虑他获得的现期收入、预期收入以及对于寿命、工作时间的预期等因素来决定其当期的消费和储蓄,从而使得消费水平在一生中保持在一个稳定的水平上。理性的消费者会根据一生的预期收入在生命各阶段合理安排消费和储蓄,从而实现效用的最大化。

生命周期假说理论将人的一生分为三个阶段:青年时期、中年时期和老年时期。在青年时期,人们收入水平较低,但预期未来收入会增加,从而边际消费倾向较高储蓄率较低。进入中年阶段后,其收入会增加,同时人们需要保留一部分资金用于养老,所以这段时间边际消费倾向较低而储蓄率较高。在第三阶段即退休以后，收入迅速下降，人们用以前的储蓄进行消费，因此会有较高的边际消费倾向。

结合农民工的现实情况，将其进入城市以前作为第一阶段，该阶段农民工处于青少年时期，基本靠家庭供养，收入十分微薄，同时子女为此负有反哺家庭的责任。在进入城市工作以后，其收入得到显著的提高，并开始产生较为稳定的收入流。在农民工进入老年后为第三阶段，此时其收入为较少的社保、救济金或者其他不固定的收入来源如子女的供养。同时，做出以下假设：

1. 临终资产非负，即不存在未清债务；
2. 在每个阶段内都以相近的水平进行消费；
3. 经济主体为理性人，通过消费使自己的效用最大化；
4. 货币贴现率 r 固定。

存在一些固定的生活成本，且该部分成本不改变其效用，如对乡村家族的回馈、基本的住房支出等。设该部分成本为 C_0。

该模型的基本形态为：

$$\sum_{t=1}^{n}[Y(t)-C(t)]e^{-rt}+\sum_{i=1}^{m}[Y'(i)-C'(i)]e^{-rt}\geqslant C_0 \quad (1)$$

在该模型中 n 为农民工在第二阶段可以务工的工作年限，m 为第三阶段养老的年限，Y 代表每个年度的收入，C 代表每年的消费，该消费可以为农民工带来效用。根据章铮（2008）对我国农民工劳动年限的预测，在2006年一名16岁的入城农民工的平均工作寿命约为27.3年，即 n 约为27.3。而在16—20这一年龄段的农民工平均预期剩余寿命为61.5年。因此对于一名从16岁就入城的农民工而言，他退休养老的时间约为34.2年，即 m 约为34.2，大于第二阶段的年限。可见第三阶段的生活水平对于其一生的福利状况影响十分巨大。

此外，设农民工一生的效用函数为：

$$U = U_0 + \sum_{t=1}^{n+m} U(\mathrm{t}) \tag{2}$$

其中，$U(t)$由当年的消费所决定，为关于消费递增的凹函数，满足经济学中对于效用函数的基本定义。U_0为第一阶段的效用，此效用由农村整体生活水平决定，假设为差别较小的固定值。

田敬杰（2014）根据一份全国新生代农民工调研数据得出，全国新生代农民工月实际可支配收入为2 693.84 元，月平均支出金额为1 737.99 元。然而，根据穆怀中对四川、重庆两地农民工养老保险支付水平的估算，两地农民工可获得的养老金平均值仅为810 元，远远低于退休前的收入与消费水平。当社会中金融服务不健全时，第二、三两个阶段的消费都会受到收入的约束。因此，在这一收入模式下，农民工在退休后只能维持很低的消费水平与效用水平，若没有子女补贴或其他形式的收入，其生活将难以得到保障，且面临较大的风险。

（二）引入金融储蓄的生命周期模型

为了帮助农民工群体更好地市民化，降低其在城市中发展的成本与风险，我国需要建立一套能够广泛覆盖进城务工群体的金融服务体系。假设这一体系得以完善，模型将发生如下改变：

$$\sum_{t=1}^{n}[Y(t) - C(t) - S(t)]e^{-rt} + \sum_{i=1}^{m}[Y'(i) - C'(i) + R(i)]e^{-rt} \geqslant C_0 \tag{3}$$

其中，$S(t)$为第二阶段中每期进行的储蓄，而$R(i)$为第三阶段中因储蓄而获得的回报，其中包括本金与利息报酬。可见要想维持两阶段对于基本成本C_0支付的相对平滑，个人必须减少在第二阶段的消费，而最后一阶段的消费则可以得到提高，消费水平得到了平滑。代入效用函数中，假设之前有 $\mathrm{a} = \mathrm{C}(1) = \mathrm{C}(2) = \cdots\cdots = \mathrm{C}(\mathrm{n}) > \mathrm{C}'(1) = \mathrm{C}'(2) = \cdots\cdots = \mathrm{C}'(\mathrm{m}) = \mathrm{b}$，而现在二、三阶段的消费水平相同的，即 $C(1)=C(2)=\cdots\cdots=C'(1)=C'(2)=\cdots\cdots=C'(m)=c$。

同时考虑到存款利率与通货膨胀等影响因素。图 1 为 2006 年至 2015 年活期存款、半年期、一年期、三年、五年期分别的存款利率，其中一年期定期存款平均利率为 2.96%。

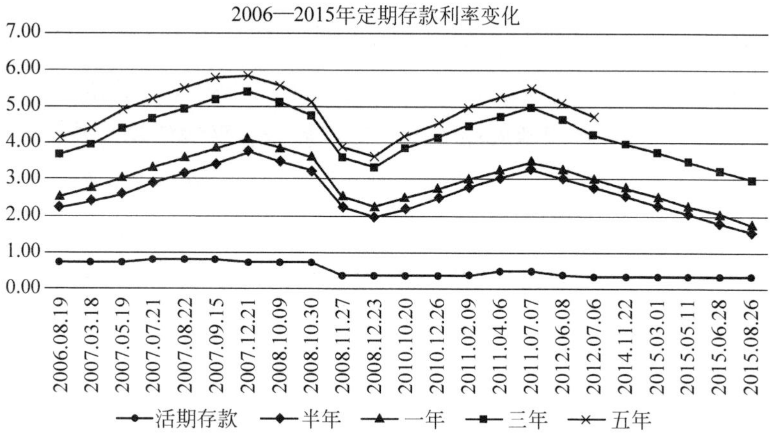

图 1　2006—2015 年定期存款利率变化折线图

根据中国国家统计局的官方数据[1]，2006 年至 2015 年城市居民消费价格指数十年的平均值为 102.68，即消费品价格的通胀率为 2.68%。可见金融储蓄带来的利息回报与生活成本的增长速度相近。因此，可以认为货币的跨期转移几乎不改变一生总的消费量，即：

$$\sum_{t=1}^{n} C(t) + \sum_{i=1}^{n} C'(i) = \bar{C} \tag{4}$$

由于效用函数递增凹函数的特性，可以发现，引入金融后的总效用要大于先前的总效用，即：

[1]　资料来源：中国国家统计局数据库：http://data.stats.gov.cn/index。

$$U_2 = U_0 + (n + m) \times U(c) > U_1 = U_0 + n \times U(a) + m \times U(b) \quad (5)$$

由此可知,对于农民工群体展开全面的金融覆盖不仅可以平滑其收入消费流,减少其晚年的金融风险,更可以提高其一生总的效用,使其生活质量得到显著提高。

(三) 引入小微贷款创业的生命周期模型

小微企业是小型企业、微型企业、家庭作坊式企业、个体工商户的统称。小微信贷业务是指商业银行为小微企业提供贷款的业务,为了生产经营的需要,按既定的利率和期限对其进行短期投资。我国有乡镇约4万个、农村人口约6.03亿[1],还有数量庞大的城市社区,由此而产生了数以百万亿计的金融需求。然而,金融机构几乎空白的乡镇仍有近万。现今小微企业数量已突破5 000万,其中资金匮乏者占到70%(王露祎,2014)。小微企业的发展,为进城务工群体带来了一条全新的发展路径。但是,由于户籍制度、金融体系、个人认知等原因,农民工创业群体很难得到银行的信贷。现在,本文假设农民工可以得到一笔贷款,那么他的生命周期模型将变化为如下模式:

$$\sum_{t=1}^{n} [Y(t) + B(t) - C(t) - S(t) - H(t)] e^{-rt} + \sum_{i=1}^{m} [Y'(i) - C'(i) + R(i)] e^{-rt} \geq C_0 \quad (6)$$

其中,$B(t)$为农民工创业投资后带来的收益,$H(t)$为偿还的贷款。在进行贷款投资后,需要定期偿还定额的贷款,由于是短期贷款,这一活动并不会持续很长的时间,即在第二阶段的后期,H一直

[1] 资料来源:中华人民共和国国家统计局2015年数据:http://www.stats.gov.cn/tjsj/。

为0。而由于通过投资形成了一定的资本，农民工可以通过对资产的经营持续获得一个回报，即 $B(t)$ 会在整个第二阶段非负。因此在第二阶段，除了在早期创业时期会有一定的收入减少外，之后收入流会得到较大的提高。同时，由于投资提高了农民工的相对社会地位，为其带来了一定的知识与财富资本，且这些资本在其无法劳动的第三阶段也将为其带来一定的收入（如资本的租赁），所以在第三阶段中的 $Y'(i)$ 也会相比过去有一定的提高。由于第二、三阶段的收入都得到了提高，其消费也会随之提高，总效用 U 也比之前更高，农民工的生活福利得到了改善。对于全社会而言，农民工群体创造了更多的财富，为国家经济发展贡献了更多的力量。

贷款必然存在风险，考虑到这一项投资可能存在的风险，本文进一步对模型在宏观意义上进行改进。

$$\sum_{t=1}^{n}[Y(t)+\alpha B(t)-C(t)-S(t)-\beta H(t)]e^{-rt}$$
$$+\sum_{i=1}^{m}[Y'(i)-C'(i)+R(i)]e^{-rt}\geqslant C_0 \tag{7}$$

模型中加入了收益风险系数 α 和还款风险系数 β，它们都是在(0,1)区间内的某个值。由于银行处于存贷双方中强势的一方，所以农民工贷款逾期不还的概率并不太大。根据银监会统计数据显示，2011年末全国银行业金融机构不良贷款率为1.8%，大部分的贷款都得到了抵押或偿还。然而创业的系统性风险永远都存在，再加上种种的非系统性风险，如经营不善、供求不协调等，农民工创业贷款投资后存在较大的可能无法正常收益。此时农民工将背负巨大的还款压力，其生活水平不仅在第二阶段无法得到保障，在其退休后的第三阶段，也可能会因为未清偿贷款或不良信用记录而继续下降。因此从宏观上而言，对农民工群体进行小微贷款的有效性仍需进一步考虑。只有更好地完善法制建设、改进监管方式、加强企业诚信建设以及制定符合企业发展战略，从上到下积极引导小微企业的有效投资,这一金融服务才能对农民工群体起到理想中的促进作用。

总之,为农民工创业提供小微信贷等金融支持不仅有利于其收入在二、三阶段的平滑与提高,还有利于全社会创造更多的财富。但同时也应认识到,只有防范好投资固有的风险,积极引导农民工群体理性投资合理创业,才能促进社会福利的提高,实现投融资者的共赢。

四、结论及政策建议

通过模型可以发现,在引入金融服务之后农民工的收入支出流得到了平滑,其晚年收入不足的可能性大大降低,而抗击风险的能力则大为提高。同时,为农民工创业提供金融支持也有利于其收入在工作和晚年阶段的平滑与提高,有利于全社会创造更多的财富。据此,本文认为普及金融服务不仅可以降低现阶段农民工市民化所面临的巨大成本压力,还可以实现深度的农民工市民化、提高农民工收入水平与社会地位,并有助于改善日渐拉大的城乡收入差距。同时,认识到农民工创业过程中可能出现的各类风险,我国也应积极防范、加强引导,通过制度与教育服务为农民工群体的创业保驾护航。

具体而言,本文提出以下政策建议:

(一) 大力推进农民工金融服务全覆盖,全面构建金融服务覆盖长效机制

1. 现有金融机构应加大金融创新力度,努力推进金融服务产品全覆盖。针对农民工群体的特殊需求,我国各储蓄存款机构可以面向该群体推出更多个性化的金融服务,在保证经济可行性的前提下努力实现存贷双方的利益共赢。

2. 努力实现信用环境建设领域全覆盖。信用是金融机构赖以

生存发展的基石，是金融消费者持续获得金融服务的前提。对于农民工这一特殊群体，信用体系的保证支撑作用更尤为明显。加大农民工金融服务覆盖一方面有利于我国全民征信体系的构建，另一方面也需要我国政府在广大农村地区通过信用评定和信用公开，增强农民信用观念，创新制定采集农民个人信用数据，夯实我国未来金融社会发展的信用基础。

3. 加大农村金融立法步伐，尽快制定颁行诸如农村合作金融法、农业保险法等农村金融法律。同时，综合利用财税政策、货币政策和监管政策，不断强化对农民工金融服务的政策支持力度，在实际工作中一方面应保持存量政策的稳定性与连续性，另一方面适时因地出台新的扶持保障政策。

（二）完善小微企业金融服务系统，优化农民工创业金融支持体系

1. 发展多样化的金融机构。农民工在创业过程中主要是靠向银行借款来融资，但银行严格的贷款制度并不能满足农民相应的贷款要求，造成农民工贷款难的局面。对此，政府可以鼓励各类微型金融机构发展，补充传统银行的不足。金融机构也可以积极拓宽融资渠道，逐步放宽贷款政策，吸引更多的农民工选择融资创业，同时为农民提供多种贷款额度，成为农民工创业的坚实后盾。

2. 改善金融机构的服务质量。商业银行应该逐渐在农村、中小城镇设立一些网点来支持小微企业的发展。银行可以通过建立绿色通道，缩短办理时间，简化贷款手续，同时增加专职窗日、专职人员数量，为农民工创业融资提供更高效的服务。

3. 丰富担保物的种类。针对贷款过程中出现的担保困难问题，银行可以调查农民现有的所持资产，根据现实情况，相应地扩大抵押担保的设定范围。当地金融机构应根据当地实际情况，积极创造各项动产和不动产的抵押贷款项目，如农民住房、农户宅基地、土

地经营权等,从而扩大农民工贷款有效担保范围,尽可能提高农民工成功融资的概率。

(三) 宏观监管与微观教育相结合,积极防控农民工创业风险

在创业的不同阶段,返乡农民工承受着不同的风险,如融资风险、人事风险和管理风险。对于他们来说,规避这些风险的主要方法包括:获得尽可能多的信息以提高自身的判断力、提升经营的灵活性、最大程度发挥人才的潜能以及严格控制发展的速度等。同时,也要加强培养新型农民工,提高农民工整体金融意识与信用水平。在加快提高农民工文化素养的基础上,着重加强对其基本金融常识的普及和教育,其中特别注重对随迁子女的教育,使之从小养成良好的金融观念与信用习惯。

此外,政府要组织一些教育培训活动并积极宣传鼓励农民工参加,从而不断地提高其知识和技术技能。其次,创业企业要建立一套管理培训体系,让企业有自己独特的企业文化和企业制度,这样内部的员工会心甘情愿地为公司的整体目标而奋斗。最后,农民工在选择创业项目时,要选择适合自己且有优势的创业项目,而不是盲目跟风选择一些似乎大众的但不恰当的创业项目,降低创业失败的可能性。

参考文献

1. 曹明、丁江萍:“商业保险在农民工社会保险保障中的作用及政策分析——商业保险与社会保险的互替效用研究”,《时代金融》2010 年 2 期,11—14。
2. 郝继伟:“返乡农民工创业风险考察”,《武汉理工大学学报(社会科学版)》2011 年 1 期。
3. 李厚刚:“建国以来国家对于农村劳动力流动政策变迁”,《理论月刊》2012 年 12 期。
4. 刘亮:“金融业在支持我国城镇化发展中的作用”,《商业经济》2013 年 15 期。

5. 楼文龙:“为新型城镇化提供全方位金融服务”,《中国金融》2013 年 16 期。
6. 孟颖颖:“有限理性的农民工社会保险需求与风险偏好研究——农民工社会保险参保率不足的一个解释”,《经济管理》2011 年 10 期。
7. 穆怀中、宋丽敏:“农民工养老保险统筹收入再分配研究”,《经济理论与经济管理》2014 年 1 期:5—15。
8. 欧阳玲玲、邢书军:“金融支持农民工返乡创业浅谈”,《现代经济信息》2016 年 1 期。
9. 孙茂阳:“我国新生代农民工社会保险制度研究”,东北农业大学 2013 年。
10. 唐逸馨、周宇飞:“返乡农民工创业的金融支持体系探析”,《中国集体经济》2017 年 6 期。
11. 田敬杰:“新生代农民工消费结构实证研究”,东华大学 2014 年。
12. 谢韶光:“农民工返乡创业对农村现代化的影响探析”,《经济纵横》2011 年 3 期。
13. 徐红芬:“城镇化建设中农民工市民化成本测算及金融支持研究”,《金融理论与实践》2013 年 11 期。
14. 俞德洪:“农民工金融服务的分析与建议”,《金融纵横》2007 年 19 期。
15. 章铮、杜峥鸣、乔晓春:“论农民工就业与城市化——基于年龄结构—生命周期分析”,《中国人口科学》2008 年 6 期,8—18。
16. 左晓慧:“城镇化的金融支持研究”,《福建论坛(人文社会科学版)》2012 年 3 期。

(龚六堂,北京大学光华管理学院;赵玮璇,北京大学光华管理学院)

农民工返乡创业的金融支持问题与对策研究

周小全　白江涛　邱晓里

一、引言

伴随我国经济结构和产业布局的调整，劳动力要素流动呈现两大特点：一是高耗能、高污染、低产值的部分落后产能被“淘汰”或者“去库存”，这些产业中的城市劳动力转向农村；二是一线城市高地价、高房价、高生活成本对劳动密集型产业造成挤出，城市群落集聚的东部沿海地区开始不断向中西部地区和广阔农村地区输出劳动。从农民工返乡创业的意愿上看，在城乡二元化大背景下，户籍制度约束以及教育医疗社保等公共福利资源配置的差异,使到城市务工的农民工无法完全与城市对接和融合,叠加快速上涨的城市房价不断推高生活成本,一定程度上抑制了农民工留在城市的积极性。例如:北京、上海等地近两年,外来人口流动性持续减弱,外来人口在城市中占比呈现下滑趋势,农民返乡创业意愿明显加强。同时,国家政策向"三农"领域倾斜,惠农政策力度不断升级,农民工离开一线城市,返乡创业的条件日益成熟。当农民工在政策扶植下,带着从城市学到的先进技术和管理方法返回家乡创业时,不可避免地遇到资金瓶颈,本文认为农民工创业的核心问题在于融资,而融资的要冲就在于农地。如何在现有农地制度框架下盘活沉睡的农村土地,发挥各方参与主体功能,共享融资利益,共担融资风险;如何构建"政策性、商业性、合作性"三性合一的农地金融模式,为农民工返乡创业创造条件?本文从农地金融角度着眼,研究如何构建行之有效的农民工创业融资机制,大力推进金融创新服务,引导激励农民工返乡创业,具有较强的现实意义和研究价值。

二、文献研究

2005 年前后,伴随新农村建设和农村税费改革的逐步实施,农民工开始有计划地返乡创业,形成了继农村劳动力大量单向城市流动后的大规模返乡创业潮,创业资金问题一直是学界关注的焦点,当前国内外关于农民工返乡创业的融资支持研究,主要集中在以下几个方面:一是农民工返乡创业的择业选择;二是创业所需资金的融资渠道;三是农民工创业面临的金融排斥和信贷约束问题;四是农地金融对缓解农民工返乡创业融资困境的主要尝试。

(一)农民工返乡创业的资金用途

农民工返乡创业的需求取决于资金的用途,根据农民对创业的行业选择,可分为农业行业内创业和非农业行业创业两类。农业内创业对于农民工具有一定优势,立足于农业,以农业资源为依托,以种、养、加作为创业的核心(郭军盈,2006)。也有学者提出相反观点,新生代农民工创业选择时未必局限于农业,尤其当下农村"80后、90后"对农作物耕种既无技巧更无兴趣,反而是在外务工时积累的技能更有价值,更有学者调查统计发现:返乡农民工创业主要选择与务工期间技能相关的领域,尤其集中在运输、餐饮、服务等第三产业,其比重高达81%(袁云,2014)。总之,兴趣偏好和资源禀赋都会影响农民的创业行为选择。当返乡农民工拥有家庭承包耕地等家庭资源时,会考虑到农地这一基础条件(罗明忠,2016)。虽然创业所属行业的融资特点和资金用途都呈现多样化趋势,但是在创业融资方面,农地都是农民工为数不多的融资质押标的物。

(二)农民工返乡创业的融资渠道

农民工创业初期对资金的需求量都相对较大,当前农民工的主要来源有三个方面:一是在外务工期间的收入所得(积累资金的主要形式,但往往无法满足创业所需);二是基于血缘、地缘、业缘的民间社会关系借款,即非正规金融渠道;三是向信用社和银行等金融机构寻求间接融资。在融资渠道的选择上,农民越是贫困,利用信贷平滑其波动收入流的动机就越强(Bardhan & Udry,2002),因为通过金融机构获取资金的成本相对较低,农民借款意愿也较强,但当无法满足时,社会关系型融资就会成为以银行为代表的正规金融渠道的重要补充,这两种渠道获取资金的便利度共同影响农民工返乡创业意愿(刘堂宇,2010),在发展中国家,农村金融市场中正规金融机构信贷和民间社会关系信贷两种方式并存的局面更为普遍,这与当地农村金融市场不够完善有关,也是发展中国家农村典型二元信贷市场的主要特征(K. Hoff & J. Stiglitz,1981)。国内学者根据我国农村金融的基本国情,建议构建以"商业性、政策性和合作性"为特征的三位一体金融体系,并将松散民间借贷作为补充积极引导,共同服务于农村金融(周晋,2012),通过完善金融机构在农村金融系统中的布设,提高融资便利度,降低融资成本,激励农民工返乡创业。

(三) 农民工返乡创业的融资制约

农民工返乡创业所面临的一系列困难,除农村基础设施不完善,农民思想观念陈旧,文化水平低,创业项目选择面狭小外,最重要的是资金短缺(崔义,2008;陈宝树,2009)。有学者从河南、安徽、河北、湖北、山西等人口输出大省选取农民工从事的主要行业,针对性地展开问卷调查,结果得出:缺乏资金、缺少管理经验、风险承担能力三个方面为主要制约创业因素,其中 82.68% 的受访者选择了“资金缺乏”(隋艳颖、马晓河、夏晓平,2010)。信息不对称、条件不具备、环境不支持、服务不到位四个方面是农民工创业融资难的直接原因(周建春,2007)。此外,金融机构出于赢利绩效考虑多采用选择性供给,对于缺乏足够的抵押资产、信用体系不健全的农民工返乡创业项目,采取风险规避的态度,进而形成金融排斥的局面,对农民工融资意愿产生极强的抑制效果。金融排斥包括地理排斥、条件排斥、评估排斥、价格排斥、营销排斥、自我排斥(Collard、Kempson and Whyley,2001),而上述各金融排斥的分项之间不存在完全独立性,彼此相互关联,共同影响融资意愿(李小建,2006)。金融制约在农村金融的供求双方之间形成了恶性循环,导致农村金融成为我国金融体系中最薄弱的环节(柯益群,2009),农民工返乡创业的融资环境不容乐观。

(四) 农民工返乡创业的农地金融探索

农地确权和农地流转是农地金融的基础,2013 年中央一号文件《中共中央、国务院关于加快发展现代农业,进一步增强农村发展活力的若干意见》拉开了我国农村土地确权登记颁证工作的序幕,2016 年在土地确权基础上,我国部分地区开展了首批两权抵押贷款试点工作,同年10月,中办、国办印发了《关于完善农村土地所有权承包权经营权分置办法的意见》,三权分置改革方案正式形成,之后在人民银行的牵头下各地又在“两权抵押贷款”基础上开展了“三权分置”融资试点,由于当前我国正处于农地金融的探索期,现有国内文献对农民工返乡创业所需的农地金融研究较少,尤其是包括农地信托和农地证券化的研究更是鲜有涉及,国内学者更多从农地质押融资角度进行研究,认为农业规模化经营、产权交易平台搭建和风险补偿机制设计是农地抵押支持农民融资创业的关键(尹卫春,2017),随着农地金融制度的建立和完善,农民工返乡创业可借助农地资源优势获取创业资金支持。

三、我国农民工返乡创业融资困境

(一)返乡创业农民工资信能力较弱

返乡农民工创业发展面临的融资困境受多方面条件的制约,其中最为关键的是自身原因。虽然返乡农民工创业积极性普遍较高,但拥有创业技术、具备创业头脑、创业思路清晰的返乡农民工很少,返乡创业农民工自身融资发展的条件不够。首先,大多返乡农民工不具备基本的金融知识,导致这种现象的原因在于这些农民工日常生活中很少和金融机构进行接触,他们中很少有人了解金融机构的运作方式、融资方式与融资手段等,对小额贷款政策的了解更是寥寥数人。其次,金融机构发展中的贷款申请需要提供一定的抵押物和担保物,且对房产面积有一定的要求,这种要求对于大多数的返乡农民工来讲是很难实现的。第三,对于返乡农民工来讲,房地产担保抵押登记费用不少,对他们的生活发展来讲也是一种负担。第四,现阶段返乡农民工的创业发展缺乏必备的信用记录档案,不具有档案信息的基本查询和维护意识,这种不科学的金融担保机构在很大程度上降低了第三方成员担保的积极性和主动性。

（二）金融机构软硬件配套服务尚待完善

1. 硬件——网点布设不足

20世纪90年代，随着农村金融体系商业化改革的深入，我国县乡镇金融机构网点大规模收缩。尽管银监会于2006年12月20日发布关于调整放宽农村地区银行业金融机构准入政策，更好地支持社会主义新农村建设的意见，设立村镇银行贷款公司和资金互助社等新型金融机构。至2012年年末，我国新型农村金融机构达到845家，数量虽有所增长，但并不能充分满足现阶段我国农村居民的需求。国家统计局2012年权威发布：我国乡村人口数量64 222万人，按照此数据来计算，农村金融机构服务于返乡农民工的比率仅为0.013家/万人。此外，商业银行等金融机构的功能、机制均不完善，农村信用社受技术、人员等的限制，提供的服务比较单一，新型农村金融机构虽然发展迅速，但是覆盖面相对狭窄，而且部分地区网点之间距离较远，甚至部分乡镇金融机构网点空白。据统计，截至2010年6月末，全国共有2 472个金融机构空白乡镇，其中无金融服务的空白乡镇193个。金融机构网点少，距离远，加上部分地区交通不便，这都使得返乡农民工获得金融支持比较困难。

2. 软件——金融产品单一

当前农村金融体系中存在金融产品和服务单一化的问题，不能满足创业资金多样化需求。首先，一些金融机构创新意识不强，服务理念落后。其次，金融机构推出的信贷品种少、利率高，极少有适合返乡农民工创业特点、需求的信贷品种，仅有农村信用社和邮政储蓄银行面向创业农民工发放小额信用贷款。而且返乡农民工创业工程的不同阶段对金融机构产品服务的需求差异交大，使得适合返乡农民工创业特点、需求的信贷品种就更少。目前，农民工融资较单一，除了一般的银行贷款、创业贷款和传统的抵押贷款之外，其他融资方式较为稀少，尤其是农民工以土地为核心的融资，在我国信托业务和资产证券化业务都在不断发展完善的背景下，农地融资缺乏创新。

（三）现行农村金融体系相对薄弱

近年来，我国陆续出台一系列惠农政策，农民工返乡创业的规模快速增长，对创业资金的需求不断增大。2011 年全国大约有 1.2 亿名农村劳动力外出务工，有近 500 万农民工返乡创业。农民工返乡创办企业总数约占全国乡镇企业总数的 20%[1]。根据国家统计局公布的《2016 年农民工监测调查报告》显示，截至 2016 年年底，农民工总量达到 2.8 亿，其中本地农民工为 11 237 万人，比上年增长 3.4%；在外出农民工中，进城农民工 13 585 万人，比上年减少 157 万人，下降 1.1%[2]。外出农民工减少、本地农民工增加这一现象，与此前的农民工进城形成了鲜明对比。首先，供给严重不足。我国农村金融供给概括而言分为正式金融供给和非正式金融供给，包括银行信贷资金供给、证券市场资本供给和财政资金供给三种形式。商业性金融受市场逐利和商业最大化目标原则的影响，将市场业务重心放到城市，离农民工创业的金融需求渐行渐远。同时，政策性金融供给基本只能满足特定的金融需求，从而导致正规金融部门对农村资金供给的严重短缺。其次，抑农倾向突出。由于农民工创业存在经验不足、抵押品不足和信用低等问题，使得创业的预期收益存在不确定性，尤其是还贷渠道的不确定性，最终导致农民工返乡创业的风险较高，银行很难为他们提供全面、周到的金融支持。

---

〔1〕 农业部网站：农民自主创业和农民工返乡创业正当其时，http://admin.wys.gov.cn/Articles/20111014/20111014152242968.html。

〔2〕 国家统计局官网：2016 年农民工监测调查报告，http://www.stats.gov.cn/tjsj/zxfb/201704/t20170428_1489334.html。

第三，金融管制严苛。政府主导的金融制度对民间资本的进入实行了严格限制，使得农村金融长期处于抑制状态，导致非正式金融不能在金融风险得到有效控制的前提下充分发挥出资金配置的市场化作用，助力农村经济和返乡农民工创业的金融需求。

（四）农地金融改革仍在摸索期

目前中国并没有从法律上完整地承认农地融资抵押，只是在个别地区开展“两权抵押”和“三权分置”试点。要想从根本上保障制度的连续性和稳定性，就需要在立法上规范农地融资，不能仅依靠政府部门的规章条例对农村土地经营权的价值认定和土地经营权抵押登记等一系列程序进行规范。实践中存在的农地融资运作模式，如土地银行模式、银行抵押贷款模式、农地信托、农地证券化等，实践在创新，法律和制度也要不断与时俱进。

此外，从农地金融的适用范围看，当前“三权分置”试点仅对极少数农村地区开展，而对应的农地金融政策也都局限在农业生产专项的融资，尚未放开到农外产业，不能满足农民工返乡多领域、多行业的创业需要。从农地金融的实现路径上看，当前主要以农地质押贷款为主，其他金融形式如信托和证券化等尚未开展。从农地金融的融资规模上看，农地质押贷款年限只有一年，贷款金额也较小，尚需保险公司、政府基金和担保公司的各方支持，未能实现独立市场化运作。从流转经营权质押物处置方面，即便在试点地区也未能实现农村产权交易平台的覆盖，经营权流动性不足将给金融机构带来处置风险。因此现阶段对于农民工返乡创业的资金支持远远不够，但是从农地确权到农地流转，再到部分试点开始农地质押尝试，未来农地金融的前景十分广阔。下面本文就农地金融实现模式进行分析。

四、农地金融对农民工返乡创业的支持模式探索

（一）农地抵押贷款——长葛模式

农民工返乡创业面临着初始资本积累不足的资金约束，以及信用水平较低、缺乏有效抵押物等问题，但是农民工在农村有着独特的优势——土地，通过将土地作为一种抵押物能够帮助返乡创业的农民工一定程度上解决创业初期及后期资金问题。在农地抵押贷款试点中，河南长葛市已经形成良好的农地抵押贷款模式。

1. 特点

（1）高效的土地流转

长葛市根据不同对象采取灵活的方式颁发不同的土地权证，一方面为开展土地经营权流转、调处土地纠纷、完善补贴政策、进行征地补偿和抵押担保提供重要依据，另一方面一个权属清晰的土地市场减少了土地流转的成本。同时，长葛市通过完善农村产权交易相关制度及机制建设，明确农村产权交易、流转、抵押、登记相关操作办法，将长葛市农村产权交易中心逐步发展成集信息发布、产权交易、法律咨询、资产评估、抵押融资等为一体的农村服务综合平台，为土地流转提供了便利的平台，高效的土地流转有利于节省企业办理申请贷款的时间。

（2）完备的担保机制和贷款激励机制

长葛市一方面引入商业保险，另一方面成立政府风险补偿基金为农户和企业土地抵押贷款提供担保，通过这二者的增信，有效地降低了银行贷款的担忧，也帮助农户和企业避免了不必要的贷款信用成本，能够以更低的利息获得贷款。此外，实行贷款奖补机制，对发放抵押贷款的银行按贷款金额的0.5‰给予奖励，有效提高了金融机构参与的积极性。长葛市已经推出“农地通”、“利农通”农地抵押信贷产品，并制定了《农村承包土地经营权抵押贷款考核办

法》，按照贷款任务完成情况奖优罚劣，提高信贷人员积极性。

2. 运作模式

（1）农村土地确权登记

根据《长葛市农村承包土地的经营权抵押贷款试点实施方案》，通过确权、登记、颁证、公示等多种方式，清晰界定产权，向家庭承包方式取得土地承包经营权的农户颁发土地承包经营权证；对规模经营业主、农民专业合作社、家庭农场、农业产业化龙头企业等农业经营主体，颁发农村承包土地的经营权流转证，用于向经办银行申请贷款。在农户尚未获得土地承包经营权证前，对土地权属清晰、流转规范的新型农业经营主体率先颁发《农村土地流转使用权证》和《他项权利证书》，这有效破除了抵押贷款缺少权证的瓶颈。目前，已有70余户经营主体获得《农村土地流转使用权证》。

（2）农地经营权评估

在完成土地确权之后，需要对农地进行价值评估，抵押物登记部门为长葛市农村产权流转交易服务中心，产权交易中心对抵押物价值可通过第三方评估机构、自行评估、委托有关专家测算或者借贷双方协商确定等方式确定农村承包土地的经营权价值。农村土地承包经营权抵押实行登记制度，抵押率一般不超过30%。

（3）抵押担保和风险分担

实施贷款风险双覆盖。第一，引入中原农业保险、中华联合财产保险，由借款人购买以贷款银行为受益人的贷款保证保险，保障金额最高达贷款金额的70%。第二，财政出资2 000万元设立贷款风险补偿基金，对因发放农村承包土地经营权抵押贷款造成的损失给予最高20%的补偿。

（4）贷款申请

在完成土地确权登记和土地价值评估之后，农户可向专门提供农地抵押贷款的四类银行申请贷款。贷款（或授信）额度根据借款人实际资金需要、承贷能力以及抵押物的评估价值确定；贷款利率由承贷银行根据借款人实际情况确定,原则上低于承贷银行同类同档次贷款利率水平;贷款期限根据借款人的生产经营周期、贷款用途、资金状况、土地流转期内租金支付方式等因素,由借、贷双方自主协商确定,最长不超过承包土地经营权的剩余使用期限。在完成贷款审核后即可发放贷款。根据调查,农民自耕自种融资需求约为5万元以下,家庭农场融资需求约为20万以下,农民专业合作社融资需求约为50万以下,农业产业化龙头企业融资需求约为200万—500万元。

(5)抵押物处置机制

通过农村产权流转交易平台进行挂牌处置和市场化再流转,在保障农户承包权、优先受让权和土地持续生产能力的前提下,将获得的收益优先弥补经办银行发放贷款的损失。借贷双方还可根据合同约定,向仲裁机构申请仲裁或者向人民法院提起诉讼。

3. 对农民工返乡创业的支持

首先,农地抵押贷款长葛模式中,从土地确权到土地流转再到申请贷款等流程非常清晰和简洁,这为返乡创业者提供了良好的金融环境,避免了繁琐的土地贷款流程。

其次,在政府的帮助下,农民工能够得到额外的政府政策支持。在政府的干预下,农村土地交易平台面对面地解决农户和企业土地抵押贷款中的各类问题;原本不会参与到农地抵押贷款业务的银行也在政府的组织下参与进来;同时,在政府直接和间接的担保下,农户和企业更容易获得贷款且贷款利率相对更低。

(二)农地信托——邓州模式

土地信托是土地所有权人(委托人)为有效利用土地,提高不动产的开发与经营效率,而将土地信托予受托人,由受托人利用其专业规划与管理,将开发经营的利润作为信托受益分配金交付给受益人。中国早在2013年就开始了农地信托的试点,由于邓州市土地确权工作以及农地抵押贷款等工作都走在前列，为开展农地信托业务提供了良好的条件，2016 年邓州市开始推进农村土地信托。

1. 特点

（1）农地“三权分置”

邓州市政府通过与河南省国土资源开发投资管理中心合作，开展农村土地综合开发，逐步推进农村土地所有权、承包权、经营权分置。在农地确权工作逐步推进的基础上，实施土地的“三权分置”，这为开展农地信托提供了最基本的条件。在进行“三权分置”改革上，首先，集中流转土地经营权。在完成农村土地承包经营权确权颁证工作的基础上，着手土地经营权集中流转。同时组建了邓州市农村土地开发有限公司，筹划实施土地集中流转及综合整理工作。其次，进一步推进土地整理和地力提升。在集中流转土地经营权的基础上，邓州市农村土地开发有限公司进行投资，并着手土地综合整理项目。最后，实施土地经营权再流转。农村土地开发公司把整理到位的土地发布在信息服务平台上，各经营主体在保证不改变土地用途的前提下，通过主动申请获取土地经营权，来发展土地规模经营。[1]

（2）三级土地流转交易平台

邓州市为了土地自下而上能够顺利流转，建立了县乡村三级土地流转交易平台，交易平台负责农村土地经营权流转受理、确权颁证和承包协议签订等工作。一级是邓州市农村土地开发有限公司，二级是镇（试点镇）土地承包经营权流转中心，三级是各村土地承包流转服务站。

（3）农地信托机构作为资金和土地的流通的纽带

邓州市农村土地开发有限公司在邓州市土地信托中起到至关

[1] 尹桂峰：“邓州市农村土地‘三权分置’改革的探索与实践”，《资源导刊》2017 年 3 期：18—19。

重要的作用。农村土地信托以经营土地经营权的“存贷”为纽带，链接农户与新型经营主体之间土地流转的供需，逐步引导土地有序流转，同时土地信托为新型经营主体提供金融、农资配套、劳动力支持等增值服务。

2. 运作模式

（1）土地经营权流转

土地经营权流转由农户主动申请，村组进行汇总上报，在经过审核之后即可完成土地信托之前的“存地”工作。

首先由农户主动申请，参与土地经营权流转，然后以村、组为单位，收集、整理、汇总农户流转土地情况，向试点县土地信托提出委托申请，并填写《农村土地经营权申报书》；试点县土地信托接到村、组委托申请后，进行实地调查、核实，并向不动产登记机构或相关部门提出申请，对提交的资料进行核实；在完成上述程序后签订委托合同，由试点县土地信托对流转土地进行价值评估，在商议一致后，与全体委托户分别签订《农村土地经营权流转合同》。其中，试点县土地信托对流转的土地拥有自主处置权、经营权。在合同有效期内，农户不得再将土地流转给他人。试点县土地信托在“存地”之前，需要达到一定规模，并按照合同约定经营主体入驻后方可生效，农户按合同随时供地，涉及未收成的农作物补偿按市值折价办理。

（2）引入经营主体

在土地信托“存地”完成之后，试点县的农村土地信托会发布相关土地流转信息，经营主体根据发布的信息主动提出申请；在申请受理后，经营主体持公司验资证明及当月财务报表或个人账户验资证明，到试点县农村土地信托验资审查，并将产业发展方案进行备案，以此来完成资格审核；最后，在登记、验资、备案后三个工作日内，试点县农村土地信托会同申请经营主体实地调查，协商相关事项，拟订整治方案，并提交部分押金。

（3）经营主体开展土地生产经营活动和融资活动

在拟定整治方案之后，由试点县农村土地信托向省农村土地信托申请，进行土地整治，整合流转土地，以此提升耕地质量并完善相关配套。随后签订租赁合同，在实地调查、协商一致后，试点县农村土地信托与经营主体正式签订《农村土地经营权租赁合同》，同时收取当年土地租金和复垦保证金以及退还押金。

在经营主体经营过程中，邓州市农村土地开发有限公司负责为农业经营主体提供融资、担保、保险、融资租赁、咨询服务等信息支持。流转土地面积 50 亩（含）以上、流转期限 3 年（含）以上的农业生产经营主体（种养大户、家庭农场、农民专业合作社、农业龙头企业等）可得到政府颁发的土地流转经营权证，经营主体可依靠土地流转经营权证融资。

在抵押担保和风险分担上，一方面，邓州市、乡两级共出资 1 000 万元设立风险缓释基金，依据贷款情况适时增加额度，为开展业务提供担保。另一方面，出台《农村承包土地经营权抵押贷款贴息管理办法》，每年安排 100 万元专项资金按照 1 个百分点进行贴息。这也为经营主体进行融资提供了支持。

（4）信托机构的资金流动

信托机构可将收集的土地对外出租或整体整理规划后对外出租，经营主体向信托机构支付租金，信托机构去除管理费和其他费用后向农户支付地租。信托机构也可以通过发行两类资金信托计划进行融资，其中一类用于流转土地区域内的土地整理和农业设施的建设以及现代农业技术的推广应用；另一类资金则用于解决财产权地租的支付以及土地整理方面资金一定时期出现的流动性支付问题。

3. 对农民工返乡创业的支持

首先，流转土地经营权的农户能够获得基础的土地租金和土地增值收入。从信托产品结构上看，农村土地信托一般是混合型信托产品,即信托计划中既有财产权(土地经营权)又有信托资金。农地经营权通过信托计划流转到拥有更高生产效率的经营主体手中,这些经营主体通过规模化生产运营实现生产收入或利用土地经营权融资,来支付土地信托计划所需支付的费用。对于农户来说,一方面,将土地经营权转让出去获得土地租金;另一方面,农户依然有机会在经营主体的雇佣关系下继续从事非传统意义上的农业生产活动。

其次,一般情况下,是把土地承包经营权委托给专门的信托机构,信托机构统一进行规模化管理,找专业化公司进行出租,同时,对土地的功能做一些提升,例如建设农业循环经济产业示范园,在建设过程中如果需要资金,信托机构则会发行资金信托计划,来解决建设资金问题。在邓州土地信托模式中,对于返乡创业的经营主体来说,参与到土地信托计划首先需要支付基础的土地经营权费用,甚至是参与到土地的规划、整理和建设中,这一过程需要大量资金,因此对于上述两类支出,经营主体可以通过邓州市农村土地开发有限公司进行的担保进行融资,第二类费用则是由信托机构负责,其可通过信托计划融资来解决。

(三)农地证券化——德国模式

1. 背景

德国是土地证券化较早的国家,18 世纪 70 年代,战乱下的德国高利贷迅速蔓延,为了解决日益盛行的农村高利贷问题,减少战争对农业经济的冲击并整顿农业经济,德国政府开始向农村注入资本,普鲁士国王开始组织抵押信用合作社。19 世纪初期,德国土地改革运动逐渐消除了地主阶级,并且允许农民购买私有和村社公共土地,政府开始扶持自耕农来发展农业经济,后来,普通农民成为土地抵押信用合作社的主体,随着合作社之间加强合作,德国逐渐形成了以土地抵押信用合作社和联合合作银行为核心的农地证券化体系。[1]

2. 特点

（1）中间人——土地抵押信用合作社

土地抵押信用合作社及其共同成立的联合合作银行是贷款主体。土地抵押信用合作不吸收公众存款，而是由合作社以社员联合的土地为担保，通过向市场发行债券的方式来募集资金，从而为社员提供相应的贷款。此外，合作社资金的另一个来源是公积金，其包括社员共同缴纳的年金和债券发行的溢价收入。农地金融机构一般只提供农地抵押融资，由于贷款对象较特殊，并且农村土地贷款一般期限长、利率低，这使得一般社会资金很难直接进入到农地金融领域。

德国的农地金融组织是自下而上发起的，先有基层成立土地抵押信用合作社，再由各地合作社逐步发展成联合银行。依托着地缘优势和地方合作社的信息优势，土地抵押信用合作社承担了农地融资申请的资格审核、土地价值评估、担保和土地证券发行等工作。土地抵押信用合作社直接服务于广大农户和农场主，由农户和农场主主动发出贷款申请，再由土地抵押信用合作社对其进行资格审核以及土地价值评估，根据市场调整利率向农户和农场主发放贷款，而土地抵押信用合作社的资金主要来源于以合作社社员联合的土地进行担保而发行的土地证券，资金从社会投资者流向合作社再到农户手中，而农户在融资之后则需要还款给合作社，最后通过合作社流向社会投资者手中。

（2）资金来源的证券化

德国的农地证券化融资模式最重要的特点是资金来源的证券化。德国的土地抵押信用合作不吸收公众存款，而是由合作社以社

[1] 高勇："农地金融国内外实践的经验借鉴及启示"，《国际金融》2015年12(15)：63—70。

员联合的土地为担保，通过向市场发行债券的方式来募集资金，从而为社员提供相应的贷款。此外，合作社资金的另一个来源是公积金，其包括社员共同缴纳的年金和债券发行的溢价收入。和传统的抵押融资相比，通过发行土地证券的融资来源不仅有银行等金融机构，还包括各类社会投资者。这不仅能充分利用资本市场，将证券投资的风险偏好进行更有效的匹配，同时扩大了土地融资的资金来源。

（3）完善的法律和地籍管理制度

德国拥有完善的土地金融相关法律法规和地籍管理制度。德国在1722年就已经针对农地金融的法律属性颁布了《抵押权及破产令》，这部法律是德国的第一部农地金融法律，确立了抵押权公示制度，1750年又颁布的《抵押权法令》则强化了公示制度，增强了抵押权的安全性。这些法律规定，凡是有贷款意愿的土地所有者，均可以联合组建合作社，由政府授予合作社发行土地债券的权利，合作社社员以其所拥有的土地作为贷款抵押品，通过在市场公开发行债券的模式来筹集所需资金，社员也可以直接向合作社借款[1]。另外，德国实行土地私有制，土地的权属关系非常明确，因此在农地流转过程中，清晰的农地所有权关系确保了农地流转的效率，减少了农地确权工作成本和流转过程中的信用风险成本。

3. 运作模式

（1）组建土地抵押信用合作社

农民、农场主共同组成土地抵押信用合作社，这些成员一般都具有以土地作抵押方式获取长期、低息生产资金的意愿，成员将其拥有的土地以抵押物的方式交给土地抵押信用合作社。

（2）发行土地债券

土地抵押信用合作社通过社员共同的土地为担保，在证券市场

---

[1] 惠献波："美国、德国、日本农地金融制度及经验借鉴"，《南方金融》2013年12期：57—61。

上发行土地债券进行融资，信用社利用发行土地证券融到的资金向社员发放农地抵押贷款，社员利用这些资金来解决从事农业生产中所需的资金问题。例如，购买土地、兴建水利、修路等生产活动。

（3）发放农地抵押贷款

有贷款需求的农民可以直接向土地抵押信用合作社按照贷款流程申请贷款，社员需要填写借款申请书，具体包括借款数额、期限和用途等，同时出具抵押土地的位置和面积材料、提交土地所有权证书。合作社会对待抵押土地进行价值评估，完成土地价值评估等核查程序之后，合作社会与社员签订借款合同并发放贷款，贷款发放额度一般为抵押土地价值的三分之一至二分之一之间，贷款期限一般在10—60年之间。

（4）社员还款

德国采取了“阶梯化”摊还本金的还款方式。偿还的款项包括利息、摊还本金、合作社营业费和合作社公积金。其中，利息通常根据农业生产情况和市场利率变化而定；阶梯化体现在摊还本金阶段，其额度在还款初期较小，此后逐年增加，这种激励机制使得长期还款相对较少，社员更倾向短期还款。

（5）合作社在还款中的责任

在社员付息方面，由于每年社员需要向合作社支付贷款中的利息部分，合作社则将收集的利息转付给投资者；在本金的摊还方面，社员每年需要向合作社支付贷款摊还的本金，合作社则将这部分资金汇集成立“偿债基金”，该基金可以通过贷款生息，或者从市场中回购证券，以保障市场的流动性和循环性。[1]

4. 农地证券化对返乡农民工创业的支持

一方面，资产证券化作为一种新型的金融工具运用到农地上

---

〔1〕 藏波、杨庆媛、周滔：“国外农村土地证券化研究现状、前景及启示”，《中国土地科学》2012年。

来，将社会资本引入，盘活了农户手中的土地资源，能够帮助返乡创业的农民工筹集到一定生产资金；另一方面，在开展土地确权工作基础上，农村土地的所有权、承包权和经营权都已明晰，农户可以土地经营权作价入股，按照自愿的原则组成利益共享、风险共担的股份合作企业，企业作为创业企业和经营主体统一经营农民的土地，从事农业相关的生产经营活动，农民既可按股分红，又可在企业工作。农地证券化一是可以帮助农民工融资，二是可以汇合集体力量从事规模生产和经营。

五、改善农民工返乡创业融资环境的政策建议

（一）完善法律法规，规范农地融资

任何财产如果其可让与性受到限制，其交换价值则会随限制程度的增加而下降，正是财产的交换价值，构成了融资信用的内核。农地产权在我国之所以难以成为有效的融资担保物，除了其流转领域比较狭窄以外，土地流转的法律地位没有得到认可。因此完善土地流转和土地融资相关的法律非常要紧，同时，通过法律法规，明确规范土地流转的性质和领域、土地抵押权的法律效力以及各主体的权利和义务，为农地融资建立起统一的标准。

（二）建立高效的土地流转平台和配套机制

农村产权流转交易平台通常承担了农村土地经营权流转、土地价值评估以及土地融资担保和咨询角色，一个高效的产权交易中心，必然带来的是更有效和活跃的土地流转和融资市场。农村产权流转交易平台建立后，收集和发布各类农村产权流转交易信息，并及时公布各类农地产权价格，通过组织产权流转、招拍挂等交易活动，为贷款抵押物处置、抵押权利的实现创造条件。

（三）积极引入金融机构，创新土地融资方式

政府应当大力支持农地金融的发展和创新，为农民工返乡创业提供更多样、更便捷的融资方式。农民工返乡创业遇到的融资问题中首先就是农村地区正规金融机构数量少，正式金融组织针对农民工的金融产品设计普遍存在贷款额度小、产品种类少、抵押贷款物多、审批手续复杂等问题。在实践中返乡农民工对正式金融组织服务需求较大，因此通过政府的背书、资源整合和政策支持，吸引更多金融机构参与到农地金融中来，解决金融资源存在的错配问题[1]。另外，政府应当对土地金融创新给予适当的引导和扶持，做好顶层设计工作，我国已经试点的农地抵押贷款、农地信托和农地证券化都是政府牵头形成一整套体系才能够顺利实施，多样化的融资方式对于农民工返乡创业提供了不同抵押方式、不同拆借方式等多种选择。

参考文献

1. 江立华、陈文超：“创业实践与多元分析：返乡农民工创业研究述评”，《学习与实践》2010 年 7 期。
2. 陈浩、刘锡安、曹亚：“后危机时代下农民工就业决策及困境分析——基于武汉返乡农民工就业安置现状调查”，《农村经济》2010 年 10 期。
3. 张素芹、李巧莎：“返乡农民工创业：金融支持的困境分析与对策选择”，《燕山大学学报（哲学社会科学版）》2010 年 4 期。
4. 周晋：“农民工返乡创业金融支持对策研究”，重庆师范大学硕士学位论文，2012 年。
5. 杨哲兮、周宇飞：“返乡农民工创业：金融支持的困境对策研究”，《金融经济》2016 年 2 期。
6. 郭军盈：“我国农民创业的区域差异研究”，《经济问题探索》2006 年 6 期。

---

[1] 石涛：“影响返乡农民工创业融资渠道选择的金融供给因素分析”，《金融理论与实践》2016 年 3 期。

7. 罗明忠:“农地资源禀赋对农民农内创业选择影响”,《农业经济与管理》2016 年。
8. 刘杨:“中国农地融资制度建设构想”,《湖南农业大学学报》2012 年。
9. 尹卫春:“土地抵押是农村融资创业的新途径”,《农民致富之友》2017 年 4 期。
10. 尹桂峰:“邓州市农村土地‘三权分置’改革的探索与实践”,《资源导刊》2017 年 3 期。
11. 高勇:“农地金融国内外实践的经验借鉴及启示”,《国际金融》2015 年。
12. 惠献波:“美国、德国、日本农地金融制度及经验借鉴”,《南方金融》2013 年 12 期。
13. 藏波、杨庆媛、周滔:“国外农村土地证券化研究现状、前景及启示”,《中国土地科学》2012 年。
14. 石涛:“影响返乡农民工创业融资渠道选择的金融供给因素分析”,《金融理论与实践》2016 年 3 期。

（周小全、白江涛,中原证券股份有限公司;邱晓里,北京市科学技术委员会）

电力行业的农民工创业探索

童光毅　王军礼　刘倩妤

一、引言

农民工群体是我国改革开放以来，在城镇化、工业化进程中发展出来的一支新型劳动力大军。当前，我国13.75亿总人口中，农民工群体就有2.81亿人，占总人口比例超过20%，其中，有近30%的农民工长期存在跨省务工的现象[1]，流动性很强，这是我国当前的特色，也是我国国情。随着社会经济的发展和生产效率的提高，越来越多的农业劳

---

〔1〕 资料来源：国家统计局《2016年农民工监测调查报告》。

动力从土地中解放出来，向非农业行业和城镇转移，是各国城镇化、工业化进程中的一般规律，也是农业现代化带来的劳动力红利。当前，我国正处于城镇化、工业化加快发展的时期，大量农业劳动力在城乡之间来回转移，亦工亦农，流动就业的现象在很长的阶段内将会持续存在，因此，我们一定要认识到做好农民工工作的重要性、长期性和紧迫性。

庞大的农民工群体是加快推进我国经济社会发展的重要力量，他们广泛分布于我国各地区和各行各业，为工业发展增强了竞争力，为城乡建设增加了活力，为改革开放增添了动力。

同时，做好农民工工作也是建设社会主义新农村的重要内容。根据有关专家测算，农民工每年给城市留下的增加值近 20 000 亿元人民币，农民工带回家的仅有 5 000 亿元至 6 000 亿元，但是农民增收就有 50% 外出靠务工收入。[1] 并且，截至 2016 年，1980 年及以后出生的新生代农民工已逐渐成为农民工的主体，占全国农民工总量的 49.7%，新生代农民工普遍具有受教育水平相对较高，思路活泛，对新事物接受度高的特点，在整个农民工群体中，高中及以上文化程度的占比超过 26%。广大农民工群体在外面学习到技术、实现一定的资本积累并且培养出市场经济观念后，有相当一批人选择了回乡创业，这些人带回的资金、技术和理念，直接促进了社会主义新农村建设。特别是，在城乡二元结构尚未被根本打破的情况下，农民外出务工已经成为了工业带动农业、城市带动农村、发达地区带动落后地区的有效实现形式，闯出了一条统筹城乡发展、解决“三农”问题的新路。

返乡创业的农民工对于构建社会主义和谐社会也有非常重要的意义。随着各类维护农民工权益的法规制度的落实，和返乡创业的政策扶持，两亿多名农民工的合法权益得到更多的保障，在外出

---

〔1〕 唐群建：“消除歧视农民工的有效方法”，《中国培训》2007 年 11 期：48-48。

务工的过程中,通过培训和交流学习,整体素质得到全面提高,思想观念得到健康引导,对在改革和转型的攻坚阶段保持社会和谐稳定至关重要。而且,返乡创业的农民工带回的资金和就业机会,对于激发农村经济活力具有重要的意义,经济水平的提高,是充满活力、安定有序的社会局面形成的重要保障。占人口绝对比重的广大农业人口人人乐业,才能得安居。

二、电力行业工种的特殊性分析

电力行业工种分为水电类、火电类、修造类和通用工种共四大类总计 36 个工种。其中,混凝土工、钢筋工、架子工等十多个底层基建工种由于对专业知识和文化教育水平的要求很低,同时劳动强度大、作业环境艰苦、危险系数较高,主要由劳动力成本较低的农民工群体承担。同时,电力行业内农民工的就业模式存在较为严重的管理断层和空白,对于行业内广大农民工群体的切身利益和发展非常不利。

近二十多年来,随着社会经济的快速发展,和电力行业的市场化运营,电网建设效率飞速加快,施工企业为了降低成本,且增加施工劳动力,甩掉沉重的人力包袱,开始大量引用培养成本低、不需要长期供养的“农民工”,并逐步发展成劳务分包的体制。施工单位仅保留企业管理和工程管理的管理人员,一线工人中的操作工,甚至班组长,全部由劳务分包商招募的施工人员担任。

这种用工模式在初期,基本为非正规的包工头形式。也就是,由包工头带领一批农民工(大多是同乡)直接参与施工生产,包工头作为负责人来管理电网建设操作工人,企业在工程项目上,对操作工进行基本的教育和培训,而包工头自身,可能也只是外出务工年限更久、相对活泛的原农民工,本身也大多不具备较好的管理能力和技术培训水平。后来经过不断发展和更为规范化的管理,开始出现在工商部门注册的劳务分包公司。劳务分包公司在国家电力监管部门取得相应的资质，通过招工方式集合农民工，编组成为施工班组。在施工企业承揽到电力工程后，施工企业与劳务分包公司签订劳务分包合同，劳务分包公司的班组直接参与工程的建设。这种用工方式在当前的电力建设中是一种普遍模式。这类用工模式存在的特点是，劳务分包与工程分包界限模糊，责任分清困难；另外劳务分包公司基本就是农民工的集散中心，没有实力对农民工进行全面的管理和培养，农民工自身素质和安全意识很难得到有效的提高。电力行业内操作工人的人力管理出现了断层和空白，这种模式虽然极大地降低了单位的用工成本，但因为从业人员素质得不到很好的培养，安全意识不足，技能水平不够，出现人身伤亡的危险性大为增加，同时，生产建设的效率也难以得到保障。

然而，因为我国国情，当前电力建设要摆脱这种用工模式还是有一定的难度的，用大量的农民工资源补充一线操作工人的人力需求缺口以支持行业的发展和延续，有其现实必要性。我国是人口大国，劳动力资源充沛，社会整体尤其是农业人群人均收入水平较低，电力施工企业众多。走出国门承揽国际电力建设工程，是实现劳动力输出，提高劳动力收入，加强国际建设交流的必经之路。然而，我们当前电力建设中一线操作工人的用工模式和国际发达水平还存在相当的距离，建设能力和技术水平存在差距，我们要想实现建设国际电力的战略目标，必须对当前操作和建设工人的用工模式做出改进，使其能向近似产业化的模式方向发展。

三、农民工群体在电力行业的现状

农民工群体是我国电力基础建设的重要基石，农民工兄弟们的技能水平和对工作的认同、对未来的预期，一定程度上决定了我国电力基础设施建设的质量。当前，我国的电力基础设施建设已基本完成,实现了电力“村村通”、“户户通”,但是,我国电力基础设施的更新和配合当前产能过剩的客观情况,电力基础设施建设的输出将成为未来一段时间电力工作的重点。这也对从业农民工的职业素质提出了更高的要求。

1. 职业技能水平低,作业环境危险系数高

农民工群体在当前电力建设行业中占总从业人口的绝对主体,但技术水平低下是当前客观存在的严重问题,制约着电力行业的发展。同时,安全意识相对淡薄,但因为技术水平不够,只能从事相对辛苦又危险的初级工作,作业环境较为艰苦,这样的整体劳动力素质下,施工质量和效率难以得到保障,还更容易发生人身安全意外事故等。

2016 年 1 月至 10 月期间,电力行业发生严重人员伤亡的事故就有计 48 起之余,每起事故都有人员死亡,其中,超过 90% 是一线作业人员,以农民工为主,事故率远超正式职工、管理人员等其他工作人群。而在这些悲剧中,人祸或是引发悲剧的主要原因,国家也曾多次下大力气整治,收效却一般,而做初级工作的农民工成了最大的受害者。并且,电力建设工程的劳动密集和投资大等特点,导致安全事故所造成的人员伤亡和财产损失都较为严重,严重制约着电力系统的良性有序的发展。

2. 缺乏统一的管理,当前的培训体系难以满足新生代农民工对于强化自身技能的需求

目前,招工模式即使从包工头进化到劳务分包公司,但本质上两者并没有区别,主要还是靠老乡介绍或者务工期间认识的人介绍工作,对技能培训不存在刚性需求,劳务分包公司只是招揽农民工来工作而已,仅仅是劳务输出形式的变异形式。由于劳务分包公司缺乏规范的、统一的管理,对农民工的持续工作的诉求不能给予满足,导致农民工工作时不可避免地会对该工程结束后的工作机会存在忧虑,也没有很强的动力和充足的时间学习和提升自己,毕竟,难

以直观地看到技能水平提高对收入水平的影响。基层务工人员的圈子也较为狭小,获得信息的途径相对单一,在没有统一管理的体系下,也很难获得丰富的自我提升的路径。

这一情况对于“新生代”农民工个人发展的制约尤为突出。当前,“80后”“新生代”农民工在整个农民工群体中占比已经接近50%,成为了农民工群体中新的主力军。相对于之前的农民工群体构成,“新生代”农民工普遍具有受教育程度高、不满足于现状且积极主动的进步意愿强烈、希望获得一技之长在某些领域得到长远发展等特点;学习能力更强、更具活力的“新生代”农民工群体也是当前盘活农村经济、促进经济社会进一步加快发展的新机遇[1]。但是,因为繁重的工作压力、相对艰苦的工作环境和获取较为艰难的信息条件,“新生代”农民工能够找到合适的岗位学习提升的机会很少,对于由政府主导的强有力的统筹安排体系的需求极为迫切。

3. 农民工权益保障有待提高

施工单位竞标得到项目后,将其分发给各承包商,承包商再通过劳务分包公司,招募农民工进行施工。这样的用工机制决定了施工企业支付的劳动报酬,首先到承包商,再到劳务分包公司,最后才分配给农民工,其中,承包商和劳务公司占有大部分劳动报酬,付出劳动的农民工群体只能获得劳动报酬的小部分。由于分包模式本身存在漏洞,中间商获取利益后,没有足够的动力维护农民工群体的权益,而农民工群体自身力量分散,法律意识不足,也很难有效地维护自己的合法权益,包括劳动合同的合理签订和执行,用工期间各类社保的缴纳,以及获得技能培训和意外伤害赔偿等权益。

以上问题,归根结底在于,电力施工工人的人力资源管理出现了断层和空白,基层务工人员的技能培训和自身提升需求处于电力

---

[1] 黄丽云:“新生代农民工研究综述”,《华北电力大学学报(社会科学版)》2011年1期:36-39。

企业、劳务公司、包工团队都没有动机去管理和优化的“三不管”地带。这不仅严重制约着我国电力行业的健康发展,又很难保障农民工群体的人身安全和切身权益。

四、农民工在电力行业的创业机遇

1. 在原岗位上积极创新,实现人生价值

随着经济社会的发展,越来越多的农民工兄弟,尤其是“新生代”农民工,通过进城务工,开阔了眼界,掌握了一些新兴的平台和工具,在实现自身能力提升后,愿意回到家乡,利用本土资源和自己在外培养的眼界技术进行创业,在政策支持和自己的努力下,发家致富。但占绝对主体的创业成功案例都集中在种植业和养殖业,以及延伸发展出的电子商务等,在电力等行业成功创业的案例极少。然而,对创业主体来说,拥有一定的文化水平、数年务工经历后,尽量选择在工作过的行业中进行创业的成功概率更大。电力行业拥有相当庞大的农民工人群基数,这其中大多数都是在一个或几个方向相对熟练的一线工人,对于一线操作有很多自己的理解,也更容易发现问题,改进问题,鼓励广大农民工群体在自己的岗位上自主创新,谋求发展,也是一条有效的、低风险的创业思路。

以上海市十大工人发明家、全国青年岗位能手、全国劳动模范——“85后”“新生代”农民工胡振球为例。2007年,胡振球从老家安徽宿州来沪打工时仅有高中学历,完全不懂技术,从一线装配工做起,用十年的时间,不断学习、积累、打磨,成长成为技改专家和车间主任。胡振球入职第二年,其所在公司神州汽车自主研发的一款车进入生产阶段,生产效率始终难以提高,胡振球通过创新尝试,不但将效率提高了三倍,还能保证产品标准的统一,整车装配合格率接近98%,平均一年为企业节约成本560万元。如今,由胡振球研发的一款“纯吸式道路清扫车”已经成为了公司的主打产品,其创新研究成果已经创造了月 4 000 多万元的经济效益，他用自己钻研的精神和努力为企业、行业创造了价值，也在这个过程中实现了自己的人生价值。

借鉴胡振球的案例，鼓励农民工兄弟在一线电力建设作业的过程中，积极学习专业知识，创新优化生产手段和生产流程，既有利于电力建设行业的健康发展，也有利于农民工兄弟在这一过程中获得心理认同，改善经济状况，双向正激励，形成良性循环。

事实上，在实际走访调研的过程中，我们也了解到，许多工人，尤其是熟练的老技工，几乎人人都有一两样属于自己的“绝活”，可以有效地提高自己的工作效率、工作质量并降低风险。然而，如何将这些群众的智慧集成化、体系化，将有效的优化推广开来，鼓励一线工人积极创新，还需要各方的配合和努力。

2. 利用自己对于行业的了解，和资金人脉眼界，回乡创业

农民工在电力行业中创业存在的问题，主要有两方面，一方面是获取信息的方式和能力有限，一方面是自身专业技能水平和眼界不足。这两方面严重制约了在电力行业中谋求生存的广大农民工群体自主创业的可能性。

如果在电力行业的从业民工群体可以方便地获得一手资料信息，并且对行业有着深入的了解和认识，利用自己的技术和人脉，结合家乡资源，及时回乡创业，也能获得不错的收入，创业成功率会得到相应的提升。我国农村有着极为丰富的风电、生物能和太阳能资源，农村能源的开发是指农村地区因地制宜、就近开发利用的能源，在中国有薪柴、作物秸秆、人畜粪便（制沼气或直接燃烧）、小水电、小窑煤、太阳能、风能和地热能等，多属于可再生能源。此前的农村沼气池推广，以及当前的农村地区太阳能路灯和汉能集团在农村地区铺设太阳能板的计划，都有很多合适农民工创业的切入点。这些项目的原理技术对农民工来说存在门槛，但是这些项目的推广对于农民工来说门槛很低。以汉能集团为例，有想法的农民工可以向公

司申请做本地区的代理,在每家每户甚至石山荒野上铺设太阳能发电板,不谈这对于增加能源供应的意义,只谈收入,铺设期间可以获得的按户支付的推广费用,和发电之后,同有太阳能板的农户可以获得的电费提成,都是一笔不菲的收入,不论是想要接项目创业的农民工,还是同意安装太阳能板的农户,都可以通过免费的太阳能的转化,获得经济收益,来刺激农村经济的发展。

另外,随着农民工群体人力资源管理体系的完善和优化,技能水平高、综合素质强、有一定管理能力的务工人员必然会成为紧缺的人才,不管是组织培训,还是组织劳动力形成优化版的包工模式,都是很不错的创业机会。当然,这个过程中政府部门有效的引导、扶持和监管必不可少,只有在政府的正确引导下,才能保证这类创业可以健康有序地发展,而不至像此前一样,因为缺乏监管,为降低人力成本,包工头市场上出现劣币驱逐良币的现象。

五、降低和消除农民工在电力行业中的创业风险

要谈农民工在电力行业中创业,首先要解决的就是,提高从业农民工的技能水平和安全意识,提高生产效率,降低遭受人身伤亡的风险,在此之上,才能谈如何鼓励农民工群体在行业内进行创新创业,实现人生价值升华的问题。

因此,建立更为畅通有序便于管理的农民工人力管理体系,是当前最为迫切的事情。一方面,便于统一管理,执行统一标准来规范行业内容,另一方面,也可以让农民工兄弟们及时获得有关的创业机会和信息,不要盲目创业,降低创业风险。

首先,构建新的用工模式和体系。

现有的用工模式是,施工企业承揽工程,并与劳务分包公司签订劳务分包合同;劳务分包公司只具有施工和监理资质,农民工则负责实施施工,事实上,农民工就是供应劳动力,收入相当低,大多

数利益留在了劳务分包公司；一般而言，一些头脑较为活泛和务农年限较长有一定务工经验的农民工，则会承担代工工头的角色，在施工中担任班组长，依靠拉人头赚钱，通过这些人的招揽，形成小股队伍，分得小队全体的一部分劳动所得。用工的机制决定了农民工的劳动收入偏低。

通过描述我们可以看出，当前的用工模式中，劳动力过于分散，又各自为政，十分不便于统一管理，而且在这种体制机制下，有能力管理农民工团队的人也没有动力主动提高农民工群体的技能水平和工作环境，农民工的人身安全和长远发展得不到保障。新的用工模式必须要对这一现状做出改变。

新的用工模式需要解决的第一个问题，就是要让农民工可以有组织地、便利地接受相关知识、安全操作和专业技能的培训，并且能通过努力，取得社会、行业认可度高的专业技能资质，为在电力行业内务工和实现更好的发展打下基础。

因此，新的用工模式的组织形式可以为，建立由政府管理或政府监管的人力资源管理中心（各地可分别设置当地政府管理的分中心），中心配置（也可以合作挂靠）专业的技能培训机构，另设技能鉴定机构。农民工群体需要工作时，自觉到人力管理中心报名，接受培训机构培训，并由技能鉴定机构鉴定颁发技能证书，施工单位也可以直接在人力资源管理中心招募熟练工。人力资源中心也可以对用人单位往期招工情况和务工人员反馈进行评级，在最大程度上保障农民工群体的合法权益。

这样一来，首先可以打破此前外包模式下对农民工劳动收入分配不均，优化施工单位的人力成本，同时，将技能培训统一规范化且独立于施工单位，也避免了施工单位为降低成本规避必要培训的情况的发生，可以保障农民工群体学习技能和安全操作的权益，有利于提高生产效率和安全操作，这种情况下，用人单位自然更愿意选择技能水平受到鉴定机构认可、生产效率更高的省心工人，这样各方面效率都可以得到极大的提升。

并且，通过人力资源中心的统一管理，农民工在就业过程中可以通过正规渠道获取就业信息，实现就业双向选择，避免了在就业过程中遭受人身财产损害的可能，有效地保障了农民工们的社会权益，对于社会稳定和长治久安也有重要的意义。

农民工有了基本的社会保障，也有利于培养对电力行业的职业依赖性，可以有效提高职业素养，加强行业的归属感，激励务工人员不断进行自我完善，通过不断努力加强就业的技能，对行业发展做出贡献。同时，农民工在电力行业工作环境也逐渐改善了。

技能培训中心的建设，施工企业、曾经的劳务分包企业、社会职业学校甚至行业内技能熟练的老员工，都可以参与进来，为有务工需求的农民工提供电力施工有关的技能培训，培训机构的资质需要由电力监管部门发布，同时，电力监管部门需要明确行业工种和制定培训机构的行业标准。这是初步设想，更进一步的发展方向是，设立不同级别的培训中心，不同级别培训中心合格毕业的农民工可以去到不同资质级别的企业，参与不同等级的工程施工。

技能培训中心只负责知识和技能的相关培训，但技能鉴定和认证必须由独立于技能培训中心的技能鉴定中心负责。技能鉴定中心也应由电力监管部门组织建立，为培训合格的务工人员颁发相应证书，并录入人力资源中心的合格人才库，因为电力建设行业的特殊性，和农民工群体的高流动性，技能鉴定中心所进行的资格认证应该设立全国通用标准，资格全国通用，甚至可以通过海外电力建设项目，向劳务需求国家推荐。同时，技能鉴定中心也要设立技能复核年限周期，鼓励务工人员与时俱进，掌握新技术，在基层上就不拖行业发展的后腿。

其次，对农民工在岗位上创新发展的支持。

如前文所言，鼓励广大农民工群体在自己的岗位上自主创新，谋求发展，也是一条有效、低风险的创业思路。但从基层而言，一线工人的专业水准毕竟有限,需要为他们提供一定的学习和咨询的机会,包括但不局限于相关基础课程的开展(可与安全操作培训同步),最好是以单位配置相应具有一定文化和技能水平的高级技工,为其答疑培训工作提供相应薪酬,将该单位一线员工的技能水平和创新能力纳入到其高级技工的绩效考核范围之内。

对于在岗位创新中涌现出的优秀人才和成功案例,也应该嵌入人力资源中心的技能培训环节中,将创新意识在农民工务工之初就植入其脑海。并建立培训课堂外的联系,随着智能机和社交网络的普及,为农民工团体提供官方交流的平台,帮助其解决工作中遇到的问题也是可行的方案之一。

另外,国内外电力行业施工标准、施工技术更新和施工技能培训要利用现代交流沟通软件实施交流机制,促使岗位创新之人实时掌握最新电力施工技术和标准。

再次,提供创业扶持资金和相关营销技术等培训。

人力资源管理中心平台的出现及其配套措施提供的交流机会,在一定程度上解决了农民工创业普遍存在的信息壁垒的问题,但由于农民工自身经济基础薄弱,承担风险的资金能力差,甚至绝大多数并没有承担风险的资金能力,故在承接电力等项目以及推广其项目所必需的启动资金需要当地政府予以支持。只有政府予以足够关注,确保农民工返乡创业的步伐走在正确的路径上,才能更好地降低创业风险,也减少政府为创业失败“托底”的成本。

政府资金和政策扶持不能完全解决农民工在电力行业的资金短缺问题,那么项目营销技术也是农民工创业必备技能,由于电力项目的特殊性,所以要有专业电力投资部门和金融融资部门的培训与政府相关部门的指导。

参考文献

1. 唐群建:“消除歧视农民工的有效方法”,《中国培训》2007 年。

2. 黄丽云:“新生代农民工研究综述”,《华北电力大学学报(社会科学版)》2011年。
3. 李宁辉:“如何看待‘农村剩余劳动力向非农产业和城镇转移是工业化和现代化的必然趋势’”,《统计研究》2003年。
4. 毛建斌:“农村可再生能源开发利用问题的思考”,《甘肃农业》2011年。

(童光毅,国家能源局电力监管司;王军礼,北京大学能源经济与可持续发展中心;刘倩妤,首都师范大学数学科学学院)

农民工创业与县域金融

丁志勇　马　杰　封世蓝　闫大伟

伴随着县域经济城镇化、信息化、绿色化和农业现代化的进程加快，县域经济发展方式从原来的要素、投资驱动开始向创新驱动转变，现行的农村土地集体所有、家庭联产承包责任制受到不同程度的影响，农村金融体系将成为一个切入点和增长点，影响县域经济的发展格局，县域经济与县域金融两者的有机融合已不可避免。因此，县域金融已成为县域经济可持续发展的关键所在。与此同时，农民工返乡创业为县域经济的发展注入了新的动力，这需要建立多层次多样化的农民工返乡创业格局，依托县域金融服务于农民工返乡创业，探索农民工返乡创业的新路径，创造良好的创业环境，服务于县域经济的统筹发展，引导农民工融入专业市场、示范带和块状经济，打造具有县域特色的优势产业集群，用县域金融全力支持农民合作社、家庭农场、农业产业化龙头企业、林场等新型农业经营主体，拓展农民工创业的空间和平台。

一、县域经济与县域金融

县域经济是以县级行政区为调控主体，具有地域特色和功能完备的区域经济，县域经济是中国经济重要组成部分，农民工返乡创业已成为培育县域经济发展的新动能，有利于县域民生的改善，有利于县域经济结构的优化，建立县域经济新型城镇化、农业现代化和信息化的发展模式。

（一）县域经济发展特征

县域正处于快速发展及产业集聚阶段，金融作为县域经济的核心内容，在经济发展中的作用十分突出。当前，县域经济发展状况如何，直接关系到综合经济实力提升和社会长治久安。第一，县域经济规模差异大。县域经济总量占 GDP 总量的比重不高，发展水平落后于整体经济的平均程度，是制约中国经济快速发展的关键所在。由于县域地理分布差异，导致县域经济发展呈现不平衡状态，自然资源、劳动力资源丰富地区发展水平较高，且县域之间的发展差异有进一步扩大趋势。第二，县域产业结构较单一。县域的第一产业占比相对较大，第二产业、第三产业的占比相对较小，但第三产业发展速度较快，农业现代化、工业化、城镇化发达的交通枢纽县域主导产业具有集聚效应，产业结构呈现“二三一”格局，地域偏远、资源匮乏县域产业结构为“一二三”格局。第三，县域投资消费潜力广。县域第一产业投资占比较高，固定资产资金投入差异较大，主要流向交通基础设施健全、自然资源禀赋丰裕的县域。县域社会消费零售总额占比较低，城镇和乡村社会消费比例差距较大，县域社会消费零售总额呈现波动趋势，维持在一个相对稳定的发展区间，乡村社会消费能力发展潜力大。第四，县域人口结构不均衡。县域人口总数占比较大，人口素质整体水平偏低，农民工返乡创业为县域经济发展注入人力资本，可以促就业、增收入，打开农业现代化、城镇化和新农村建设协同发展的新局面。第五，县域资源收入不匹配。县域人均收入偏低，经济总体规模较小，人均生产总值水平不高，可利用土地面积、水资源较为匮乏，大部分县域土地自然条件恶劣，地理位置偏远，不适宜发展农业现代化，导致财政一般预算收入偏低，缺口主要依靠上级财政补贴，这种拨款财政严重制约了县域经济发展空间。随着国家各项惠农政策落实和扶贫开发政策出台，为县域经济发展带来了资金、技术、项目、人才等优势，为县域经济发展带来重大历史机遇。

（二）县域金融供给探析

县域金融是在县域经济范围内的金融活动集合，能够为县域经济发展提供有效的金融支持，主要包括县域内金融机构及金融市场。县域金融发展总体较为平稳，金融机构对县域经济起决定性作用，是县域经济发展的关键所在。第一，县域金融组织体系是农民工创业的有力保障。县域金融机构数量伴随着经济的增长而同步增长，主要有国有商业银行、邮政储蓄银行、农村信用社、农业发展银行等银行类金融机构。县域金融机构中农村信用社设立机构最多，金融支持力度最大；国有商业银行金融机构发展呈现不平衡态势，农业银行机构及人员最多，依托传统支持农业经济发展的金融平台，在县域金融发展中优势较为明显，发展空间和潜力较大；邮政储蓄银行营业机构增长较快，是县域金融组织的新兴力量。第二，县域金融机构存款是农民工创业的发展之基。金融作为宏观经济调控重要杠杆,在资金配置上起重要作用,只有充分重视金融对经济发展推动作用,才能使金融最大限度地为县域经济发展服务。金融机构存款是反映县域金融发展水平核心指标,是用于消费、投资的资金来源,是支持县域发展的最重要渠道。国有商业银行在县域经济发达区域设置金融机构,贫困县域主要是农村信用社、邮政储蓄银行设立营业机构,第二产业发展较快县域的存款发展空间巨大。第三,县域金融机构贷款是农民工创业的重中之重。金融机构贷款是县域经济最主要融资渠道,是商业银行经营的最主要金融产品和最重要利润来源。县域金融机构贷款总量偏低,存贷比与城市相比也偏低,县域金融机构存款没有全部转化为当地投资,部分投放到其他较为发达的城市地区。县域受金融机构历史包袱较重、融资渠道较为单一、经济发展水平落后等问题制约,导致金融机构贷款有效供给明显不足,且呈现出贷款不平衡趋势。第四,县域金融贷款结构是农民工创业的关键所在。县域金融机构贷款结构呈现不均衡特征,短期贷款在县域贷款总量中占比较大,是信贷投入最主要渠道,中长期贷款在县域贷款总量中占比较小,固定资产投资贷款增速缓慢,无法满足农民工创业企业扩大规模再生产长期资金需求,不适应农民工创业企业中长期发展战略需要。县域金融机构票据融资在贷款总量中占比不高,票据融资业务发展滞后,县域金融贷款产品单一,主要是农户小额信用贷款、联保贷款、涉农贷款等信贷品种,农业信贷品种资金投入较大,金融支农力度、广度和深度决定县域经济发展的关键。金融支持县域经济发展时,还应结合社会文化、自然资源、生态环境等实际情况,有效支持支柱产业发展,带动整个县域经济快速发展。当前,县域非银行类金融机构占比较小,在金融支持县域经济发展中影响较小,还不适应县域金融发展的实际需求。

(三)县域金融体系构建

县域经济基础薄弱、规模较小,县域经济金融发展水平差异较大。金融支持县域经济发展,必须考虑诸多方面影响因素,制定适合金融发展的优惠政策,搭建一体化的融资支持平台,匹配适合县域经济的金融支持策略。第一,构建县域金融政策支持体系。实施县域金融机构差异化存款准备金制度,对涉农贷款实行优惠存款准备金率,引导金融机构积极创新涉农融资业务,运用再贷款、再贴现政策工具增加支农贷款额度,调节支农资金使用周期,缓解县域资金供需矛盾。发挥利率杠杆支持作用,建立更加灵活的利率浮动机制,满足县域金融机构成本和风险需要。适当放宽县域金融机构业务范围,出台税收优惠政策及农民工创业企业奖励措施,建立政策性金融财政补偿机制,吸引金融机构扩大信贷资金投入。第二,构建县域金融机构组织体系。大力发展服务农民工创业企业的中小型金融机构,出台县域金融机构补贴办法,鼓励商业银行在县域或村镇设立分支机构,在金融机构准入和经营业务范围上给予一定的支持政策,满足农民工创业企业多方面的金融需求。由政府出资建立担保公司,避免因农民工创业企业无担保造成不能获得贷款的问题,同时解决金融机构贷款投放的后续担保难点。第三,构建县域金融市场服务体系。拓宽农民工创业企业的融资渠道,引导国内外民间资本投资农民工创业企业,把先进生产技术和经营管理理念融入农民工创业企业,鼓励农民工创业企业发行债券,提高农民工创业企业的直接融资能力。积极开拓直接融资市场,完善县域融资担保体系,培养农民工创业企业达到上市融资标准,鼓励农民工创业企业二板市场上市融资。建立欠发达县域风险投资基金和股权交易中心,吸引社会闲散资金、民间资本入股风险投资基金,依托 BOT 和 TOT 项目融资方式大力发展县域基础设施建设。第四,构建县域金融支持保障体系。搭建县域高效行政服务体系,正确处理政府与金融机构、企业的关系,充分发挥市场配置资源的主导作用,统筹协调金融发展,以优势互补、互惠互利为原则,以促共同发展、实现共赢为目的,充分调动各方的积极性,打破条块分割和部门壁垒,形成经济与金融耦合的良好环境。县域政府创造良好企业和个人信用体系,维护金融机构债权利益,建立融资抵押担保体系,完善金融稳定和监管体系,放宽金融机构经营自主权,真正搭建公平的县域金融支持保障体系。

二、县域银行的战略构想

为助推县域经济金融的协调发展,国外许多国家都采取不同的金融措施有力支持县域的经济发展,并取得一定的成效。从国外金融机构和政策经验来看,具有政策性银行和商业银行多重职能的县域地方性银行才能满足实际的金融需求,体现县域经济和农民工创业企业的发展特征,同时要适时匹配地方性金融支持政策。因此,县域需要科学借鉴国外先进经验,组建支持县域经济发展和农民工创业企业的地方性银行。为进一步健全和完善县域的金融组织体系,必须结合县域经济发展的实际情况,由政府牵头组建、财政出资,成立县域地方性银行,专门用于支持县域经济社会的发展。第一,县域地方性银行的必要性。县域经济发展和对外开放需要长期稳定的资金渠道,区域性专门银行的设立可以弥补县域现有金融体系的不足,设立县域地方性银行是非常必要的。在县域设立地方性银行将更直接为县域经济社会服务,其贷款的对象、用途、期限、利率等方面体现县域经济的需求。县域地方性银行可实施以市场为导向的县域资源支持战略,大力扶持县域资源开发利用的资金需求,加大对能源开采、加工供应、资源开发、加工设施、物流产业、特色农副产品的金融支持,成为名副其实的县域最有力的金融机构,达到取之于县域,用之于县域,可以吸引更多的资金流入县域,推动县域经济社会的发展。第二,县域地方性银行的总体定位。根据县域区域协调发展的战略目标,基于经济社会发展的实际情况,县域地方性银行必须定位为“面向县域、精准扶贫、持续发展”的政策性银行机构。组建县域地方性银行必须从县域的区情出发，实行独立核算、自主经营、责权统一，建立科学严格的投融资决策责任制，建立健全高效的组织架构，提高经营效率，择优选定项目，负责配置资金及发放政策性贷款。第三，县域地方性银行的模式构建。县域地方性银行可由国家负责经营管理，保本或微利经营。根据县域的政策性金融需求，县域地方性银行资本金为10亿元左右，国家或财政部应全额出资，县域地方性银行其他资金来源主要是向金融机构发行各类金融债券，财政提供部分建设资金和财政贴息资金。对县域贫困地区的政策性贷款由国家财政全额贴息，并专项列入年度预算，中国人民银行根据计划对县域地方性银行给予再贷款支持，县域地方性银行出现头寸短缺时，由中国人民银行提供临时贷款。第四，县域地方性银行的运作机制。县域地方性银行的资金运用主要包括两部分，首先是软贷款，即县域地方性银行注册资本金的运用，县域地方性银行采用长期优惠贷款的形式投资县域重点建设项目。其次是硬贷款，即县域地方性银行借入资金的运用，包括发行的金融债券等，县域地方性银行将借入资金直接投资于县域重点建设项目。审批的县域基础设施、基础产业建设等政策性项目，需要县域地方性银行配置资金的，由县域地方性银行进行贷款条件审查和财务评估后统筹配置资金。其他政策性项目及有利于加快县域经济发展、改善投资环境的项目，由县域地方性银行签订合作协议，在保证收益能够弥补成本的前提下，由县域地方性银行提供资金支持。

三、县域金融的发展路径

县域应充分发挥政府宏观调控的窗口指导和桥梁纽带作用，通过实地调研等多种形式，为银企牵线搭桥，促进农民工返乡创业与县域金融支持的衔接，引导各级金融机构在县域间、产业间合理实施贷款配套，从而实现县域经济金融的协调发展。

(一) 完善金融组织体系,统筹县域金融持续发展

当前,县域金融组织体系发展较为缓慢,从一定程度上制约了县域经济的发展,因此,要从推进县域经济发展的实际要求出发,不断完善金融组织体系建设,满足县域农民工创业企业的金融需求。第一,鼓励金融机构设立县域分支机构。在金融机构发展规划上统筹考虑县域分支机构的布局和设点,坚持统筹规划、科学布局的发展思路,设立经营实力强、管理水平高、服务能力优的各类金融机构,采取行之有效的措施鼓励新型金融机构入驻县域,不断增强县域中心城镇的金融集聚力和影响力。同时,鼓励国有商业银行、农村信用社、政策性银行等金融机构增加分支机构,促进金融机构网络向县域、乡镇的延伸,持续提升金融深化的程度。第二,统筹规划布局乡镇金融服务网络。紧跟县域乡镇经济发展布局和规划,出台金融机构在县域乡镇设立分支机构的优惠政策,做好有关政策的宣传和引导工作。积极引导国有控股银行、股份制银行、地方法人银行、农业发展银行等金融机构到乡镇设立金融服务网点,提高金融机构设立分支机构审批的效率,简化设立分支机构的审批环节和程序,逐步消除县域乡镇的金融服务盲区。第三,积极发展地方非银行金融机构。密切关注县域经济发展的方向和步伐,加强与政府的沟通联动,争取成立由国家牵头注资、相关省市参股的非银行金融机构,通过各类非银行金融机构的组建,发挥区域性非银行金融机构对县域经济发展的资金支持作用,利用新型金融工具和非银行金融机构为县域经济社会发展提供强有力的支持。同时,鼓励县域设立小额贷款公司、典当公司、担保公司等机构,不断增强金融服务“三农”的综合实力。

(二) 提高信贷资金投入,满足经济发展资金需求

在宏观信贷政策上,县域应实行差别化的信贷政策,适度调节

县域的存贷比,引导金融机构将存款用于支持当地的经济发展,以满足农民工创业企业的资金需求和全方位的金融需求。第一,继续加强窗口指导疏通政策传导。县域应实行适度宽松的货币政策,政府、人民银行及监管部门应出台适应县域经济发展的金融特殊政策,充分运用金融运行分析会、信贷联席会、银企座谈会等平台,增强窗口指导和政策引导。完善各级政府、发改委、经信委、人民银行、银监局等部门间的汇报沟通机制,及时宣传最新金融政策,加大信贷政策导向效果评估力度,充分利用财政、金融监管和社会舆论等方式提高信贷政策执行力,配合地方政府出台完善金融发展和金融支持的激励奖励机制,通过激励约束机制引导信贷资金总量的扩大,从而有效解决经济发展中最关键的资金瓶颈问题。第二,引导商业银行改进信贷管理机制。立足县域经济发展总体规划和农民工创业的实际需求,结合县域产业特色,积极争取适合县域的信贷倾斜和优惠政策,在风险可控的前提下,积极引导商业银行改进和完善符合农民工创业企业发展实际的信贷管理机制,适当下放分支行贷款审批权限,科学合理地确定商业银行县域支行的授信和贷款审批额度,适当放宽农民工创业企业的贷款条件,科学合理地评判贷款考核指标的要求,加大对农民工创业企业项目资金的匹配力度,满足农民工创业企业项目的资金需求。第三,鼓励新增存款合理转化信贷资金。加快落实县域法人金融机构把新增存款一定比例合理转化为新增贷款的工作,相关部门应加强组织领导,明确各部门的职责,制定科学合理的考核办法和评价体系,充分发挥正向激励政策的作用,增强对法人金融机构的扶持力度,促使金融机构切实加大农民工创业企业信贷资金的投入力度。国家应出台特殊信贷扶持政策,确保县域贷款增速持续快速增长和信贷资金配置科学合理,解决县域金融机构贷存比差异大的问题,着力发挥县域金融的支撑作用。第四,研究制定信贷配套政策和实施方案。加强信贷监测分析,深入研究优惠政策出台对县域经济发展的影响,及时评估信贷政策实施效果，研究制定具体的信贷配套政策及细化措施，金融机构应加强与所在地政府的协作配合及信息沟通交流，深入研究各项政策和措施的具体落实情况，及时掌握相关信息，调整、细化金融服务跟进的具体措施，加强人民银行统计监测、调查研究工作，为科学决策提供准确、有效的信息支持。

（三）突出金融支持重点，提升经济薄弱环节服务

县域经济发展中的薄弱环节是金融支持严重不足，尤其是对“三农”信贷资金和农民工创业企业贷款方面投放不足，这已成为制约县域经济发展的关键难点。第一，保证基础设施重点项目资金支持。结合县域经济社会可持续发展的实际需求，应突出重点支持领域，抓住关键投资项目，切实做好县域重大基础设施、重点项目和对口支援项目的配套资金支持。金融应重点支持县域铁路、高速公路、热电项目、电网工程、农村通信、应急通信等水利、交通、电力和通信方面的重大设施项目建设，加大对县域重点旅游基础设施、宾馆酒店等领域的资金支持，促进县域旅游业、餐饮业等第三产业的飞速发展。同时，依据县域经济社会发展总体目标要求和重点领域及项目规划，充分利用银团贷款、联合贷款、异地系统内机构合作等新型金融工具满足资金需求，保证基础设施和重点项目配套资金支持到位。第二，以“三农”信贷投入来稳固农业基础。充分发挥央行货币政策工具的引领作用，将“三农”金融服务作为县域金融支持的重点，加大对县域支农再贷款的倾斜力度，增加专项支农资金，及时满足农村信用社支农资金缺口，加大涉农贷款增量奖励的力度，提高支农覆盖率，促使金融机构进一步拓宽支农服务领域。继续发挥好农户小额贷款优势，全力满足粮棉、瓜果、畜牧、区域特色农作物和设施农业发展的资金需求，按照县域建设西部特色农副产品精深加工基地的契机，大力发展戈壁产业，加强对农牧副产品精深加工产业化龙头企业的金融支持力度，积极配置产品加工产业

链、流通主体和营销网络,全面提升传统产业层次。积极推进农业保险发展,在县域率先启动和推进特色林果业、畜牧业等政策性保险,积极推进农村信贷与保险相结合的银保互动机制建设,彻底改善农村信贷环境,加大金融支持农业发展力度。第三,有效支持农民工创业企业的发展。县域应加快贯彻落实中共中央关于促进中小企业发展的相关意见,积极配合相关部门制定农民工创业企业的贷款增量奖励资金管理办法,加大激励政策的落实力度,加大再贴现货币政策工具的引导,鼓励金融机构对农民工创业企业信贷资金投放热情。加强金融市场债务融资产品推介,拓宽企业融资渠道,鼓励金融机构积极推动符合条件的农民工创业企业发行短期融资券、中期票据和集合票据等直接融资工具。实现企业融资形式的多样化,督促金融机构设立农民工创业企业金融服务专营机构,优化信贷流程,创新信贷品种和服务方式,改进对农民工创业企业的信贷服务,扩大贷款抵押担保物范围,切实满足农民工创业企业短、频、急、小的资金需求。第四,提高民生保障工程金融服务水平。县域应认真贯彻落实小额担保贷款政策,进一步完善"小额担保贷款+信用社区建设+农民工创业培训"的联动工作机制,扩大小额担保贷款覆盖范围和额度,为吸纳农民工返乡创业的企业提供低利率的信贷资金支持。进一步研究农民工创业企业贷款管理办法,协调配合有关部门尝试建立贷款风险担保基金,解决银行不良资产严格控制的后顾之忧,提高金融机构发放贷款的积极性,结合县域民贸、民品生产企业多的特点,做好优惠利率的贴息工作,提高贴息政策的执行力,通过建立各相关部门共同参与的农民工创业企业贴息贷款工作平台,实现信息资源共享,充分发挥农民工创业企业信贷扶持政策实效。密切关注农民工创业企业在县域的项目,及时了解项目在资金划拨、结算、项目建设配套资金等方面的金融服务需求,引导各金融机构做好项目的配套信贷资金支持和金融服务工作。

（四）优化金融生态环境，促进经济金融协调发展

县域要营造金融生态环境的良好氛围，最大限度地用好国家的各项扶持政策，提高资金的使用效率，争取在较短时间内实现经济社会的快速发展，为农民工创业提供良好的社会、经济和金融环境。第一，切实加强金融基础设施建设。县域金融需要积极推进支付系统建设，农村地区大小额支付系统全覆盖，加大新进入县域金融机构支付结算系统的建设步伐，及时畅通清算渠道，加快地方性中小金融机构的支付结算体系建设，通过增设自助设备等措施减少支付服务盲区。通过加快国库管理系统信息化建设，提高国库资金的使用效率，尽快完成财税库横向联网、国库管理信息系统和国库会计数据集中系统建设，积极助推财税改革，保障县域跨越式发展转移支付资金安全及时到位，不断提升民生服务能力，创新国库直接办理集中收付业务，配合财政政策的有效实施，实现涉农补贴资金直接拨付到农民手中。第二，全面推进社会信用体系建设。县域政府部门要充分发挥金融生态环境建设的主导作用，联合工商、税务、法院、金融机构等多个部门，对现存的制度按照市场、法治、诚信的要求进行规范，引入新的机构、制度和机制，使金融生态更加丰富完善，构建一个经济金融和谐发展的金融生态环境。结合县域社会信用体系建设基础和实际，根据统筹规划、分步实施的原则，依托人民银行企业和个人征信系统，实现信息共享，满足金融生态环境建设需要，为县域经济社会实现跨越式发展奠定基础。通过加快农民工创业企业信用体系建设，建立农民工创业企业信用档案，积极引导金融机构、商业机构和社会服务机构对信用记录优良的农民工创业企业给予一定的优惠和便利，完善信用担保体系建设，为农民工创业企业高效融资提供便利条件。通过加快农村信用体系建设，使县域优秀信用户、信用村、信用乡镇占比提高，企业和个人信用环境明显好转，经济金融实现良性互动。第三，不断创新经济金融运行环

境。县域要积极筹措“农民工创业专项资金”，政府用财政资金作为启动资金，利用财政资金撬动信贷资金的有效投入，满足县域金融发展的需要。出台有利于金融机构、证券机构和保险机构发展的市场准入、业务准入等方面的优惠政策，大力宣传金融知识，提高群众金融知识的普及率，增强金融机构管理者的业务能力和经营能力，创造良好的金融人才培养环境，推动金融制度创新，完善金融服务体系，加强县域的金融稳定协调机制建设，设立适合县域经济金融发展的金融稳定协调机制，通过金融信息和数据共享，加大反洗钱工作力度，突出恐怖融资工作重点，深化反洗钱协调合作机制，有效预防和打击洗钱和恐怖融资犯罪活动，切实维护经济金融安全和社会稳定。

参考文献

1. 张红宇、厉以宁、艾丰、石军等：《新型城镇化与农地制度改革》，中国工人出版社 2014 年版。
2. 黄季焜、郜亮亮、冀县卿、罗斯高等：《中国的农地制度、农地流转和农地投资》，格致出版社、上海三联书店、上海人民出版社 2012 年版。
3. 熊智伟：《农民工返乡创业决策影响因素研究》，经济管理出版社 2014 年版。
4. 黄晓勇、张春勋等：《基于结构化视角的农民工返乡创业研究》，经济科学出版社 2013 年版。
5. 《关于支持农民工等人员返乡创业的意见》，人民出版社 2015 年版。
6. 丁志勇：“县域经济的金融支持”，《中国金融》2015 年第 20 期。
7. 丁志勇：“欠发达地区经济发展与金融支持研究”，《新疆社会科学》2012 年第 5 期。
8. 丁志勇、任佳宝：“少数民族地区金融支持经济发展的实证研究”，《统计与决策》2010 年第 16 期。
9. 丁志勇：“欠发达民族地区金融支持研究”，《学术论坛》2010 年第 10 期。

（丁志勇，北京大学光华管理学院，中国工商银行股份有限公司；马杰，中国社会科学院世界经济与政治研究所；封世蓝，北京大学光华管理学院；闫大伟，河南省纪律委员会）

福建农民工的成长路径和原因分析

郑高文　黄文川

“农民工”，指“身在城市从事非农业工作的农业户口的工人”。习近平总书记强调：“农民工是改革开放以来涌现出的一支新型劳动大军，是建设国家的重要力量。”农民工的收入并不高，但是他们为中国城镇化建设做出了突出贡献，在这个群体中也涌现出很多优秀的企业家，他们不屈从于命运的安排，凭借自己的努力取得成功，并且在事业有成后，以自己的方式回馈社会，他们的事迹及身上的品质值得我们去品读和学习。

福建是中国改革开放比较早的地方，民营企业比较发达，存在大量农民工，也涌现一批批成长良好的农民工。研究这些优秀的农民工成长路径，分析他们事业成功的原因，对我们全面了解福建经济发展，了解农民工群体对中国经济发展的巨大推动作用，有很大的帮助。本文着重介绍杨英、曹德旺和陈发树等三位福建成功企业家，研究他们如何从农民工成长为著名企业家。

一、梅花香自苦寒来——三位福建籍农民工的成长之路

（一）为孩子们未来办教育的杨英

杨英，福建省漳州市平和县人。1978 年，15 岁的杨英在砖厂做工，每天赚 1 元钱。如今，她创建的英才企业集团已经营 20 余年，先后在民办教育、高端地产、生物制药领地里精耕细作，并培育了“英才教育”和“龙湾别墅”等受人尊重的行业品牌。

“信仰，给了我智慧和动力”

杨英认为，“家庭是社会的细胞，家庭和谐了，企业才能和谐，企业和谐了，社会就更加和谐。而家庭、生活和事业里的各种烦恼，根本上是人的信仰出了问题。”对于企业的经营底线和治理之道，杨英始终奉行其朴素而虔诚的因果定律。

当时杨英已从菜市场的个体户干起，做过很多行业。由于是单亲家庭，她只身一人既要打理生意，还要照顾孩子。实在忙不过来，就让两个儿子寄住在老师家里。但两个淘气的小家伙经常跑丢。

于是她便产生一个强烈的念头：创办一个让家长放心的寄宿制学校，这就是杨英之所以二十年来潜心办教育的原动力。在厦门英才学校创办之初，就通过“高薪养廉”和严厉的反腐机制来保障教职员工以高尚的师德为学生提供健康的教育。杨英说道：“如果师德有损，那就不是百年树人，而是毁掉了学生的精神世界，毁掉了人家几代人的希望。”

“建设富有漳州特色的精品商会”

“乡亲们推选杨会长出来，不仅由于她企业做得好，还在于她的奉献精神。”北京漳州商会秘书长赵永新介绍说。

杨英不仅创办学校，同时还担任北京漳州商会会长，帮扶乡里，回馈乡亲。在建设富有漳州特色的精品商会上，始终围绕“凝聚乡情，共谋发展”的办会宗旨，达成“两个共享”，会员资源的共享，商会平台的共享；实现“两个沟通”，会员之间的沟通，会员与两地政府之间的沟通；完善“两个服务”，为会员群体服务，为两地经济与社会发展服务。

她以身作则，敢于担当，始终秉持一颗为所有企业会员着想的公益心。本来商会确定会长的会费标准是一届交 150 万，她自己主动增加到 300 万，包括商会办公场所也无偿提供。她带头营造公正、公平、透明的办会机制，在发展会员方面，注重企业的德行，不要求数量，而求质量，培育商会正能量。在投资项目上她始终秉着对会员负责任的态度，先自己去尝试，等真的尝到了甜头，而且事实证明利润回报比较稳定，又没有太大的风险，才让这些小企业跟着一块儿投。

“中国是永不沉没的大篮子！”

杨英回忆说，厦门英才学校里有数十位来自美国的职员，曾屡次有人建议她投资移民美国，杨英则表示要坚决留在自己的国家，因为“中国市场是一个永不沉没的大篮子”，这个充满机遇的大篮子当然会有某些经营风险，但她会“把鸡蛋放在篮子的不同角落里”。而不去美国的原因，则因为那是一个“好山好水好寂寞”的地方，没有中国的生活有趣，而且她害怕在国际航班上长时间飞行……

当然，也有试图来说服杨英的人，一番价值观的互动之后，往往转化为有益于凝聚英才文化精神的定力和远见。尽管“害怕坐飞机”，但杨英并不是一个缺乏勇气的人。一旦确信某个项目符合她的商业逻辑和个人信条，就会果断行动，数十年如一日地坚持下去。

(二)把工厂设到美国本土的曹德旺

曹德旺,一个让国产汽车玻璃走向世界的实业家,中国第一、世界第二大汽车玻璃制造集团的“当家人”,他以自己的方式力所能及地造福社会。

“过好日子的美好愿望”

9岁才上学、14岁就被迫辍学的曹德旺,在街头卖过烟丝、贩过水果、拉过板车、修过自行车,经年累月一日两餐食不果腹,在歧视者的白眼下艰难谋生,尝遍了常人难以想象的艰辛。那是精神和肉体蒙受的双重苦难,但他并未逆来顺受,而是不断地与命运抗争。早年的这些苦难,让曹德旺过早地体会到了人世间的冷暖,也磨砺了他坚忍的性格。他坚信,靠勤劳的双手能改变命运,他要让全家人“把日子过得好一点”。

“没送过一盒月饼”

1976年,曹德旺开始在福清市高山镇异形玻璃厂当采购员,他的工作是为这家乡镇企业推销人称“大陆货”的水表玻璃。1983年,曹德旺承包了这家年年亏损的乡镇小厂,将主业迅速转向汽车玻璃,彻底改变了中国汽车玻璃市场100%依赖进口的历史。1987年,他集资627万元,成立福耀玻璃有限公司。目前是中国第一、世界第二大汽车玻璃供应商。他是不行贿的企业家,他“没送过一盒月饼”,以人格做事。

荣获“安永企业家奖”

1993年,福耀玻璃登陆国内A股。是中国第一家引入独立董事的公司。是中国股市唯一一家现金分红是募集资金高达5倍的上市公司。多年来,福耀坚持每年投入巨额研发费用。今天,福耀玻璃的部分高新技术产品代表当今世界上最高的制造水平,并拥有独立的知识产权。福耀公司生产的汽车玻璃占中国汽车玻璃70%的市场份额的同时,还成功挺进国际汽车玻璃配套市场,在美国、德国、俄罗斯、瑞典、法国、意大利都设有工厂，成为世界第二大汽车玻璃厂商，在竞争激烈的国际市场占据了一席之地。

2009 年 5 月 30 日，曹德旺获得安永全球企业家大奖。这也是该奖项设立以来，首位华人企业家获此殊荣。有着企业界奥斯卡之称的“安永企业家奖”于 1986 年在美国首次举办，表扬拥有卓识、领导才能及成就并能启发他人的企业家所做出的贡献。历年来全球最成功及最富创新精神的杰出企业家获此殊荣。

“人活一世，就是为了给他人带来幸福。”

作为一名杰出企业家的同时，曹德旺也用自己的方式回馈社会。他是行善的佛教徒，从 1983 年第一次捐款至今，曹德旺累计个人捐款已达 60 亿元，认为财施不过是“小善”。曹德旺认为：“中国的希望在于中国人自己的觉悟。如果每个行业都有人执着地把自己的事业与国家联系起来，而执着于这项事业的人，不但能够成为这个行业的领袖，为自己与社会创造财富，而且有机会跻身于世界这个大舞台，为世界创造价值和财富。”

他是一个真实的人，从不矫饰内心的想法；他是个坦荡的人，没有什么不可以推心置腹地与人交谈，他可以充满爱意地谈他大字不识的结发妻子；他想力所能及地造福社会，普度众生。他信佛，他说：“人活一世，就是为了给他人带来幸福。”

（三）缔造传奇商业神话的陈发树

陈发树，一个因家境贫寒连小学都未能够读完的农村子弟，一位可能当时还无法写出自己名字的人，缔造了传奇的商业神话，成为中国著名企业家，新华都实业集团创办人及董事长、武夷山旅游股份副董事长、紫金矿业董事。

“过年吃顿猪肉白菜饺子”

1961 年，陈发树出生于福建安溪，兄妹 7 人。打他懂事起，一到放学就跟着几个哥哥跑生产队，割草、放羊、挣工分，只为盼着父亲年底能多领回1斤玉米面“过年能吃顿猪肉白菜饺子”。1972年春天,家里实在没有多余的口粮。看到3个弟弟妹妹饿得哇哇直哭,已是四年级学生的陈发树直接收起书本,“不上学了,省下学杂费给弟弟妹妹买土豆吃!”

“发家起于木,不限于木”

1982年,赶上我国实行改革开放政策,经济强势复苏,林场里运木料的车队一天要在福州、厦门跑好几个来回,业务自然蒸蒸日上。陈发树从安溪坐上一辆满载木料的货车来到厦门。返回后,他坐公交车去了一趟厦门,很快就和一家公司签订了一份运送木材的合同书,两车木头赚了1 000多元。先是汽车运,再是火车托运,到1986年,他已成为泉州较大的木头贸易商,在厦门购置了第一套房产。

1987年,陈发树开始事业“转型”,将其房产作担保,添置一部三轮摩托车,和两个弟弟一起开始帮一家8平方米的小店拉货,后盘下该店。

1995年1月8日,陈发树来到福州,在福州东街口开了新华都百货,与当时福建商业老大的东街口百货集团隔街相对。1997年,新华都将属下部分优质资产进行改制重组,诞生了新华都实业集团股份有限公司,注册资本1.06亿元,陈发树持股71%。这是陈发树真正的事业转折点。此后,福州火车站新华都商城、厦门湖里区商场、五四路新华都购物广场等相继成立。

紫金“造富”神话

战略眼光很大程度上决定了你的人生有没有转折点,这句话在陈发树上得到充分的印证。陈发树结识了一生中的黄金拍档陈景河,并于2000年9月成功入股紫金矿业,一跃成为公司第二大股东。

2000年紫金矿业进行股份制改制,当时的评估值仅仅不到1.5个亿,按1.505∶1的比例设立,股份数是9 500万股,陈发树通过三家关联公司的总出资金额实际仅为3 359万元。2008年4月,紫金矿业回归A股市场,陈发树所持股权按7.13元每股的发行价计算,市值为155.29亿元，短短8年增长高达约460倍。

9年间，陈发树长袖善舞于资本市场，俨然资本高手，先后参股青岛啤酒、华福房地产、鑫点击网络等13家公司，跨越资源、饮料、药品、房地产、信息技术等8个行业。

慈善“大手笔”

陈发树的生活一直很“简单”，他没有游艇，不怎么旅游，也没有什么奢侈消费。过去他还爬山，现在只是打打高尔夫球，打一天下来也不过花掉500元，在高尔夫球场吃顿38元的套餐。不过，这个48岁的中年男人两年前就已经开始考虑如何对待自己财富的问题了。2010年1月，新华都慈善基金捐资5亿元，成立闽江学院组建商学。闽商首富陈发树出资1亿元成立福建新华都慈善基金会，宣布股捐83亿。2011年4月26日，荣获2011中国慈善排行榜十大慈善家称号。媒体评论：陈发树不是第一个把自己的资产捐赠给慈善基金的中国老板，但“新华都慈善基金”却是中国第一个“盖茨”式基金，是目前为止中国规模最大、个人出资的民间慈善基金，陈发树也是第一个在48岁就捐出近一半财产的年轻富豪。

从捐款捐物到股权捐赠，是中国企业家慈善观念的一个巨大进步。但是进步的路途是孤独和坎坷的，陈发树和新华都慈善基金会正在通过自己的行动，为中国企业家慈善开辟一条康庄大道。

二、成如容易却艰辛——福建农民工成功原因分析

杨英、曹德旺、陈发树他们是农民工的杰出代表，他们从不抱怨自己的出身，从零开始，努力奋斗。为了脱贫，他们激情燃烧、任劳任怨；为了事业，他们夜以继日，废寝忘食。虽然少年时失去受教育的机会，但他们“崇拜”并支持着教育事业，他们勤劳奋斗，能把握机遇，有长远的战略眼光和慈善的心，他们激励着新一代农民工为幸福生活努力奋斗，为中国城镇化建设再立新功。

（一）勤劳奋斗

勤奋是认认真真，努力干好每一件事情，不怕吃苦，踏实工作。华罗庚曾说过："勤能补拙是良训，一分辛劳一分才。"囊萤映雪、悬梁刺股、鸡鸣而起是勤奋的真实写照。

勤奋是成功的基石，是中华民族传统的美德。王羲之是东晋有名的书法家。他每天坚持练字，练完后就在家边的一口池塘里洗笔。这样日复一日，竟将整口池塘的水染成了黑色，像墨一般，于是人们把这口池塘叫作"墨池"，也叫"洗砚池"、"洗笔池"。爱迪生做了几万次实验才发明电灯。居里夫人，历经 12 年的实验，不怕挫折失败，从几十吨的矿物中提取了 0.1 克镭。古往今来，勤奋是人们获取成功的必要前提，也是我们每个人都应该具备的良好品格。唯有勤奋，才能创造一个人事业的成功与辉煌。

《传灯者 · 古训》："读书养才气，勤奋养运气，宽厚养大气，澹泊养志气。"通常人们认为，运气就是靠碰的。其实不然。所谓同声相应，同气相求，整个《周易》都在强调"感应"。古语也说，祸福无门，惟人自召；夫心起于善，善虽未为，而吉神已随之；或心起于恶，恶虽未为，而凶神已。勤奋就可以养运气。一个人勤奋，善于做好准备工作，每当时机来临，自己便会受益。正如现在网络所流传的一句话"越努力越幸运"。

最宝贵的勤奋，不光是身体上的勤奋，而且是精神上的勤奋，勤奋靠的是毅力，是永恒。在我们这些商界大佬们成功的背后，是无比寂寞的勤奋。玻璃大王曹德旺年少时，开始冒着被扣上"投机倒把"帽子的危险帮着父亲倒烟丝。到了 1966 年左右，烟丝生意难以为继，于是改做水果生意。每天凌晨 3 点多就出发，从高山公社骑自行车赶到福清县城时天刚放亮，等果农来了就开始与他们讨价还价，谈定价格装好水果后差不多已到中午，就地自己煮饭，吃完后是中午十一二点，一般温度是 40 度左右，驮上 300 斤水果，那时候感觉就像是在火里穿行,回到高山大约是4点到4点半,等把一车的水果全都批发给商贩后一般要到6点。如此一个回合下来能从中赚取的差价约为两元钱。这是一家人赖以生存的两元钱,然后就匆匆赶回家,到家吃完饭差不多就到了八九点,这时候就要赶紧去睡觉,否则第二天就起不来了。看着营养不良的孩子长期透支体力,他母亲经常偷偷流泪。就这样,他每天残酷地向体能极限挑战。

(二)善于把握机遇

快跑的未必能赢,力战的未必得胜,智慧的未必得粮食,明哲的未必得资财,灵巧的未必得喜悦。所临到众人的,是时间与机会,“机不可失,失不再来”。21世纪是信息化时代,把握机遇并抓住机遇的能力显得尤为重要,更是企业家取胜的法宝。

为什么很多人都不能抓住成功的机会呢?因为他们都是选择了“万一……怎么办?”实际上大部分机会都是在选择了“万一”之中失去的。对待机会只有一个办法,抓住它!机会就是这样,从不对某一个人格外青睐,也不会对谁格外吝啬。

一般而言,机会到来的时候都是不被看好的,但结果都是非常好的。如80年代初期摆地摊,如90年代初期的股票,很多机会很多事情都是在反对声中开始,在议论声中发展,在掌声中成熟或结束的。机会是什么?机会就是:别人不知道你知道了,别人不明白你明白了,别人犹豫或不做而你果断地做了。当别人知道了,明白了,想要做时,你已经成功了!机会就是这样,总是偏爱少数人,因为大部分人都有一种惰性,喜欢跟风,人云亦云,所以机会总是给懂得把握的人准备的。

在变幻莫测的市场中,杨英之所以能够取得成功,是因为她抓住了可以长期投身其中的趋势性商机。当时杨英由于自己的家庭实际情况产生一个强烈的念头:如果有个让家长放心的寄宿制学校该有多好!不久,一位接受杨英委托的金融界朋友给她提供了来自权威渠道的数据:1994 年,全国城乡居民的储蓄存款为 6 万亿。得到这个数据,一个大胆的预测在杨英的脑海里如电光石火般展开:如果我有 30 万,肯定是拿出 10 万块培养孩子,10 万块用作买房的首付,再留下 10 万以备大病医疗等不时之需。照此推算,6 万亿存款少说应有 2 万亿会陆续被投入教育中,即便只有 1%“先富起来的人”愿意接受封闭式管理的寄宿制学校,全国也会有 200 亿的盘子。“我做生意从来不愿跟在人家后面跑!”杨英回忆说,经过这一番精算和对未来教育市场的预测后,自己也被吓了一跳:“你到时候临时抱佛脚再来办高质量的学校肯定是来不及的,少年强则国强啊!”后来英才学校在民办教育领域的成功和品牌号召力,也印证了她二十年前的分析和预测。

(三) 战略眼光

中国社会主义改革开放和现代化建设的总设计师邓小平的谈话中经常用到一个词——百年,比如“‘绿色革命’要坚持一百年”、党的“一个中心、两个基本点”的基本路线“要管一百年”等。以百年为期,这个看似不经意的时间概念,透露、折射出邓小平长远的战略眼光,“风物长宜放眼量”,投资也要有战略眼光,企业的长足发展也离不开长远的战略眼光。

优秀的战略布局是取得胜利的必要条件,良好的预判力决定了企业最后的成功走向。企业大局的掌控力,主要体现是企业战略的合理性,对于用户痛点的预判,对于市场走向的预判,对于政策的预判,对于系统性风险的预判等都直接影响着企业发展的成败。企业经营战略就像是企业的灵魂,是企业发展的最开端。

秦,战国时代的独角兽,在战国时期并非绝对的强国,甚至秦穆公的春秋五霸的名号都只是后世“追认”。而公元前 230 年,秦发兵灭韩,公元前 221 年,秦灭齐,嬴政称帝,从头到尾用了 9 年。那么,究竟是什么让一个并非天下霸主的秦,完成了统一大业呢?是战略。战国独角兽秦国,因其 CEO 嬴政的战略眼光,完成了历史上的第一次大一统。相反,也正是因为没有正确战略眼光,其他六国互相猜忌,不能同心,以至于逐个被秦国所吞并。

市场是一个残酷的战场,有着激烈的竞争,在规律的涌流里,如果你不能找准位置和方向,站稳脚跟,或将被市场吞噬,甚至连被收购的价值都失去了。不谋万世者,不足某一时,不谋全局者,不足谋一域,企业,也应该要有秦王扫六合的战略眼光,要有能站在行业顶端的决心与毅力,"秦王扫六合,虎视何雄哉"。

儿时的陈发树家境贫寒,甚至小学都未能够读完,但就是这样一位可能当时还无法写出自己名字的人,缔造了如今的商业神话。从 1995 年创立新华都百货到 2000 年入股紫金矿业,2003 年介入房地产开发、参股武夷山旅游,再到 2008 年运作新华都上市、2009 年以 2.35 亿美元接手青岛啤酒 7% 股权,陈发树以零售为依托起家,再转型投资的财富积累路线清晰可见。正是凭借对投资的敏感性,短短十几年,陈发树涉猎百货、矿产、旅游、IT、医药、啤酒、地产、酒店等诸多行业。

(四)慈善的心

孔子曰:"故,人不独亲其亲、不独子其子,使老有所终、壮有所用、幼有所长、矜寡孤独废疾者皆有所养。"孟子在描述心中理想的社会时说:"老吾老以及人之老,幼吾幼以及人之幼。"慈善是中国悠久传统的一种美德,源远流长,不管是理论上,还是实践上。

慈善不是钱,是心。有一个关慈善的故事。在得克萨斯州的一个庄园里,正举行一场为非洲贫困儿童募捐的慈善晚宴。应邀参加晚宴的都是富商和社会名流。一位老妇人领着手捧储钱罐的小女孩露西被保安拦在了门口。保安安东尼解释道:"应邀参加的都是很重要的人士。很高兴你们带着爱心来到这里,但是,我想这场合不适合你们进去。""叔叔,慈善的不是钱,是心,对吗?"小女孩露西天真地问保安。她的话让安东尼愣住了。安东尼之所以会愣住，因为他也知道：慈善不是钱，是心。每一个具有慈善心的人，哪怕只捐一元钱也都是慈善家。但如今不少人认为，慈善只是有钱人的消遣，跟自己这种平民百姓没多大关系，故对这方面不闻不问、从不关注。这种观念是错误的。

中华慈善总会曾有一项统计表明：中国拥有 80% 以上社会财富的富人，对慈善事业的捐赠小于 15%。与之形成强烈反差的是，中国却是世界上最大的奢侈品消费市场之一。其实且不说富人，就算是城市里的普通人，把一顿大餐或一件名牌衣服的钱节省下来，也足以资助贫困地区的孩子上学，从而改变他们一生的命运。

慈善是心更是行。胡润研究院发布《2017 胡润全球华人大慈善报告》，列出了 58 位历年慈善捐赠额超过 5 亿元的在世华人大慈善家，李嘉诚领衔主演；闽商中，曹德旺排在第一。这些企业家都以自己的方式践行着社会慈善事业，陈发树，在他赚到人生中的第一个 100 万元人民币时，捐出了 30 万元人民币；在他赚到人生的第一个 1 000 万元人民币的时候，他捐出了 300 万元人民币。杨英倾注一生心血，创建全日寄宿制民办公助学校，创办学生读书求知的学园，陶冶品性的乐园，亲近自然的花园，实现大学梦的校园。观察一下的杨英、曹德旺、陈发树，我们可以发现他们绝大多数都是崛起于微末之际，发家于市井之间，都是从社会底层，通过奋斗而拥有惊人的财富。在成就自己的财富传奇之后，他们更理解需要帮助的弱势群体的需求，也更愿意奉献自己的爱心为弱势群体助力。

参考文献

1. 曾远力："福建农民工权益保护现状、问题与对策——基于劳动合同的视角"，《龙岩学院学报》2014 年。

（郑高文，厦门大学管理学院；黄文川，天津日报）

供给侧结构性改革与农民工创业

罗来军

一、供给侧结构性改革为农民工创业提供更多空间

供给侧结构性改革涉及改革的多个方面,其中有很多改革内容能够为农民工的创业提供更多的渠道和空间。为了充分理解这一问题,我们首先分析一下供给侧结构性改革的相关内容。供给侧结构性改革,就是从提高供给质量出发,用改革的办法推进结构调整,矫正要素配置扭曲,扩大有效供给,提高供给结构对需求变化的适应性和灵活性,提高全要素生产率,更好地满足广大人

民群众的需要，促进经济社会持续健康发展。中共中央总书记、国家主席、中央军委主席、中央财经领导小组组长习近平在 2016 年 1 月 26 日下午主持召开中央财经领导小组第十二次会议上强调，供给侧结构性改革的根本目的是提高社会生产力水平，落实好以人民为中心的发展思想。

如果供给侧结构性改革做到更好满足广大人民群众的需要和促进经济社会持续健康发展，以及落实好以人民为中心的发展思想，就需要重视农民工问题。农民工的规模非常庞大，已经成为我国经济建设、社会发展中的一支重要力量。农民工总数量在 2016 年达到了 28 171 万人，虽然农民工的每年增速在近几年来逐步下降，但农民工的总量是不断地上升的，这使得农民工的规模不断壮大。具体参见图 1。农民工在生产和服务领域的作用也越来越大，充分调动农民工的改革作用，对提高供给质量、扩大有效供给、灵活适应需求变化等方面均能起到显著的效果。

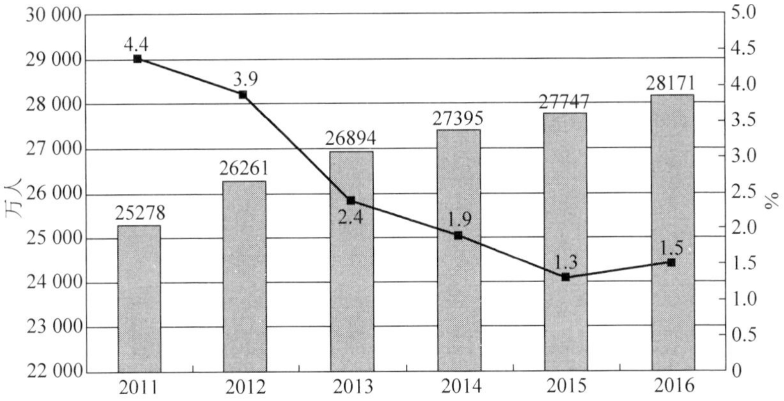

图 1　农民工每年的增速（右轴）与总量（左轴）变动（2011—2016 年）

在供给侧结构性改革的各项措施中，其中有两项和农民工创业关系密切，一个是微观政策，另一个是社会政策。2015 年的中央经济工作会议提出“微观政策要活”，就是要通过完善市场环境、激发市场活力和消费者潜力，放活政策做活微观经济，充分释放生产消费活力和内部增长潜能，开创经济发展新局面。实现“微观政策要活”的一个重要途径是简政放权，通过简政放权向小微企业和服务业提供更多活力。一是给小微企业降门槛，政府清理针对小微企业的不必要的资格审批，让小微企业的创办更方便；二是对小微企业在金融、财政、信息化建设、人员培训等方面提供更为优质的服务和支持，帮助小微企业更好地发展，并以此带动“大众创业”和“草根创业”的浪潮；三是进一步放宽民间资本的准入限制，增加民间资本对教育、养老等社会领域的投入规模，对民间资本切实降低市场准入的门槛和限制。上述的微观政策为农民工创业，尤其是创办小微企业打开了更为便利的方便之门。农民工通过创办企业进行创业的话，是以创办小微企业为主。供给侧结构性改革搞活微观主体的做法，为农民工的创业创新提供了难得的改革机遇和发展空间。

和农民工创业关系密切的另一个供给侧结构性改革措施是社会政策。社会政策中的很多内容对农民工创业和发展都有帮助，比如实施更加积极的就业政策，公共财政更加支持小微企业和劳动密集型企业，更加支持民生事业；金融政策也更加支持服务业、劳动密集产业、小微企业，更加支持自主创业，扶持劳动者自谋职业等。上述社会政策支持的领域是农民工易于创业和发展的领域，农民工进行创业和发展事业就可以享受和利用支持这些领域发展的有利政策。

根据有关调查，农民工从事服务业和第三产业的比重越来越高，不断地从制造业和建筑业中转向服务业和第三产业。表 1 表明，2016 年农民工从事第一产业的比重没有变化，但从事第二产业的比重比 2015 年下降了两个多百分点。第二产业下又包括制造业和建筑业，农民工从事制造业、建筑业的比重分别比 2015 年下降了 0.6、1.4 个百分点。与此相反，农民工从事第三产业的比重在 2016 年比 2015 年提高了两个多百分点。第三产业下又包括批发和零售业、交通运输及仓储和邮政业、住宿和餐饮业、居民服务及修理和其他服务业四个部分,其中农民工从事批发和零售业、居民服务及修理和其他服务业的比重比 2015 年分别提高了 0.4、0.5 个百分点。越来越多的农民工从事第三产业和服务业,有利于进行自主创业或者自谋职业。制造业和建筑业对于农民工而言,是很难进行创业的领域,因为农民工既缺乏必要的资金规模,又缺乏必要的技术资质。

表 1 农民工 2015 和 2016 年从事行业的对比

行业类型(三次产业)	2015(%)	2016(%)	变动(百分点)
第一产业	0.4	0.4	0.0
第二产业	55.1	52.9	-2.2
制造业	31.1	30.5	-0.6
建筑业	21.1	19.7	-1.4
第三产业	44.5	46.7	2.2
批发和零售业	11.9	12.3	0.4
交通运输、仓储和邮政业	6.4	6.4	0.0
住宿和餐饮业	5.8	5.9	0.1
居民服务、修理和其他服务业	10.6	11.1	0.5

二、在供给侧结构性改革背景下农民工创业的行为分析

(一)农民工创业主要是门槛较低的第三产业和小微企业

经过经济发展和农民工打工自身的锻炼,现在的农民工比以往的农民工具有更强烈的创业意愿。新一代的农民工与以往的农民工相比,对工作条件、就业环境、发展机会更为重视,倾向于在商业和服务业等行业工作和发展,而老一代的农民工则在条件比较恶劣些的建筑业、制造业、开采业等行业中从事工作的比重更高。商业和服务业与建筑业、制造业、开采业等行业相比,是进入门槛比较低的行业,农民工经过在商业和服务业一段时间的打工和磨炼,一方面积累了这些行业运营的丰富经验,另一方面也掌握了这些行业中

的一部分社会资源和市场机会，这些为农民工在第三产业进行成功的创业提供了条件。罗丹丹（2012）、傅晋华等（2014）等表明，新一代农民工进行创业选择行业时，首选的行业为餐饮娱乐等服务业，选择这一行业的比重约占47%，第二位的行业选择是个体零售业，选择占比约为29%。很显然，这些行业是农民工易于创业的领域。

农民工进行创业在规模上主要是小微企业，而且，农民工的初创企业又是以个体工商户等自创企业居多，这反映出农民工进行创业的方式非常单一，创业能力也存在严重不足，创业资源和条件比较匮乏。黄兆信等（2012）曾做过调查，表明新生代农民工自雇创业的比例超过50%，其中42.6%为个体工商户，而以创办企业开始创业的占37%。

（二）农民工创业面临资金瓶颈，且融资渠道不足

农民工进行创业，资金不足是所面临的困难之一。农民工进行打工，工资水平都往往比较低，很难依靠工资来完成创业资金的积累。另一方面，农民工的家庭、亲戚、朋友也往往都是居于农村地区，他们的经济条件也并不宽裕。当农民工决定进行创业时，如何筹集到足够的创业资金是一大难题。往往是农民工经过自己一定时期的打工，积累一定的资金，同时，从家庭、亲戚、朋友那里再筹借一部分资金，此外，再从银行等金融机构那里获得一定额度的贷款，以及通过其他一些方式再筹措一部分资金。所有这些渠道的资金都加总在一起，往往还是资金非常有限，只能从一些资金投入少的创业项目开始做起，随着资金规模的不断增加，再逐步过渡到创办自身满意的企业。上述创业过程具有一定的合理性，即农民工在磨炼中不断成长成熟，有利于降低创业的风险。但是，另一方面，由于资金的瓶颈问题，也严重限制了农民工创业的积极发展。

对农民工而言，融资渠道缺乏且不畅也是创业面临的一大困

难。金融信贷应该成为农民工创业进行资金筹措的一个重要渠道，而且，目前我国进行金融改革，不断加大金融对小微企业的支持和帮助。但是，在具体执行过程之中，农民工创业在进行金融信贷的时候时常遭遇多种困难和限制。比如让农民工提供抵押担保，如果农民工离开家乡到城市或其他地方进行创业，农民工往往既无房产又无其他能够用来抵押的资产，难以提供有效的抵押；与此同时，金融机构出于风险防范，达不到信贷抵押要求，就不会放贷。即使农民工在家乡当地创业，很多地方还没有对农民的土地和房屋进行确权颁证，也无法用于抵押。即使一些地方对农民的土地和房屋进行了确权颁证，由于农村经济比较封闭和落后，所抵押能够贷款的额度也比较有限，当然这种情况能够筹集到一定的资金已经对创业是很大的帮助了。

（三）农民工创业的技能不足，创业能力受限

农民工进行创业是一项复杂的活动，需要多种条件和多种资源，其中农民工本身的技能是最为关键的因素之一，创业活动主要依靠农民工的技能去推动和实现。然而，农民工的技能存在着不足的问题和弊端，因此创业的综合能力受到限制。国务院发展研究中心曾针对 6 232 名新生代农民工进行调查，发现新生代农民工中57% 没有技能等级，22.7% 为初级技工，20.2% 具有中级技工及以上技能，还有近四分之一的农民工没受过任何的训练。

根据国家统计局发布的农民工调查报告，农民工的教育水平呈现出不断提升的特点，但是接受技能培训的比重却止步不前。表 2 表明，在 2016 年，未上过学的农民工占比为 1%，小学和初中的农民工占比都不低，分别为 13.2% 和 59.4%，高中和大专及以上的农民工占比则分别为 17% 和 9.4%。与 2015 年相比，高中及以上的农民工占比到 2016 年提高了 1.2 个百分点，其中外出农民工的占比到 2016 年提高了 1.2 个百分点，而本地农民工的占比到 2016 年提

高了1.3个百分点。

根据表2的数据，农民工接受技能培训的占比2016年与2015年相比，则没有改进，甚至有所小幅下滑。2016年农民工接受过农业和非农职业技能培训的占比为32.9%，2015年这一占比为33.1%，出现微弱下滑。本地农民工2016年接受过农业和非农职业技能培训的占比为30.4%，2015年这一占比则为30.8%，也出现了微弱下滑。当然，也有部分指标出现了改进，比如外出农民工2016年接受过农业和非农职业技能培训的占比为35.6%，2015年这一占比则为35.4%，出现了小幅提升。我国的很多地方虽然开展了农民工创业的多种方式的培训，但是由于资金紧张、管理薄弱、方法方式陈旧、内容苍白落后等问题，致使很多农民工创业培训缺乏有效性、可行性，技能培训没有达到应有的效果。

表2　农民工教育水平和技能培训的构成

	2015(%)	2016(%)	2015(%)	2016(%)	2015(%)	2016(%)
	外出农民工		本地农民工		农民工整体	
未上过学	0.8	0.7	1.4	1.3	1.1	1.0
小学	10.9	10.0	17.1	16.2	14.0	13.2
初中	60.5	60.2	58.9	58.6	59.7	59.4
高中	17.2	17.2	16.6	16.8	16.9	17.0
大专及以上	10.7	11.9	6.0	7.1	8.3	9.4
	农业技能培训		非农业技能培训		技能培训合计	
外出农民工	7.2	7.4	33.8	33.8	35.4	35.6
本地农民工	10.2	10.0	27.7	27.8	30.8	30.4
农民工整体	8.7	8.7	30.7	30.7	33.1	32.9

（四）农民工创业的扶持政策和行政服务没有跟上

目前，对农民工创业的扶持政策还停留在过去的形态上，没有跟上农民工创业的形势发展，对多种创业的新方式缺乏扶持和帮助的针对性。新一代的农民工创业与以往农民工的创业方式和内涵都发生了较大的变化，以往的农民工创业以返乡为主，而新一代农民工则更多地选择到异地的城市进行创业；以往的农民工创业偏重于农产品加工或者种植业养殖业，而新一代农民工则更多地选择商业零售、餐饮、文化娱乐、快递等服务业和第三产业；新一代农民工还对互联网等新技术有较好的了解和掌握，采取开网店、做微商等新兴的创业业态。对于农民工创业的扶持政策需要针对新一代农民工的创业的新业态进行设计和执行，紧跟农民工创业的发展变化。

农民工进行创业涉及税务、工商、金融机构、劳动、产业等多个单位和部门，需要到这些部门办理相关手续和事项。虽然各个部门对农民工创业提供了一些帮扶工作，但是仍存在着比较严重的配套服务跟不上需要甚至限制妨碍创业的问题。比如，一些政府部门出台了扶持农民工创业的政策，但政策空泛，难以操作，无法带来实际上的帮助；办事、办证等需要靠关系和输送利益，否则本该享受的优惠政策也无法享受；需要到多个部门办理事务，每道手续可能都要收取费用，而且办理的时间比较久长；为农民工创业提供服务的工作人员本身素质和能力不高，不仅不能为农民工创业提供服务和出谋划策，反而可能妨碍和误导农民工创业。

三、借助供给侧结构性改革推进农民工创业的建议

供给侧结构性改革是改革和消除经济发展中的弊端和问题，农民工创业所面临的问题和困难，很多也正是供给侧结构性改革需要处理的事项。对于促进农民工创业而言，应利用供给侧结构性改革的大好改革良机，采取切实的改革措施和发展对策，消除和减弱农民工在创业过程中所可能遇到的多种困难和挑战，为农民工的创业创造出一片蓝天。

（一）为农民工创业提供技能培训和技术支持

农民工已经成为我国产业工人大军的有生力量和重要组成部分，他们的业务技能、知识文化、思想道德等素质在一定程度上影响到我国产业发展的水平和竞争力，关系到社会进步的程度与高度，关系到供给侧结构性改革的推进与成效。在供给侧结构性改革的推进过程中，需要重视农民工的技能培训和教育养成，还要为农民工创业提供尽可能多的技术支持和帮助。

首先，我国应改变农民工不需要掌握技能的错误观点。认为农民工从事的主要是简单的或者重复操作性的工作，不需要专业性技能，进而认为对农民工进行技能培训是没有必要的，农民工的技能培训对单位发展几乎没有作用或者作用很微弱，即使对农民工进行培训，也主要是操作程序、安全事项、管理制度等方面的介绍和告知，并不是提高农民工的工作技能和知识素养。但是，农民工的技能在实际工作中是非常必要和重要的。比如，全国技工的供需缺口在 2 200 万人到 3 000 万人之间，中国政府工作报告提到，要完成 2 100 万人次以上农民工职业技能提升培训任务。“十三五”规划纲要草案中提出要推行终身职业技能培训制度、实施新生代农民工职业技能提升计划。上述情况表明，政府高度重视农民工的技能培训和提升问题。

其次，针对农民工创业，需要进行特定的或者必要的技能培训和技术支持。农民工想进行创业和能够创业成功是两回事，从创业到成功还需要很长的路要走。为了帮助农民工更好地创业，需要为农民工提供与创业相关的培训，比如创业机会识别、风险防控、经营管理、市场营销、人力资本、财务管理等技能培训。可以与高校、企业等单位进行合作，开设培训课程，组建创业援助机构，联络和组织创业专家和成功人士对农民工创业中遇到的问题进行分析，提供解决方案，并对实际创业提供指导。此外，专业技术也往往是农民工创业中遇到的棘手问题,仅依靠农民工本身难以解决。政府可以组织高校、科研机构、企业组建农民工创业技术服务机构和专家服务团队,为农民工创业提供专业技术支持,以及技术服务与指导。

(二)拓宽农民工创业的融资渠道

资金筹集是农民工进行创业的重要难题之一,为了解决该问题,需要通过多种方式拓宽农民工进行创业的融资渠道。一是财政资金为创业贷款提供担保、贴息等支持。鼓励银行等各种金融机构对农民工创业加大信贷的扶持力度,提供优质的金融服务。对于发展前景好、创业基础实的农民工创业项目,政府可以考虑安排财政资金为其贷款提供担保,对于使用资金规模大、回收周期长的项目贷款提供贴息等支持行为。二是建立针对农民工创业融资的风险管理制度。由于农民工流动性大,创业风险也较高,对农民工创业给予贷款往往具有较高的贷款风险。也不能因为贷款风险就停止对农民工创业的贷款,这是因噎废食的做法。可以针对农民工的风险状况,建立农民工创业信贷风险管理体系,包括设立信用档案、进行评级、对失信进行惩罚等措施和制度。

三是针对农民工初创的小微企业设计小额贷款支持计划。很多农民工在创业的初始阶段,往往是创办规模非常小的企业或者自谋业务,所需要的资金额度并不是很大,但是依靠自身的资金积累以及向亲朋好友的资金拆借又不够。此时向银行等金融机构进行创业贷款,因工民工创业的整体风险问题,银行等金融机构往往不愿意给予贷款。为了解决该问题,金融机构可以设计特定的小额贷款业务,设立小额贷款的风险评价机制,降低贷款门槛、简化审批手续、提供利息优惠。四是继续加大对农民工创业企业的税费减免力度,降低创业企业的运营成本。免予征收管理类、登记类、证照类行政事业性收费,教育费附加、水利建设基金等政府性基金等费用。

(三) 加强对农民工创业的政策扶持

农民工创业在整个社会运行体系中是比较脆弱的一环,其成长需要政府给予支持和帮助,为农民工创业创造出适宜的环境、提供优质的服务和给予必要的指导。首先,要精简对农民工创业的审批手续和程序。明确农民工进行创业的准入行业和经营场所,对于符合政策要求的农民工企业,减少一些不必要的审批环节和程序,提高办事效率,让农民工的创业审批时间和成本尽量降低。其次,针对多种形式的农民工创业设计有针对性的扶持政策,促进农民工创业的多样性。以往对农民工创业的扶持政策设计以支持农民工返乡创业为主,那么,农民工在异地创业和在城镇创业也要给予支持,实现农民工的创业不受地域的歧视和限制。农民工的创业不仅仅在农业领域,在商业、服务业、制造配套业务等领域也有不同方式的创业,对这些多种业态的农民工创业也要设计出相应的扶持政策,给予支持和帮助。

再者,推行鼓励农民工既创业又创新的创业行为。创业扶持政策要明确地鼓励和引导农民工从事更多的创新性项目,增强企业的综合竞争力和长久发展能力,既提高创业的成功率又提高创业的经济效益和社会效益。最后,政府还需考虑和设计农民工创业的风险保险机制。农民工进行创业是一项风险非常大的行为,农民工的资金、知识、技术、经验、资源等方方面面的限制,致使农民工创业的成功率并不高。政府至少为农民工创业要提供两道风险保险,一是创业过程中遭遇意外风险,政府要能够提供援助、指导和支持,帮助农民工渡过暂时的困难关卡;二是创业失败后的生存风险,政府要能够提供基本的生活保障,降低农民工创业失败后的代价。

(四) 鼓励农民工就近创业

供给侧结构性改革不仅包括城镇地区,也包括乡村地区,而且乡村的供给侧结构性改革是整个供给侧结构性改革的重要内容。也即是说，供给侧结构性改革在地域上要全方位推进，这种态势为农民工在乡村地区和附近城镇进行创业也提供了改革机遇。再考虑到我国乡村劳动力向城镇进行转移的规模非常庞大，以及要解决我国区域发展的失衡等问题，鼓励农民工就近进行创业就具有重要的时代意义。

从农民工的流动方向来看，近几年来外出农民工的增速在不断地下降，跨省流动的农民工数量不断地减少。从图 2 中可以看出，从 2011 年到 2016 年，外出农民工的增速呈现出明显的逐步下降的趋势，2011 年的增速为 3.4%，到 2016 年则下降到 0.3%，增幅回落的程度非常显著。从外出农民工在农民工总量中的占比来看，2011 年外出农民工的占比为 62.8%，到 2016 年则下降到 60.1%。从外出农民工的数量来看，跨省流动农民工在 2016 年为 7 666 万人，与 2015 年相比减少了 79 万人。

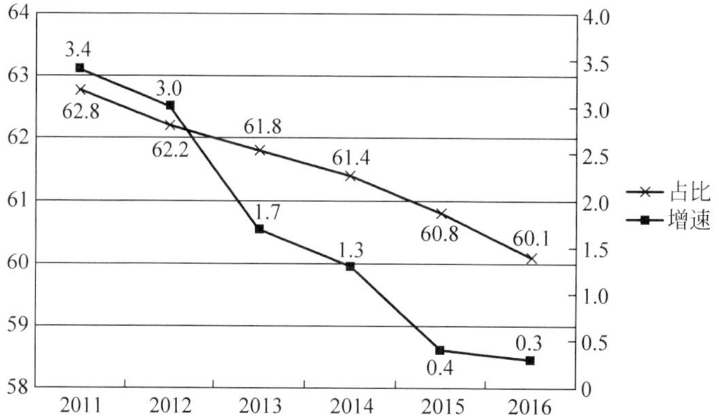

图 2　外出农民工的增速变化（右轴）以及农民工总量中的占比变化（左轴）（2011—2016 年）（单位：%）

在供给侧结构性改革中，为了解决东中西失衡问题，加大产业向中西部进行转移的力度，这能够增加中西部的农民工在中西部地区进行创业的机会；为了解决城乡发展失衡问题，要大力发展乡村经济和生产生活环境，推进土地改革和确定“三权三证”，这能够为农民工在乡村地区进行创业提供更好的生产氛围、投资环境和生活条件；为了更均衡地推进城镇化建设，积极发展中小城镇的产业规模和人口规模，这能够为农民工到附近的中小城镇进行创业提供便利的机遇和空间。

（五）增强对农民工创业的社会保障

农民工在城镇和异地进行创业，还面临着一系列的社会问题，这些问题不给予解决，不仅仅会增加农民工的成本，而且还会带来一系列的麻烦和问题，致使农民工无法安稳地和全身心地投入创业的奋斗之中。农民工的子女上学在城镇中是一直都没有给予解决的严重问题，农民工的子女很难在城镇中找到合适的学校上学，即使找到学校去上学，也和当地市民的待遇不一样，农民工需要缴纳借读费和赞助费等额外费用，并遭受到或多或少的歧视。虽然有些城市政府出台专门的文件要求农民工子女符合一定条件后和当地子女享受同等上学待遇，但是在实际中无法执行，学校以个别理由拒绝接受农民工子女，而政府部门默认学校的这种做法，最终结果还是农民工子女上学无门。对于农民工子女上学问题，政府应该给予切实的解决，不能敷衍了事，这不仅仅关系到农民工的生存发展问题，也关系到国家的教育问题。此外，农民工的健康医疗、儿童免疫等问题也需要纳入城镇的管理和服务范畴。

对于农民工的权益维护和保障也是需要引起重视的问题。在相当长的一段时间，对农民工的侵权案件屡屡发生，对于农民工的合法权益的维护十分困难，致使农民工面临很多困境和无奈。政府部门需要重视农民工的权益维护问题，加大维护的执法力度，严厉打击对农民工的侵权行为，并为农民工提供更多更便利的法律服务和法律援助工作。还要把农民工纳入城镇的正常激励体制之中，在评定技术职称、晋升职务、评选劳动模范和先进生产者等方面实现农民工与城镇市民的同等待遇，在评选与晋升中做到看贡献不看身份。还要加大户籍制度改革的步伐，解决长期在城镇居住和创业的农民工的城镇户籍问题，尤其是创业取得显著成效、对城镇生产生活做出突出贡献的农民工群体，尽快稳妥地解决城镇户籍问题，纳入城镇居民的管理服务体系。

参考文献

1. 傅晋华、刘旭东、丁冬："新生代农民工创业活动特征、存在的问题及政策建议"，《中国科技论坛》2014 年第 7 期。
2. 黄兆信、吴新慧、钟卫东："新生代农民工创业的现状与对策研究——基于多个城市的实证调查"，《江西社会科学》2012 年第 9 期。
3. 李敏："大众创业背景下农民工返乡创业问题探究"，《中州学刊》2105 年第 10 期。
4. 罗丹丹："新生代农民工创业问题研究"，《黑龙江社会科学》2012 年第 3 期。

（罗来军，中国人民大学国家发展与战略研究院）

实践篇

返乡农民工群体与农民工创业
——以农村电商创业为例

吴晓波　张紫涵　吴宇晨

一、从城市到农村：新常态背景下的农民工返乡

自20世纪80年代以来，由于我国工业经济持续快速增长、城市化建设稳步推进，催生了极大的劳动力需求，这也促使许多农村人口离开家乡前往城市就业，促成了“民工潮”的产生。农民工这一群体，作为第二产业当中重要的生产者以及第三产业当中重要的服务者，在中国经济结构转变当中发挥了巨大的作用。据统计，截至2016年年底，我国农民工群体总量已经达到28 171万

人。然而,近年来,随着农民工群体的人口结构变化,以及新常态下我国经济结构的转型升级,研究也发现了一些新的现象,农民工在进行打工目的地选择抑或对是否外出打工进行选择时,还增添了几方面的考虑。

首先,我们看到农民工对于就业地点的偏好逐步发生了变化。在2016年,本地农民工(特指住户籍所在乡镇地域以内从业的农民工)数量已经大致攀升至了农民工总数的四成左右,这一比例连续五年逐年上升,表明农民工群体相比起以前,有更倾向于在户口所在地周围就业的趋势(见图1)。这一转变与该群体的人口结构变迁高度相关。据2016年农民工监测调查报告统计,农民工群体的年龄连续五年持续增长,平均年龄相较上年增加0.4,已经达到39岁,因此其对于成家盖房的需求以及照顾父母子女的需求不断增加等,导致其在选择打工地点时更偏好于距离来源地更近的城市。

其次,研究也表明,近年来农民工的增速不断放缓,部分农民工选择返乡就业及创业。这一现象的背后是农民工群体供需两方面的变化。在我国经济进入新常态后,为了适应产业转型的需求,许多产业都从劳动力密集型向技术密集型转型,相较过去严峻的"用工荒"现象,农民工的就业形势已经产生变化:工业企业用工需求下降,同时劳动力市场对于技术能力的要求进一步提升。这一原因客观上导致农民工在城市的就业形势更加严峻,迫使部分农民工返乡就业或者创业。当然,另一重要原因则是,随着新农村建设逐步推进,农村的生活水平逐渐提升,就业机会也逐年增加,农民工对于进城务工的想法同时也变得更加理性,对于就业地点的偏好也有了变化,愿意回到熟悉的家乡寻找机会。

综上所述,在新常态背景下,一方面农村经济社会快速发展,涌现了许多商业机会,另一方面城市用工市场的收缩导致了农民工的工作机会从城市向农村转移。而从农民工主观思想的变化来看,新时期的农民工对于城市的追求趋于理性,而出于家庭因素和社会因

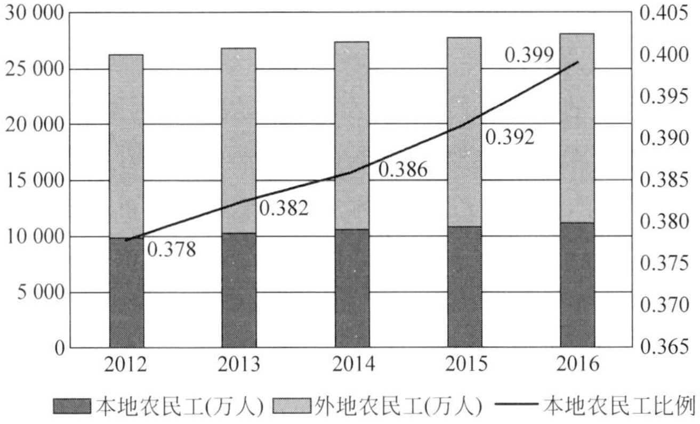

图 1 全国农民工数量变化情况

数据来源:2012—2016 国民经济和社会发展统计公报

素的影响,农民工开始更多地追求在家乡或者家乡周边实现自我价值。客观的市场环境变化和主观的就业心态变化共同促进了新常态背景下农民工的新一轮“返乡潮”。不同于2008 年金融危机导致的民工返乡潮,这一轮“返乡潮”更加温和。在这一轮“返乡潮”中,更多的返乡的农民工都有自主选择返乡的原因,而非单纯由于在城市中失业被迫回乡。因此在新常态背景下的农民工返乡行为不能再像过去一样仅仅被理解成农民工的失业和再就业问题,而更应该关注到这一批农民工返乡之后的二次创业行为。许多案例表明,返乡农民工已经逐渐成为农村创业的主力军,其创业行为对所在家乡乃至周围县域都产生了一定的影响,在新常态时期的农民工返乡创业行为不仅缓解了经济转型时期农民工的就业问题,还在一定程度上推动了农村经济发展,缩小了城乡差距,对促进我国经济平衡发展和新农村建设都有重大意义。

二、从资本到能力:互联网经济下农民工创业的变迁

返乡农民工群体一直以来都是农村经济发展中重要的参与者,

是农村创新创业的主力军。农民工的创业行为与其在城市的务工息息相关,过去农村和城市之间薪资水平差异高,而进城务工成为农民提高收入的主要手段,返乡农民工一般都能带回一定的资金。而在过去农村融资渠道少,普通农民很难通过融资获得创业的原始资金,而农民工在城市完成的资本原始积累可以帮助他们解决创业初期的资金问题。此外,一部分农民工在城市务工的过程中技术能力和管理能力有了提升,或者是带回了销售渠道和市场信息,这都为返乡农民工的创业打下了良好的基础,而在打工期间积累下的人脉资源也能在农民工的创业过程中发挥重要作用,因此过去的研究往往认为农民工的外出打工行为虽然在一开始不是出于为之后的创业做准备,但却对农民工的返乡创业提供了积极的影响。

如今农民工的创业环境有了新的变化。在国家“大众创业,万众创新”的号召下,返乡农民工的创业行为得到了重视,获得了政策上的支持。2015 年 6 月,国务院办公厅印发了《关于支持农民工等人员返乡创业的意见》,提出鼓励输出地资源嫁接输入地市场带动返乡创业,鼓励农民工等人员发挥既熟悉输出地又熟悉输入地的优势,借助互联网等信息技术进行创业,通过对于家乡传统手工业、绿色农产品等本地特色产品的挖掘、商业化、品牌化等实现输出地资源和输入地市场的嫁接。由于政策的扶持,返乡农民工创业将获得各方面的补助和优惠,而这也鼓励很多金融服务机构将目光投放到了农村,农村的融资渠道相较于过去变得更加通畅。

在另一方面,互联网经济发展使得商业组织形式发生了变化,电子商务的出现改变了农村的消费和生产活动。根据商务部的数据统计,2016 年我国农村网络零售达 8 945 亿元,电子商务已经被广大的农村居民所接受,并且解放了农村的购买力,而同时涉农电子商务在农村快速发展,也成为农民工创业的重要选择。相比传统的商业组织形式,电子商务具备一些新的特点,从多个方面影响了返乡农民工的创业活动。

电子商务可以降低农民工创业的门槛。互联网和传统商业模式的一个显著的不同在于其初期需要投入的固定成本远远低于传统商业。创业者只需要一台电脑一根网线就可以接入在线市场，而且在线市场的交易手续费也相对来说较低。而农民工群体往往并不具备很强经济实力，在创业中无法进入高门槛的行业和市场，因此利用电子商务进行创业对于农民工而言更具有可行性和吸引力。

电子商务可以帮助农民工聚集需求。农民工创业往往会立足于本地区特色的产品，这些商品往往是农产品和手工艺品。而对于这些特色产品的需求往往特定性强，是小批量且零散的。在过去，针对这一利基市场，农民很难通过自身的力量开拓市场、聚集起庞大的需求，因此商品销量的有限也就造成了生产上的规模不经济。而电子商务平台可以突破地理上的限制，在网络上将全国范围内对单一产品的需求都聚集起来。而创业者可以根据这些需求因地制宜，扩大生产规模，从而利用规模经济降低生产成本，提高竞争力。

电子商务可以增加农民工的价值分配。过去由于供需双方的对接渠道有限，农产品和手工艺品的销售往往要经过一条非常长的流通环节才可以最终到达消费者手中。农村居民由于缺少市场渠道，一般都直接将商品出售给中间批发商。经过层层的流通，商品的最终创造的市场价值中的绝大部分会被中间商获取，而农民最终仅能获取小部分的收入。电子商务的交易模式可以将生产者和消费者通过在线交易平台直接联系起来，减少了中间商的介入，大大缩短了流通过程。而在消费者享受到更加优质且低价的产品同时，农民工作为生产者亦能在创业过程中获取到大部分利润。

因此，通过降低准入门槛、聚集有效需求、减少流通环节，电子商务的出现将农村接入了城市，形成了互联互通，而农民工也在更大程度上享受到了其所创造的价值，展现出了互联网经济对农民工这样一个在创业初期资金薄弱、能力不强的群体的包容性，用一个创新的交易方式提升了农民工参与价值创造和价值获取中的公平性。

正因为互联网经济的包容性,越来越多的农民工开始借助电子商务平台展开创业,农民工的创业活动和过去相比有了显著的变化。在过去,农民工创业的首要决定因素就是资金。没有在城市积累的资本,农民工根本无法在创业之初采购生产材料、开拓市场,创业也就无从谈起。但目前在互联网经济和“大众创业,万众创新”的大背景下,一方面农村的融资渠道变得多元化,在国家政策的指导下,返乡农民创业可以获得众多的政策支持。譬如,2016 年,国家发改委与阿里巴巴签订了结合返乡创业试点发展农村电商战略合作协议,在农村大力建设电商服务中心,更将蚂蚁金服和网商银行推向农村,通过创新的金融服务解决为农民工创业的融资问题提出新的解决办法。而在另一方面,电子商务这一新的商业形式显著地降低了农民工创业的资金门槛。在上述两方面的力量作用之下,农民工创业对于资金的依赖程度被大大地降低了。

此外,随着近年来农民生活水平和消费水平不断提高,农村市场也在急速扩张。2015 年我国农村居民人均消费支出 9 222.6 元,相比前一年增长了 10 个百分点,农民日益增长的消费需求和日益增强的购买力给农村市场带来了前所未有的商业机会,而近年来许多返乡农民工创业项目也正是立足于农村市场,服务于农村居民,在满足农村居民需求的同时,取得了良好的经济效益(见图 2)。

但与此同时,新的环境也对创业者也提出了新的要求。首先,在电子商务平台上进行创业就需要和平台上成千上万的商家共同竞争,这就需要创业者要具备一定的网络运营能力和市场营销能力,这是农民工返乡创业者所普遍欠缺的。其次,电子商务早已不是几年前的一片蓝海,这就需要创业者能识别出独特的创业机会。然而在这一方面,农民工群体却有得天独厚的条件,他们不仅具有在城市的生活经历,还对于农村的生产和消费活动非常了解,往往可以发现独特的商业机会,并且充分调动城市和农村的资源。

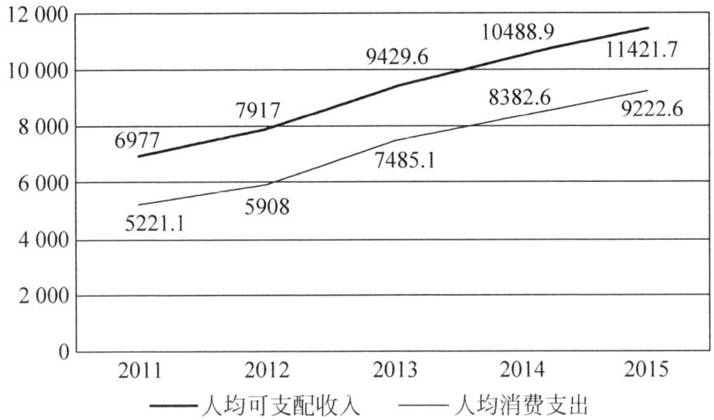

图2　农村居民人均可支配收入和消费支出(元)

数据来源:2012—2016 中国统计年鉴

一些农民工识别出家乡独特的产品,通过互联网将产品销售到城市,比如山东博兴湾头村的草柳编产品原本是村民们代代相传的手艺,在过去由于这些产品没有接触过城市市场,村民们一直不曾发觉这些手工艺品背后具有的商业价值,这些手工艺品也就没有在当地形成产业。而在 2006 年左右,一些创业者将这些手工艺品放在网络上销售,发现这些在乡村被人们习以为常的东西很受城市里的消费者喜爱,首批触网的年轻人获得了可观的销售收入。这很快鼓舞了很多本村在外务工的农民工,吸引他们返乡创业。这一批返乡农民工们对于城市消费市场更加了解,他们发挥自己的优势,在产品的品牌包装和营销模式方面都进行了突破,湾头村的草柳编制品的销售量与日俱增。

另一部分农民工通过识别出了农村市场中尚未被满足的需求,通过在城市积累的知识和能力在家乡开辟出独特的农村市场,譬如遂昌遂网集团的创始人潘东明。2010 年之前,遂昌也有一些创业者触网,销售当地的绿色农产品。但由于经营者的运营能力和网络营销能力的限制,遂昌的网商们一直无法取得销售上的突破,潘东明看到了家乡众多网店的惨淡现状,发现众多的农民网商虽然拥有非常高品质的绿色农产品，却在农产品电商经营上摸不到门路，无法打开销量。他离开上海返回家乡开设了电子商务服务公司，为农民网商提供电子商务培训、网店装修和代运营、摄影和仓储物流、产品品牌建设等服务，全方面地帮助农民网商进行电子商务的运营，让原本的经营者只需要关注他们擅长的产品的生产环节，而将网店运营和市场推广交给更加专业的人士完成。在他的服务之下，截至2014年遂昌孵化出了1 500多家网商，全县在线销售收入达到5.3亿元。而在立足于遂昌的电子商务发展之后，潘东明发现遂昌许多偏远的农村由于快递不到、农民不会网购等原因尚未享受到电子商务带来的便捷。于是，他在2013年创办“赶街”，将电子商务服务站建设到农村，通过工作人员的帮助，村民们可以在服务站选购产品，并且将商品寄送到服务站，满足了村民们的网购需求，极大地方便了村民们的日常生活。

上述两个案例说明，在互联网经济下，返乡农民工的创业一般都立足于城市和农村的供需对接，资源和信息的重新组合，这方面的能力对于新时期的农民工创业不可或缺。返乡农民工创业的关键因素已经逐渐从对资金的需求转变成为对能力的需求，创业的形式也趋于多样化。目前农村经济快速发展，农民购买力日益提升，乡村的基础设施建设日趋完善，通信物流成本进一步降低，金融融资渠道多样化，农民工创业正面临着良好的政策环境和市场机遇。

三、从个人到产业：返乡农民工创业行为的外部效益

农民工的返乡创业，不单对其个体有着积极的影响，同时其对于整个区域经济的平衡和发展亦有着十分积极的意义。对于农民工个人而言，返乡创业不仅完成了自身的价值实现，增加家庭的收入，同时还能更好地照顾父母子女，减少“留守儿童”问题。而在另一方面，这些返乡农民工的创业行为能推动农村的产业发展，在农

村创造更多就业岗位,解决本地农村居民的就业问题,同时促进农村的经济转型发展,缩小城乡差距。

其中,"淘宝村"的大量涌现就是农村电商促进农村产业转型发展的一个典型(见图3)。"淘宝村"是阿里巴巴提出的概念,指的是电子商务年交易额达到1 000万元以上的村庄。这些村庄在近年来依托电子商务平台迅速崛起,以需求拉动生产,在短时间内形成了产业集群,突破了过去农村由于地理环境和人力资源带来的发展瓶颈。在2013年,阿里巴巴根据其后台的数据,识别出了首批二十个淘宝村,而到了2016年,仅仅三年时间,淘宝村的数量已经突破了一千个。这些"淘宝村"的发展路径大多非常相似,先是有勇于"第一个吃螃蟹"的带头人,他们往往是有过在城市生活经历的思想活络的年轻人,其中有一部分是返乡农民工。他们第一个发现商机,通过电子商务平台进行创业,有了不错的收入。随着这些带头人的事迹被渐渐传播开来,这也吸引了一批嗅觉灵敏的模仿者们,而其中的主力军就是返乡农民工。他们了解城市的消费市场,具备调配农村资源的能力,思想也比较活跃,在淘宝村发展的初期就能识别出商业机会返乡创业。这些先行者创业的成功又吸引了其他村民、返乡农民工甚至是外乡的创业者加入到电子商务创业的队伍中来,创业者们在初期灵活经营,竞争和合作并举,快速扩张,经过数年的发展,一个以电子商务为核心的产业集群就被建立了起来,生产者、网商、电子商务服务商都被纳入了这一新的产业集群中,在有些地区还出现了产业链向两端延伸,建立起了原材料市场。而这些村庄也就在几年之间从几个网商发展成为具有规模化产业的淘宝村,创造了广泛的就业机会。

同时,返乡农民工参与电子商务创业,不但能够推动产业集群的发展,产业集群本身的完善还可以让返乡农民工的创业门槛进一步降低,使得效率进一步提高。首先,产业集群带来的产业分工让创业者可以只关注于价值创造中的一个小环节,而无须包办从生产

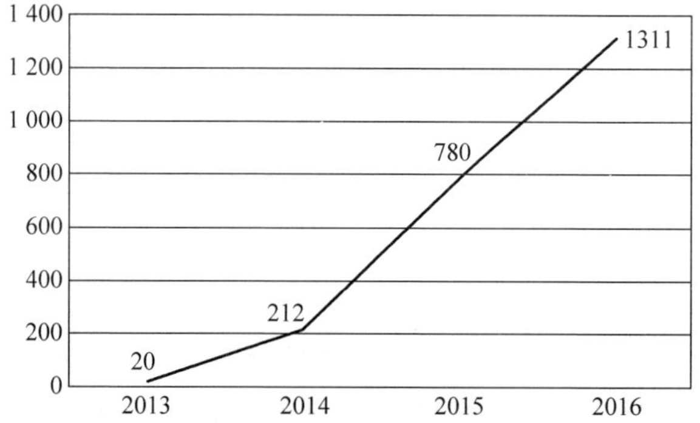

图 3　中国淘宝村数量变化

数据来源:阿里研究院

到销售的所有环节,这就降低了对返乡农民工能力的要求。其次,产业集聚带来的规模效应可以让创业者在本地区获得价格更低、品质更优的原材料、配件和电子商务服务,这就为返乡的农民工创造了竞争优势。再者,产业集群能让创业者享受到区域品牌带来的溢价,让创业者获得更多的利润。综上所述,农民工返乡创业能推动农村产业集群的发展,而产业集群的完善也能给返乡农民工创造更加良好的创业环境。以山东博兴的湾头村为例,其主要以经营草柳编工艺品为主,再通过网络平台进行销售。借助网络,湾头村的草柳编在网络上打出了知名度,城市里的需求不断提升,拉动了农村的生产活动。由于生产的扩张,"淘宝村"中很多妇女和老人都参与到了生产活动中去,拥有这门传统的手艺的妇女老人一时间成了当地工厂争抢的技术人才。一时间村民们都忙碌了起来,有的参加草柳编的生产,有的开始自己经营网店,也有开始从事物流和仓储服务,更有的村民做起了芦草的批发商。火热的创业氛围吸引了很多本村农民工纷纷回到村子里来创业,周围几个村的劳动力也开始往湾头村聚集。湾头村传统手工艺品的市场成功带动了周边区县的发展。不仅如此,许多村民纷纷表示,互联网创业让农村焕发了新的活力,每个人都能感受到朝气蓬勃的氛围,甚至治安环境也有了明显的提升。

这样一个一个鲜活的案例在不断地印证一个事实,即电子商务对于农村创业活动以及农村的经济发展有着广泛而又强大的推动作用。返乡农民工作为"淘宝村"发展中不可或缺的推动力量,对于电子商务在农村的推广和产业集群的建设都有着重大的意义。农民工返乡创业带来的是城乡需求的对接,城乡资源的重新分配,这有利于我国城乡经济社会的平衡发展,也有利于解决过去由于进城务工导致的留守儿童和农村劳动力流失的问题。因此农民工返乡创业带来的不仅仅是经济效益,还有重要的社会效益。

四、总结与展望

近年来互联网经济的发展和我国"大众创业,万众创新"的政策环境改变了返乡农民工的创业活动,也为其提供了许多新的创业机会。一方面通过政策的扶持和金融服务的创新,农民工创业初期的融资问题得到较好的解决,另一方面电子商务这一新的商业组织形式使得农民工创业的门槛大大降低。因此不同于过去农民工创业对于资本的依赖,如今的农民工创业活动更多地取决于农民工的个人能力。

在农村电子商务创业的案例中,返乡农民工扮演了创业的主力军,发挥了其既了解城市市场,又明白农村资源的优势。这一特征能帮助他们更好地识别出创业的机遇,对接城乡需求,合理利用资源进行创业。返乡农民工的创业行为对农村的发展有着重要的意义,首先,农民工的创业行为和乡村的产业发展形成了良好互动:返乡农民工创业促进了乡村产业集群的产生和发展,而乡村的产业集群发展又为农民工创业提供了良好的环境。其次,农民工的创业行为不仅给个人乃至周围县域带来经济效益,还能缩小城乡发展差距、解决农村人口就业问题、激发农村活力、改善农民生活水平，具有很强的社会意义。

在关注到返乡农民工创业的成果的同时，我们还注意到了目前农民工的创业过程中仍然面临着一些瓶颈和挑战。一是一部分农民工的创新能力不足，在市场竞争中赢利能力差。在许多淘宝村发展的初期，由于市场上供不应求，首批创业的返乡农民工可以收获可观的利润，而随着市场的完善和更多竞争者的参与，农民工创新能力不足的弱点就逐渐暴露了出来，创新能力不足导致产品同质化严重，很多创业者都深陷价格战的旋涡。此外近年来日益增长的平台广告宣传费用和人工费用更让很多依靠低价格占领市场的创业者雪上加霜，甚至有些创业者会面临卖一件亏一件的尴尬处境。二是随着规模的扩张，人才和土地成为制约发展规模的瓶颈。在发展的初期，在创业初期，返乡农民工一般都会采用家庭作坊式的运营，这种形式可以节省大量的运营成本，并且降低了返乡农民工的投资风险。但随着规模的扩张，农村土地资源紧张和优质运营人才的缺乏就导致返乡农民工很难持续地扩张经营规模。

综上所述，扶持农民工返乡创业不能光靠资金支持，还需要缓解农民工创业过程中土地和人才的制约，提升农民工的创新能力。对此地方政府在政策制定时可以有以下一些思路：

（一）加强对返乡农民工创业的引导，提升农民工创新能力

通过创业指导、电子商务培训等多种方案，多管齐下地培养农民工的创业能力和电子商务的运营能力，培养农民工的创新意识。一方面可以借助行业协会和本地高职院校为农民工提供面向本地区特色经济的培训，使得农民工更加了解市场的情况，并且帮助他们克服在创业初期由于知识和能力局限带来的阻碍。另一方面，鼓励本地区的科研机构和大专院校和本地区的创业企业展开合作，通过战略合作来进行产品、服务方面的创新和提升。

(二) 建立小型创业产业园,着力解决农民工创业用地问题

通过支持土地流转、出台相关土地政策的方式,优化土地配置,建立适合村镇的小型创业产业园区,解决农民工创业用地问题,而在园区内还可以引入电子商务服务企业、物流仓储企业、金融和担保机构等,通过政府补贴、税收减免或者其他形式让这些服务企业可以为返乡创业的农民工提供低价优质的服务,构建起一个农民工创业的孵化平台,降低创业初期的运营成本。

(三) 创新人才政策,为地区产业发展储备人才

首先通过优化地区人才政策,营造包容的人才环境,提升本地区对人才的吸引能力。现阶段很多地区的人才政策都将关注点放在高端人才的吸引,而这类人才政策对农民工以及农民工创业所需要的人才还是有一定的偏差。地方政府应当在制定人才政策时同时关注到地区产业对特定人才的需求,制定和本地产业需求相关的人才政策,以保障本地区产业发展。

此外还应该鼓励本地职业院校发展和地区产业密切相关的职业教育,培养更多本土人才投入到创新创业的产业中去。一方面可以让职业教育更有方向性和针对性,另一方面也能培养能留在本地区的复合型人才,解决企业的人才紧缺问题。为返乡农民工的创业活动和地区产业的进一步发展提供丰富的人才储备。

(四) 调动产业内各方力量,优化地方产业环境

政府应当关注到农民工创业行为和本地区产业发展间的相互推动作用,保障本地区产业环境良好发展对农民工的创业行为有非常积极的影响。政府应当充分调动行业内各方的力量,共同促进行业的进一步规范和发展。

政府可以和行业协会、地方龙头企业、本地院校等机构合作,做

好本地区产业发展规划和产品标准制定工作。做好外部资源的对接和平台的建设工作,引入优质的服务商作为合作者,带动本地区产业的转型升级。推动和鼓励农民工创业企业进行产品开发、品牌化运作,增加本地区产品的附加值。同时做好市场监管和产品质量的控制,避免让少数质量不良的产品影响地域品牌声誉,避免无序的价格战,促进产业的健康发展。

农民工的返乡创业行为是带动地方产业发展,推动农村经济成长的重要力量。地方政府在扶持农民工返乡创业时应当做好服务工作,为农民工创业"搭好戏台",营造良好的创业氛围,鼓励并引导农民工的返乡创业。

参考文献

1. 阿里巴巴(中国)有限公司:《中国淘宝村》,电子工业出版社 2015 年版。
2. 阿里研究院:"中国淘宝村研究报告(2016)",http://www.aliresearch.com/blog/article/detail/id/21242.html,2017。
3. 陈浩、曹亚:"后危机时代下农民工返乡创业的契机与困境分析",《理论与改革》2010 年 3 期。
4. 国家统计局:"2016 年农民工监测调查报告",http://www.stats.gov.cn/tjsj/zxfb/201704/t20170428_1489334.html,2017。
5. 王西玉、崔传义、赵阳:"打工与回乡:就业转变和农村发展——关于部分进城民工回乡创业的研究",《管理世界》2003 年 7 期。
6. 谢勇、周润希:"农民工的返乡行为及其就业分化研究",《农业经济问题》2017 年 2 期。

(吴晓波、张紫涵,浙江大学管理学院;吴宇晨,北京大学光华管理学院)

培育发展地方特色产业，促进农民工变“城归”：以重庆市潼南区为例〔1〕

王志杰　王　睿　李佳明　王　媛

劳动力资源是区域发展和产业结构调整的关键要素之一。区域间要素禀赋比较优势的动态转化会对劳动力流动和产业转移产生较为直接的影响，要素禀赋的差异性和区域政策的非均衡性导致区域间产生经济差距，由此引起农村剩余劳动力的趋向性流动，也引起区域间的产业转移（苏华等，2013）。受沿海地区产业转型升级、中西部地区城镇发展、产业培育和要素集聚等诸多因素影响，东部地区产业正加速向中西部转

〔1〕 本文得到中央高校基本科研业务费 NO. 2017cdjsk91PT16 资助。

移，而以“农民工”为主要代表的劳动力加速回流趋势也越发明显。产业转移与劳动力流动的“双转移”特征反映出我国不同区域间资源禀赋配置条件的动态变化，中西部地区的劳动力优势开始逐步显现。中西部地方政府积极顺应这一趋势，通过特色产业培育、政策引导、转变政府职能等多种“组合拳”设计，积极营造农民工“返乡创业”的良好环境。劳动力资源在不同区域的重新配置使得中国人力资源的潜力正在发生巨大变化，世界上最大的“新人口红利”正在中国涌现（厉以宁，2016）。

一、农民工变“城归”的原因分析

一个区域或者地区产业发展和产业结构的变化必然带来劳动力资源的重新配置。农民工变“城归”作为一种持续的、长期的发展趋势，不仅受经济因素所驱使，而且是由社会交往、政策措施等多重因素共同作用的结果。总体看来，农民工变“城归”有三大原因：一是受经济下行以及东部地区产业转型升级的影响，先前劳动密集型产业逐步向区域外转移，农民工作为劳动密集型产业的主体，随着就业岗位减少以及生活成本支出增加，其跨省流动规模逐渐降低的同时回流趋势也逐步扩大。根据蔡昉等人（2009）的研究，从2003年开始华南沿海地区劳动生产率的增长就慢于劳动报酬的增长，单位劳动力成本就开始逐年提高，其在劳动力成本方面已经开始丧失比较优势。尽管中西部地区在劳动力生产率水平上各有差异，但中部地区已经具备劳动力成本优势以及西部地区潜在的单位劳动成本优势。二是随着我国经济进入新常态，作为劳动力输出地的中西部地区在全国发展格局中的地位日益突出，经济增长潜力被进一步挖掘，日渐成为“稳增长”的新引擎。中西部地区稳定而快速的经济增长预期、农村非农产业的发展、产业结构的不断优化、产业聚集能力的提升、就业机会的增加、工资收入的提高，加之各级政府对农民工返乡相关政策措施的不断完善,使得中西部地区在劳动力禀赋方面的优势逐步呈现,很大程度上吸引了外出农民工回流。三是农民工长时间离乡背井、抛家别子,对家庭结构、生活方式等造成严重影响,随着农民工年龄的增大,适时返乡创业就业在获得与外出打工差不多收入的同时也有利于恢复正常生活状态。与此同时,大量新生代农民工不满足于沿海地区就业条件和生存环境,在“双创”氛围带动下,希望能够回乡打拼出一片天地。据《2016 年农民工监测调查报告》显示,外出农民工增速继续回落,跨省流动农民工继续减少。2011—2016 年,外出农民工增速呈逐年回落趋势,增速分别为 3.4%、3%、1.7%、1.3%、0.4% 和 0.3%。外出农民工占农民工总量的比重也由 2011 年的 62.8% 逐渐下降到 2016 年的 60.1%。外出农民工中,跨省流动农民工 7 666 万人,比 2015 年减少 79 万人,下降 1%,占外出农民工的 45.3%,比 2015 年下降 0.6 个百分点。

在农民工变“城归”的过程中,市场和政府的力量仍然是最重要的调节方式,地方政府把产业发展作为吸引劳动力回流的重要手段,产业发展对当地和转移劳动力的吸纳逐步取代了早期大规模的劳动力跨省流出,改变了很多省市劳动力净流出格局。政府通过制定一系列农民工返乡政策,完善各种保障措施,也进一步强化了劳动力转移以及省际间劳动力流动的波动增大。随着劳动力回流趋势的越发明显,相关保障措施的制定也得到了各级政府的高度重视,在 2017 年中央政府工作报告中,明确提出要“健全农村‘双创’促进机制,支持农民工返乡创业”。实际上,劳动力转移是农民工基于自身“理性”因素自发形成的结果,而中西部地区产业的发展以及政策的引导带来的就业和收入增加是其“回归”的根本诱因。

二、潼南区培育特色优势产业的思路与做法

潼南区位于重庆市西北部,地处成渝经济区中心地带、成渝城

市群核心板块,位于重庆和成都一小时经济圈交会处,面积 1 583 平方公里,人口 103 万。2016 年全区实现地区生产总值 300.65 亿元,增长 11.6%,较重庆市高 0.9 个百分点,全社会固定资产投资完成 400.7 亿元,增长 21.1%;社会消费品零售总额 86.7 亿元,增长 13.2%;一般公共预算收入 20.6 亿元,增长 12.2%;城镇、农村常住居民人均可支配收入分别达 28 318 元和 12 821 元,增长 9.2% 和 10.7%。潼南区认真践行五大发展理念,努力做大做强做优以工业为主体的实体经济、做大做强做绿现代农业、做大做强做美宜居城市、做大做强做活旅游产业,着眼于产业结构优化调整和转型升级,以打造产业链条和培育产业集群为方向,依托地方资源要素禀赋优势,积极培育新经济增长点,进一步强化产业支撑,打造特色产业,不断提升产业辐射带动能力,提高产业的就业创业吸纳能力,促进农民工本地和返乡创业就业。

(一)大力构建柠檬等特色效益农业全产业链体系

作为首批国家现代农业示范区、国家现代科技园区、国家农产品质量安全区、国家级(柠檬、特色蔬菜)生态原产地产品保护示范区,被誉为“西部绿色菜都”。潼南区大力发展粮油、蔬菜、柠檬、生猪、渔业、特色经果和中药材七大特色产业集群。当前,紧扣农业供给侧结构性改革方向,围绕构建柠檬产业体系、生产体系、经营体系,创新体制机制和科技驱动,统筹布局生产、加工、物流、研发、示范、服务等功能板块,做强做优柠檬“大产业、大加工、大科技”。通过与多家科研院所合作,建立柠檬产业创新研究院、柠檬产业协同创新平台和“专家大院 + 科技特派员 + 技术员”的科研教学技术体系,积极打造柠檬协同创新和创业孵化基地。设立柠檬种植农民田间学校、教学试验基地、“潼南农家 · 星创天地”,实行“公司 + 基地 + 田间学校 + 辅导员 + 学员”的模式,以实践为手段,解决农民技术难题,为创业者提供技术支撑。与此同时,通过探索创新土地承包经营权入股"保底+分红"、财政资金股权化改革等7大利益联结机制,使园区内农民人均可支配收入比全区平均水平高35.4%。通过近几年发展,潼南区柠檬种植面积达到30万亩,占重庆柠檬种植总面积的84%,产量23万吨,占总产量的89%,柠檬产业经营主体达到268个,其中:规模化种植经营主体78个,初、深加工企业23家,培育和引进汇达柠檬和檬泰科技等柠檬精深加工企业4家。围绕绿色食品、美容护肤、保健养生三大方向开发柠檬特色产品300多种,拥有专利20余项,自主研发柠檬精深加工技术300余项,柠檬产业年产值已超20亿元,精深加工产值超过10亿元,带动三产超5亿元。按照"规模化种植、标准化生产、专业化开发、市场化营销、品牌化培育、创新化支撑、集群化发展、绿色化引领、融合化推进、信息化拓展、持续化增收",加快建设"柠檬之都",打造百亿级柠檬全产业链。

除柠檬产业外,潼南还大力发展蔬菜、玫瑰、桑葚、油牡丹、中药材、粮油、生猪、渔业等产业的种植和精深加工,大力发展新型经营业主,新型经营主体达到5 138家,土地流转率超过50%,综合机械化水平达到59.2%以上,设施农业比重达到60%左右。以推进农业供给侧结构性改革为主线,围绕农业增效、农民增收、农村增绿,加强科技创新引领,加快结构调整步伐,促进一、二、三产业融合发展,加大农村改革力度,健全农村金融服务,建设"三园一体",即"现代农业产业园、科技园、创业园"和"田园综合体",提高农业综合效益和竞争力,延伸农业产业链、完善供给链、提高价值链。

(二)积极承接东部沿海劳动密集型产业转移

潼南区始终把发展工业经济作为首要任务,紧抓东部产业转移的机遇,从引进和建设通信终端产品的生产制造入手,吸引核心零部件企业加速集聚,不断延伸和发展手机全产业链,带动电池、移动电源、显示屏等配套和销售服务的发展,打造电子信息产业集群,带动通信产业基地的建设和发展。2016 年全年完成产值 259.53 亿元，占全区规上工业总产值 55.1%，生产手机整机 7 583 万台，其中智能机 1 969.93 万台，手机整机完成产值 164.28 亿元；生产配件 68 296.29 万件，手机配件完成产值 95.25 亿元，成为重庆第二大手机生产基地。

除手机产业外，近年来，潼南区还积极发展以高档纸业、灯饰、食品加工、箱包生产为主的大众消费品工业，其中，高档纸业年产值已达 2.4 亿元，全部建成后将形成 30 亿级产业园。灯饰产业着力打造集灯饰市场、标准厂房、仓储物流为一体的灯饰产业集群链条，18 万平方米的灯饰城已入驻来自全国 21 个省份 500 余家商户，年销售额超过 12 亿元，已有灯饰加工型企业 53 家。

（三）加快推进电子商务产业发展

结合当前新兴业态发展，大力发展电子商务产业，促进各类经营主体、企业与电商全面对接，通过进一步完善支撑服务体系，优化发展环境，推进电子商务与实体经济深度融合，线上与线下互为支撑。积极引入阿里巴巴、京东等多家知名电商平台，建立潼惠网等本土电商平台，引导本地企业在淘宝、京东、天猫开设网上店铺。开展村官、本土人才、返乡民工等农村电商带头人培训，加快农产品电商平台和乡村电商服务站点建设。2016 年电子商务交易额 25.7 亿元，全区外出包裹 270 多万件，其中，农村电商外出包裹量是周边合川、铜梁、大足三个区的总和。截至 2017 年上半年，注册电子商务企业已超过 700 多家，个体经营户 1 700 余户，电商交易额已突破 18 亿元，农产品电商交易额超过 5 亿元，柠檬、红薯、蔬菜等土特产品网上销量持续攀升，外出包裹 160 多万件单，比去年同期增长 26%。

(四)大力发展特色旅游产业

大力实施“旅游+”发展战略,着力把潼南打造成“最美花海养眼、田园风光养心、美容产品养颜、绿色食品养生、千年陈抟养气、世界金佛养福”的“六养圣地”。推进农旅、城旅、文旅、商旅等融合发展,实现旅游业与城市发展、特色农业、工业经济等有效对接,通过“旅游+农业”,建设“田园综合体”,配套办好牡丹节、玫瑰节、梨花节、桃花节、荷花节等系列节会,打造“四季花会”品牌,实现“产区变景区、民房变客房、产品变商品、田园变公园”,延伸现代农业功能、带动农产品销售、促进农民工就业创业、拓展农民增收、改善农村生态环境、促进新农村建设和新型城镇化,连续10年打造的“潼南油菜花节”已成为中国最美花海之一。通过“旅游+文化”、“旅游+城市”、“旅游+扶贫”,做靓花园城市、滨江城市,做精古镇文化,做大礼佛文化,做活养生休闲,做美乡村田园。2016年,全区游客突破600万人次,旅游综合收入31.2亿元,成为全国十佳生态休闲旅游城市、全国休闲农业和乡村旅游示范区。

三、潼南区农民工变“城归”的演进趋势与特点

随着国家“一带一路”、长江经济带等战略的深入实施,潼南区返乡农民工就业创业呈现大幅增长趋势。返乡就业创业人数达到45 144人,占本区农民工65 838人的68.57%,较2012年的25 051人增加了20 093人,增幅达80%。大批农民工接受了沿海地区市场经济熏陶,具备了一定的物质资本和人力资本,在产业转移、“双创”政策以及地方政府对于返乡就业创业优惠政策的机遇下,他们充分抓住机遇返乡就业创业。目前,通过创业担保贷款、创业培训等方式,依靠潼南工业园区、城区至太安段的“潼南太安鱼创业长廊”、创业孵化基地和“星创天地·潼南农家孵化器”创新创业服务平台等创业平台,潼南区已扶持1 665人实现自主创业,带动1.1万

余人就业再就业。

(一) 返乡农民工数量及结构分析

从数量看(见图1),潼南区农民工数量占农村劳动力资源人数的60%左右;在2012—2016年期间,农村劳动力资源人数和农村劳动力非农就业人数整体呈下降趋势,特别是2016年降幅较大,较2015年下降了24.58%。主要是由于2016年潼南40个村改社区,户籍改革导致农村户籍人口数量下降幅度较大。

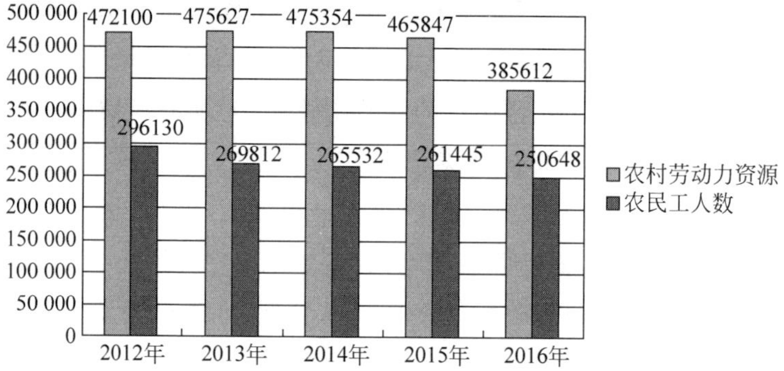

图1　潼南区2012—2016年农村劳动力资源和农民工数量情况图

从结构看(见图2),一是返乡农民工中女性比例逐年下降。2012年返乡农民工中女性占总人数的53%,平均年降幅为3%,到2016年返乡农民工中女性比例已降至41%。

二是年龄年轻化趋势明显。潼南区返乡农民工30岁以下占24%;31—45岁占59%;46岁以上占17%。三是返乡农民工平均受教育水平逐年上升。虽从总体上返乡农民工文化程度依旧偏低(见图3),但近年来,随着返乡就业创业的推进,高中受教育水平人员占返乡农民工比例逐步上升。2016年高中及同等文化程度占比达到了18%。

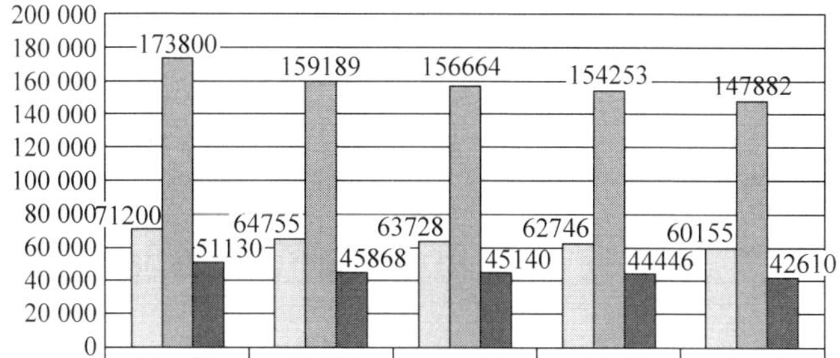

	2012年	2013年	2014年	2015年	2016年
□30岁以下	71 200	64 755	63 728	62 746	60 155
▨31—45岁	173 800	159 189	156 664	154 253	147 882
■45岁以上	51 130	45 868	45 140	44 446	42 610

□30岁以下　▨31—45岁　■45岁以上

图2　潼南区2012—2016年返乡农民工年龄结构分析图

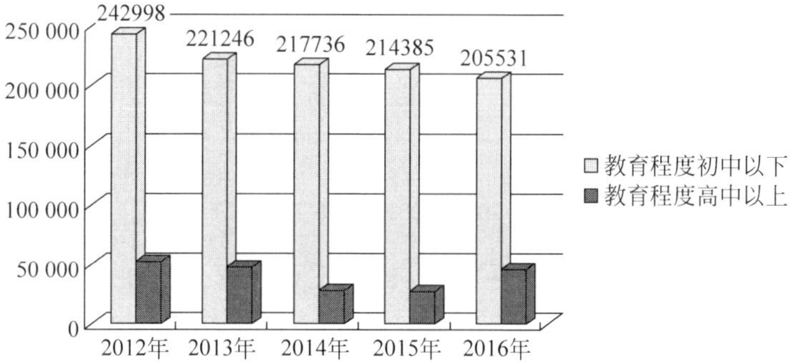

图3　潼南区2012—2016年返乡农民工教育程度分析图

(二) 返乡农民工就业分布和收入情况分析

近年来,潼南区外出农民工返乡就业趋势有所上升,2016年区内就业农民工已占农民工总人数的19.42%(见图4:2015年为17.65%,2014年为16.67%);2016年区外市内就业占14.56%;2016年市外务工占66%(主要集中在珠三角、长三角等经济发达地区)。

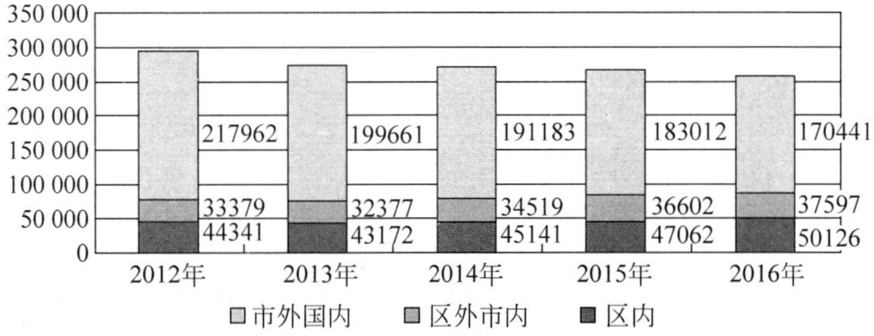

图 4　潼南区 2012—2016 年农民工务工地域分布情况图

二是务工人员主要分布在第二、三产业(见图 5)。潼南区农民工务工行业主要集中第二、三产业,就业人数约占总人数的 70%左右。

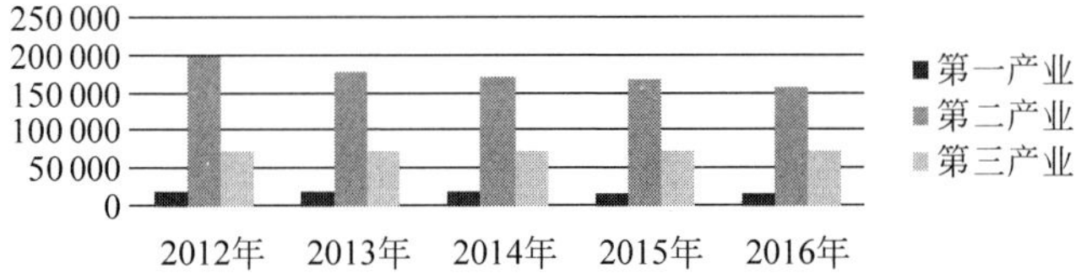

图 5　潼南区 2012—2016 年务工行业分布情况

从收入情况看,2012—2016 年期间,潼南区农民工收入总体呈上升趋势(见图 6)。2016 年的人均总收入为 3 469 元/月,较 2012 年人均总收入的 2 043 元/月增加了 1 426 元/月,年均增速为 11%。总体上,农民工月收入基本集中在 1 000 元至 6 000 元不等,大部分月薪在 1 500 至 3 000 元之间,农民工的文化程度、技能水平等因素对其收入影响较大,存在较强的正相关关系。

(三) 农民工返乡创业就业的因素分析

一是因沿海地区产业转移而返乡占 57%。受全国经济下行以及产业加速向内陆地区转移等因素影响,农民工返乡人数较多。与

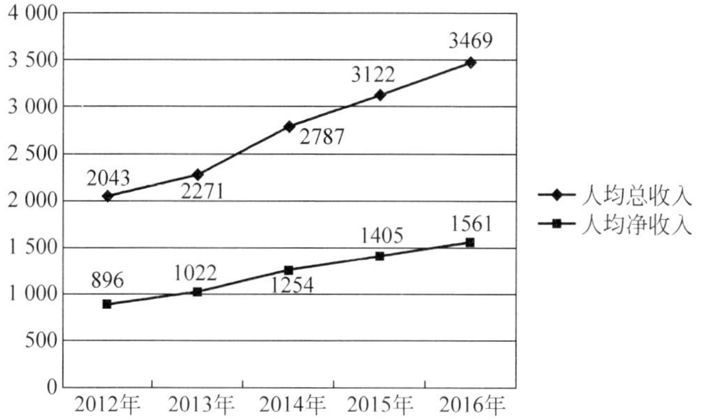

图6　潼南区2012—2016年农民工人均收入情况图

此同时，由于潼南经济发展迅速，就业机会较多，就业待遇有所提高，考虑到物价差异等相关因素，就近就业的收入与沿海地区打工收入相差不大，农民工返乡就业意愿较高。二是因新农村优惠政策感召回乡创业的占6%。随着潼南农业发展方式的转变，就业创业优惠政策的落实，如农村集体产权制度的改革，农业保险的发展，创业孵化基地和“星创天地·潼南农家”孵化器创新创业服务平台的建立，“三权抵押”融资力度的加大，“互联网＋”和农村电子商务的发展，农产品品牌的培育等，对农民工返乡就业创业具有较强的吸引力。特别是35岁以下的农民工创业意识较强，这部分人员受教育程度相对较高，眼界开阔，有好的创意，他们占返乡创业人员的62%。三是因家庭等其他原因返乡的占37%。随着新型城镇化建设，大多数农民工为了照顾家庭和子女，愿意选择就近就地就业。

随着潼南产业结构的调整以及转型发展的成果逐步显现，对于农民工就业创业岗位的吸纳也呈现出新的特点，一是就业岗位从农业、加工业向电子企业转变。随着2015年电子企业大量落户工业园区，企业用工需求也从原来的种养殖工人、农产品加工工人转变为电子企业的普工（即一线生产工人）。二是创业项目从传统产业向互联网电子商务转变。随着“互联网＋”的发展，创业项目从农产品传统的种养殖业向农产品深加工转变，同时结合电商发展，打造“潼惠网”等潼南本土品牌电商项目。

四、农民工变“城归”的潼南实践

（一）有效促进农民工就业创业

一是完善农民工就业服务体系。规范各级农民工综合服务中心，打造一支村（社区）劳动就业保障协管员与劳务经纪人二合一的专业服务队伍。开展“车站归途行动”、“院坝联谊宣讲行动”和“场镇招聘对接行动”，充分利用潼南电视台、潼南报、华龙网及户外宣传车等新闻媒体进行返乡就业宣传，对优秀农民工典型事迹作专题报道，营造返乡创业就业良好氛围。

二是搭建农民工就业服务平台。融入“互联网＋”功能，启用“互联网＋用工招聘”新模式，举办“潼南工业园区专场招聘会”、“就业援助月”、“春风行动”、“民营企业招聘周”、“网络招聘周”、“农民工日”等大型活动。通过新闻媒体、网络平台等各项渠道发布各类招工信息15万条，为农民工提供市内、区内就业岗位8万余个，有效促进65 838名农村富余劳动力和回乡就业人员实现就地就近就业。

三是着力落实帮扶政策，改善创业环境。按照国务院办公厅《关于支持农民工等人员返乡创业的意见》（国办发〔2015〕47号）的精神，以促进农民创业就业，推进城乡协调发展为目标，加快农民创业园区建设。进一步完善农民工创业组织保障体系、行政服务体系和政策扶持体系，落实免费创业培训、创业担保贷款等扶持政策。2012年至2016年期间，累计发放创业担保贷款1.9亿元。

四是建立创新创业服务平台体系。出台《重庆市潼南区众创空间认定管理办法》、《潼南区众创平台补助资金管理暂行办法》和

《潼南区促进创新创业实施办法的通知》等文件,先后建成市级农民工返乡创业园区——重庆·潼南工业园区、城区至太安段的“潼南太安鱼创业长廊”、创业孵化基地和“星创天地·潼南农家”孵化器创新创业服务平台等一系列创业就业平台以及规模近万平方米的综合性科技企业孵化器和专业孵化器。依托众创空间、孵化器等新型农民创新创业一站式综合服务平台,采取创业示范、技术培训、企业孵化、成果转化等多种方式,支持返乡农民工开展创新、创业。通过市场化机制、专业化服务和资本化运作,聚集创新资源和创业要素,促进返乡农民工创新创业的低成本化、便利化和信息化,推动返乡农民工创业。目前全区创业实体达 7 065 户,吸纳城乡劳动力 45 144 人。

五是着力强化创业服务。针对返乡创业人员不知如何选择合适项目的现实痛点,收集开发投资小、见效快、具有区域特色的创业项目,组织专家评审组进行评审,将创业项目整理分类,汇编成册,入库上网并通过就业创业网进行发布。对返乡创业人员选定的创业项目实行“一对一”帮扶指导,提供企业注册、税收登记、缴纳社会保险、提供金融支持等“一站式”办公服务,使创业者在创业“全周期”都能得到全方位的支持。

六是创新人才服务制度。深入推行科技特派员制度,累计选派科技人才和市级科技特派员共计 85 人、区级科技特派员 157 人赴 22 个镇街道开展进村帮扶工作,为返乡农民工提供创新创业服务。在支持的返乡创业农民工中,几乎个个在创业项目的技术上都有显著进步,在创业规模上有明显扩大,形成“个个忙创业、创业靠科技”的良好局面。

(二)提升农民工就业创业能力

一是强化技能培训。为提升企业岗位稳定性,组织师资力量到企业进行岗前培训、技能提升培训,共培训农民工 1.1 万人。为解决培训工作中经常出现的工学矛盾，采取“培训机构 + 基层”的协作模式，与职业技术学校、镇街政府主动送培训、送政策到基层，方便受训人员、拓宽培训渠道、扩大受训范围、增强培训效果，各镇（街）开展家服、就业适应性、岗前、职业技能等各类培训 2 248 人。

二是强化部门联动。多渠道、多层次、多形式开展职业技能培训，2012—2016 年间共开展新型职业农民培训、农民工技师培训、雨露计划、农村实用技术培训、岗前培训和创业培训等各类培训，培训农村劳动力 69 191 人。

三是提升创业能力。开展以创业培训和微型企业创业培训为重点的创业培训。以就业培训中心为主体，开展 SIYB 创业培训和微型企业创业培训，培训人员达到 15 959 人。

（三）强化金融支持农民工创新创业

一是支持微型企业发展。出台《关于大力发展微型企业的实施意见》文件，明确返乡农民工属于扶持创办微型企业的“九类人群”之一。创办微企除享受国家和重庆市对中小企业及特定行业、区域、环节的优惠政策外，企业所得税享受西部大开发优惠政策，其实际给付的所有税收中区级留成部分，以获得的资本补助金额等额为限，实行先征后返。2012—2016 年，区财政先后投入微企发展资金 6 600 万元，微企税收返还 521 万元。

二是创新创业投融资机制。出台《潼南区创业种子投资基金管理办法（试行）》，组建总规模 500 万元的创业投资种子基金，通过创新创业大赛的方式遴选资助对象，优选 10 个返乡农民工团队/企业，为其提供 290 万种子基金无息贷款，解决返乡农民工创新创业早期融资难问题。

三是认真落实社会保障政策。2010—2016 年，先后在重庆农村商业银行、邮政银行、农业银行、三峡银行开设小额贷款担保户，共存入担保基金 1 600 万元，为返乡农民工提供创业就业贷款担保。

累计发放创业担保贷款1.9亿元,扶持1 665人实现自主创业。支持创业贴息,降低创业成本,对从事微利项目的返乡农民工给予全额贴息,合伙经营实体或小企业按吸纳各类人员数所对应的不同贴息标准贴息。2012年至2016年,全区5 673人次享受创业担保贷款贴息2 764.62万元,有效降低创业成本。

四是创新农村土地承包经营权抵押贷款工作。建立1 000万元风险补偿基金,确立15%的风险补偿比例,贷款利率较央行基准利率上浮40%—70%及暂无抵押物处置机制。积极引导金融机构和担保机构提高信用良好企业的抵押物折扣率,降低担保费率;担保机构为中小微企业贷款担保,担保费率不超过2%的,市财政补贴0.5个百分点。目前,民生村镇银行针对农地经营权创新推出了“金猪贷”特色产品,兴农担保公司提供反担保发放贷款业务。

(四)切实维护农民工合法权益

一是多渠道、宽领域开展法律法规政策宣传,保障农民工社会保险权益。在建筑领域推行农民工工资打卡发放,确保农民工工资不拖欠;开展农民工工资支付、人力资源市场秩序等专项监察执法活动,检查用人单位97户,责令补签劳动合同350人次,处理举报投诉案件228件,帮助4 701名劳动者追回工资金额4 421.13万元。深入田家院坝、企业车间现场审理仲裁案件394件,结案359件。

二是开展用工检查,落实农民工社会保险。为贯彻落实《劳动合同法》、《社会保险法》等法律法规,区人力社保局组织检查组,对全区22个镇街、120余家企业进行社会保险扩面和用工专项检查,督促各用工单位对农民工劳动合同签订和社会保险等与农民工切身利益相关政策的落实。

三是推动农民工逐步实现平等享受城镇基本公共服务。保障农民工随迁子女平等接受义务教育的权利,按照免试就近入学原则进入城镇公办义务学校。实施流动人口健康促进活动，加强基层公共卫生计生服务。改善农民工居住条件，修建廉租住房低价租赁给符合条件的进城农民工居住，工业园区修建农民工宿舍，改善园区企业农民工居住条件。

四是加强农民工服务管理，促进农民工社会融合。深入开展关爱农村留守儿童六大行动计划，推进广播电视、乡镇（街道）文化中心、公共图书馆等重点文化惠民工程，免费为农民工开放公共图书馆，丰富农民工精神文化生活。扩大工会组织有效覆盖面，在各镇街及企业建立工会，维护农民工职业健康安全，开展农民工重点职业病监测和专项调查，对职业危害事故和违法违规行为进行严肃查处。开展新市民培训工作，促进农民工融入城市。

尽管在培育发展地方特色产业促进农民工变“城归”过程中取得了一些探索，但仍存在以下问题：一是“城归”自主创业困难，创业就业能力有待进一步提高。“城归”普遍存在学历低、无技术特长，虽然组织了相应的农民工职业技能培训和创业培训，但绝大多数培训时间短，与当前企业的用工需求存在较大差距。二是就业创业环境有待进一步改善。就业创业扶持政策知晓率和受益率不高，就业创业政策扶持力度尚显不足，金融财政相关支持力度有待加强，公共就业服务能力不足，创业意识有待培养，扶持返乡创业就业的环境需进一步完善。三是返乡的农民工创办的企业规模普遍较小，科技含量低，多是以劳动密集型为主，就业的稳定性和质量不高。

五、政策建议

（一）做好顶层设计，建立健全“城归”就业创业工作长效机制

进一步优化“软环境”，探索符合地方实际的创业就业政策体系，加快推进“城归”服务制度体系建设，针对“城归”切身需求和利

益诉求进行制度创新和政策调整。加强部门联动机制,发挥工作合力,推进落实各种扶持政策。深化公共服务体制改革,加快转变政府职能,进一步完善教育、医疗、养老、交通等基本公共服务资源和农村地区公共服务体系,不断提升政策扶持及综合服务能力。降低创业就业门槛,减少创业成本,增加创业收益,从财政、金融、税收等多方面完善创业机制,引导银行对合乎要求的“城归”从贷款额度、还款时间上放宽限制,破解“城归”创业融资难问题,探索在税收上给予“城归”政策减免优惠,以扶持其发展壮大,激发返乡农民工自主创业活力。

(二)夯实产业平台,提升对“城归”吸纳能力

进一步加强工业园区、农民工创业园、创业孵化园等产业平台建设力度,将产业平台打造成为“城归”就业创业的主阵地,加快承接沿海地区产业转移,扩大就近、就地转移劳动力就业容量,探索劳动力比较优势与产业发展相互促进的发展道路,吸引农民工在本地流动和就业。加快产业聚集与特色产业培育,注重产城融合,加大对“城归”的吸纳能力,有效提升“城归”就业质量和劳动收入。优化和完善“城归”就业创业的相关政策,在基础设施、配套服务、资源要素、金融财税等方面予以系统支持。准确把握区域劳动力供需情况,提供“全链条”服务,探索在园区设立“城归”就业创业指导(服务)中心(窗口),建立绿色通道,为“城归”提供咨询、培训和相关信息服务,促进供需双方有效对接,解决就业信息不对称。

(三)突出培训支撑,提升“城归”创业就业能力

进一步提高“城归”职业技能和应对风险能力,增强工作稳定性。围绕重点产业发展和用工需求为重点,加强创业培训服务能力,构建适合“城归”特点的职业培训体系和创业扶持体系。组织专门力量针对“城归”开展创业指导和就业培训,以促进农民工高

质量的就业为目标，以新生农民工为主要培训对象，结合当前企业和社会发展实际和未来趋势，面向紧缺行业和重点领域，统筹做好职业技能培训，积极探索远程教育、订单培训、手机培训等多种形式，向农民工提供便捷、针对性强、实用的职业技能教育。进一步扩大培训范围、突出培训重点、提高培训实效，有针对、有计划开展职业技能培训，做好劳动力资源储备。

（四）强化政策运用，加大对“城归”创业就业支持力度

进一步提升创业种子投资基金规模，加大对返乡农民工创业项目的支持力度。进一步落实“再贷款 + 农地抵押 + 金融扶贫”财政贴息及风险补偿政策。用好用活支农、扶贫再贷款额度，鼓励法人机构运用再贷款发放农地经营权抵押贷款，对超过基准利率部分实施有限贴息，对不良贷款按既定比例实施风险补偿。进一步加大农业保险资金投入力度，增加农业新险种，提高财政保费补贴标准，降低业主保险成本、激发参与政策性农业保险工作的积极性。

（五）营造创业氛围，引导“城归 ”创业就业

进一步加大政策宣传力度。充分利用广播、电视、报刊等媒体特别是新兴媒体开展宣传引导、鼓励、支持“城归”创业就业的优惠政策，通过多种形式对“城归”创业先进典型、先进经验进行宣传，大力弘扬“城归”创业就业、爱岗敬业精神，发挥典型示范作用，创造良好的舆论氛围。

参考文献

1. 苏华、赵梦园、万劭琨：“劳动力流动、产业转移与区域经济协调发展”，《发展研究》2013 年第 3 期。
2. 厉以宁：“中国正在悄悄地进行一场人力资本革命”，《中国经济周刊》2016 年第 48 期。

3. 蔡昉、王德文、曲玥:“中国产业升级的大国雁阵模型分析”,《经济研究》2009 年第 9 期。

(王志杰,重庆市潼南区人民政府;王睿,重庆大学可持续发展研究院;李佳明,重庆大学公共管理学院;王媛,河北省邢台市委党校)

返乡农民工选择何种土地流转方式才能更好地促进农民增收

赵秋运　宋军继

一、引言

2008年金融危机伊始，随着沿海地区农民工工资的上涨，部分企业正迁往中国内地或者东南亚抑或非洲地区，农民工正在由原来的“孔雀东南飞”向“春暖燕回巢”转变，例如四川省从2013年开始农民工返乡创业人数逐年增加，2015年达到28.43万人。江西省2015年监测调查显示，在外省就业的农民工66.5%有回省愿望，实际回流19.4%，共105.5万人，其中4.1万人选择自主创业。据有关部门对192个县的典型调查，1个返乡创业者可以带动近 4 万人就业。而同时外出农民工数量增长逐年下降,例如,2015 年农民工总量 2.77 亿人,比上年增长 352 万人,其中,外出农民工 1.69 亿人,比上年仅增加 63 万人,增长 0.4%。2016 年农民工总量 2.82 亿人,比上年增长 424 万人,其中,外出农民工比上年仅增加 53 万人,增长 0.3%,本地农民工增加 374 万人,增长 3.4%。对于农民工创业,地方政府提出要像当年扶持乡镇企业一样,支持农村新产业新业态的发展,牢固抓"归雁经济",像当年吸引外商侨资一样培育"返乡创客",营造浓厚的返乡创业氛围,破解返乡农民工创业产业和新产业业态发展的突出"瓶颈"(厉以宁,2013a,2013b,2013c)。返乡农民工可以利用农村土地流转的政策,可以采用租赁制的方式进行流转土地,亦可以利用合作社流转土地,在这种土地流转过程中既能够创业以促进自身的收入增加,亦可以促进农民增收(厉以宁,2014)。对于农民工返乡创业后选择何种土地流转方式更能促进农民增收即为本文探讨的方向。

现阶段,中国细碎化的农地和低效率的农村经济阻碍了农业规模经济,为实现城乡统筹发展的目标,中国各地根据本地区的情况和自身的发展条件探索了不同的土地流转方式而形成了各具特色的土地流转模式(程志强,2011a,2011b)。但是土地换保障类型的土地流转方式较难推广,因为该方式的推行要求地方财力雄厚,而且需要较高的城镇化水平。土地股份制形式比较适合发达地区和大中等城市,但是存在较难确定股金和非粮化倾向。同时,种粮大户有利于提高粮食生产效率和粮食产量,但是较难签订长期的合同。农村"土地信用社""土地信托"对于遏制撂荒现象、土地流转的正规化和农民增收具有积极的意义,但其本质仅仅为一个中介组织,难以真正发挥金融的作用,这在一定程度上也难以持续发展(李超,2015;赵秋运,2016)。虽然各种土地流转模式具有差异化和多样化,但其本质为农地租赁制流转和农地股份合作制流转的不同变体或组合(程志强,2012)。而要分析不同土地流转模式对农民增收的影响，需要从本质上了解农地租赁制流转与农地股份合作制流转对农民增收的理论机制。

二、农地租赁制流转与农民增收——以聊城市肖家庄镇、闫寺街道以及北城街道为例

为了能够全方位发掘聊城市农地租赁制流转的异同之处，调查采取随机抽样的方法选取三个镇和街道。然后从每个镇选取一个样本村。也即分别从茌平县肖家庄镇、东昌府区闫寺街道以及开发区北城街道各选取一个样本区域，分别为肖家庄镇小高村、闫寺街道冯庄村以及北城街道小瓜元村。我们主要采用农户直接访谈与问卷调研结合的方式，累计发放问卷 1 000 份，回收 920 份问卷。

肖家庄镇位于聊城市茌平县偏西 17 公里左右，拥有 28 个行政村，大约 55.49 平方公里土地。2012 年以来，肖家庄镇积极探索“土地合并、土地流转、产业规划”三位一体的田庄土地集约利用新模式。小高村位于肖家庄镇西北部，该村打破了过去传统的一家多块、分散小块的土地种植模式，取而代之以一家一块、小块变大块、多块变一块模式。实施这种土地利用模式，不但增加了耕地总面积，便于产业集中发展和土地集中流转，还形成了农业规模化经营，在一定程度上提高了农户收入。东昌府区位于聊城市区东部，为聊城市辖区，总面积 829 平方公里。2016 年总人口约为 83 万，占聊城市人口的 13.3%。东昌府区交通便利，多条高速公路穿城而过，形成交通枢纽。2015 年底东昌府区农户家庭总收入的46.22%来自种植业，其中种植业收入的 48.43%来自粮食生产，是农户家庭总收入的主要来源。蔬菜是东昌府区的重点发展的农业，通过信息网络和网上销售，在一定程度上提高了东昌府区蔬菜生产的规模化和产业化。

就掌握的调研数据而言，2016 年中旬在所调查的农户样本中，肖家庄镇、闫寺街道和北城街道三个地区的土地流转面积分别为

3 000 亩、3 500 亩和 4 000 亩,分别占耕地面积的 65%、67% 和 71%。其中参与土地流转的有 756 份(其中 5 户既有土地租出又有租入),占样本总量的 82.174%。土地流入共计 117 户,约占总样本总量的 12.717%。土地租出农户为 639 户,占样本总量的 69.457%(见表 1)。在所调查样本中共计 169 户既无转出又无转入。

表 1 肖家庄镇、闫寺街道和北城街道土地流转情况比较

项目	类型	肖家庄镇		闫寺街道		北城街道	
		频度	百分比	频度	百分比	频度	百分比
转出规模	参与农户	210	1	246	1	183	1
	10 亩以下	115	0.548	123	0.5	84	0.459
	10—20 亩	63	0.300	66	0.268	61	0.333
	20—50 亩	22	0.105	33	0.134	31	0.169
	50—100 亩	7	0.033	19	0.077	5	0.027
	100 亩以上	3	0.014	5	0.020	2	0.011
转入规模	参与农户	54	1	36	1	27	1
	10 亩以下	23	0.426	13	0.361	16	0.593
	10—20 亩	5	0.093	11	0.306	9	0.333
	20—50 亩	20	0.370	6	0.167	1	0.037
	50—100 亩	2	0.037	0	0.000	1	0.037
	100 亩以上	4	0.074	6	0.167	0	0.000

资料来源:根据调研数据计算所得。

对于分地区样本而言,其一,关于三个地区的土地流出。肖家庄镇的参与农户为 210 户,10 亩以下的农户比例为 54.8%,在三个地区中为最高;闫寺街道的土地流转行为较为普遍,参与农户较多,其中 50—100 亩的农户比例为三个地区中最高,为 7.7%。北城街道中 10—20 亩的农户比例为三个地区中最高,为 33.3%,而且 20—50 亩的农户比例亦为三个地区中最高,为 16.9%。其二,关于三个地区的土地流入。肖家庄镇进行土地租入的农户为 54 户。其中 20—50 亩的农户比例为 37%,其为三个地区中最高者。北城街道 10 亩以下的农户比例为三个地区中最高,为 59.3%,同时,10—

20 亩的农户比例亦为三个地区中最高，为 33.3%。而闫寺街道农户土地租入比例居二者中间。

三、农地股份合作制流转与农民增收——以聊城市耿店村为例

绿冠蔬菜农地股份合作社（亦名茌平县绿冠蔬菜农民专业合作社，下同）是由耿遵珠、耿传喜等牵头成立的，本合作社是为了推动贾寨镇蔬菜种植业发展于 2008 年 8 月成立的，遵循了“民办、民管、民受益”的原则。此合作社包括农户 92 户，筹集资金 32 万元。2015 年，绿冠蔬菜农地股份合作社入社会员达 300 多户，共计参与农户 6 000 多户，融资 800 万元，种植蔬菜面积逾万亩。而且建立了一系列与之配套的设施：蔬菜批发市场、精包装加工厂、蔬菜低温冷藏库、蔬菜育苗场、高标准育苗基地等（见图 1）。绿冠蔬菜农地股份合作社实行社员民主代表大会，由社员共同民主管理。2010 年高标准育苗基地通过“茌星”牌绿色蔬菜进入聊城市各大超市，积极实现“农超对接”，在一定程度上促进了农民增收；2013 年投资

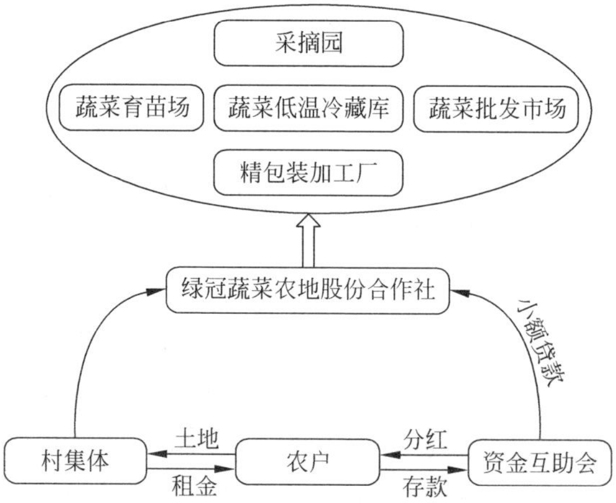

图 1　绿冠蔬菜农地股份合作社运营示意图

100多万元建设耿店生态体验馆,大力发展生态休闲采摘旅游业。

绿冠蔬菜农地股份合作社管理主要是一条龙服务,主要通过社员民主大会进行决策,包括蔬菜种子的采购、蔬菜的种植、蔬菜的加工、蔬菜的运输、蔬菜的储藏、蔬菜的销售以及与此相关的蔬菜种植技术等服务。对于蔬菜的正常经营,绿冠蔬菜农地股份合作社还制定了一系列的生产基地管理、生产操作规范等制度,从而强有力地维护了合作社的顺利运营。而且合作社的管理注重科技推广,保障服务,积极构建全方位的综合配套服务,将后续服务贯穿至采购到销售的各个后续环节,将科技应用至每一个环节。同时,合作社经常聘请国内外的蔬菜种植和育苗专家,加强对农民的技术培训和指导,整体上提高了蔬菜的种植科技水平。而且,合作社还积极改善产品质量,开拓销售市场。先后制定了从采购到销售的管理制度,并要求农户严格遵守,这就从根本上提高了蔬菜质量。而且加强了销售团队的建设,积极拓展省内外销售业务,畅通蔬菜销售渠道。

耿店村能够创造出如此好的经济效益,主要得益于社区股份合作社和农地股份合作社。农户家庭能够从合作社中获得土地租金收入和股本分红。农民主要把耕地出租给村集体,村集体然后将农地租借给绿冠蔬菜农地股份合作社。农户家庭总收入主要以土地租金和股本分红的形式获得。其中分红的一部分除了来自土地入股收入外,另外一部分来自资金互助会。资金互助会建立于2012年,其目的是为了扩大蔬菜大棚规模,延伸资金和产业链。按照自愿原则将农户的自有资金以储蓄存款的形式入会,入股农户可以获得社员股金证,存款利率为6厘,最高贷款利率为1分,主要为入股农户提供储蓄存款与小额贷款业务,在一定程度上破解了资金难的问题。而且,如果资金互助会会员需要的贷款多于本人的股金证,则可以借其他社员股金证作为抵押。加入资金互助会的成员需要签订协议书。协议书明确规定贷款到期时需要本金和利息一次还清;假如未能如期还款则股金证作废。这种资金互助社大大简化了烦琐的审批环节,使得贷款更为快捷和简单,这在一定程度上解决了农民融资难和融资贵的问题,也将农民的死钱变为活钱,大大提高了农民的资金利用率。这一资金互助方式既能够使“死钱”变“活钱”,又能够降低社员之间互借资金的交易成本,提高了闲散资金的利用效率。2015 年年底,资金互助社累计返利股本分红 2.8 万元,扩大了农户家庭总收入的结构性来源内容。

四、农民专业合作社流转与农民增收——以聊城市冠县张洼村为例

山东省冠县合顺渔业农民专业合作社,占地 2 100 亩。截至 2015 年底,合作社固定资产 7 416 万元,销售收入 8 000 余万元,实现年利润 1 000 余万元。合作社由鱼饲料采购加工、鱼种繁育、成品鱼群养殖、鱼产品深加工等多个鱼养殖区组成。主要养殖罗非鱼、湘鲫等鱼种。鱼产品销售前景较好,南销上海,北销东北等省市。合顺渔业农民专业合作社曾获多项国家级、省级以及国家部委荣誉称号,而且多次获得专业合作社示范区、专业合作社养殖示范基地、养殖示范场、循环经济示范区等称号。2014 年遴选为“山东省循环经济示范企业”。尤其在循环经济方面,逐步形成从育苗到孵化育苗,再到成鱼以及鱼产品深加工等环节,节节衔接,环环相扣,基本实现了资源再利用和生态再循环,最终达到污水零排放和零污染(见图 2)。

2014 年合顺渔业农民专业合作社租入冠县定远寨镇张洼等 4 个村的 1 320 亩地,用于开发新型农业和建设渔业科技示范园。在合顺渔业农民专业合作社建立初期,张洼村村集体先统一将耕地租回,然后再将农地统一租给合顺渔业农民专业合作社,租赁期 50 年,农户主要从中间收取租金,租金暂时价格为每亩年均 1 500 元,但是土地租金价格随定远寨镇工业园区租赁土地价格而变动。每

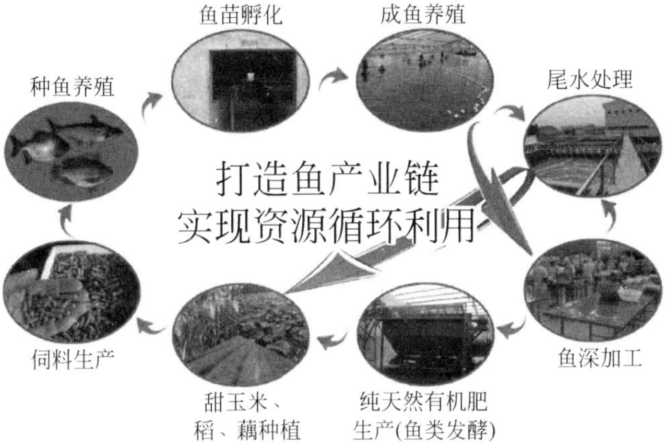

图 2　合顺渔业农民专业合作社循环经济链条图

年 10 月份支付下年度租金。为了提高农户家庭总收入,合顺渔业农民专业合作社优先雇佣本村村民,这样张洼村村民就可以获得一定的工资性收入(见图 3)。我们在调研中发现,为了确保本村村民的福利,合顺渔业农民专业合作社基本拒绝雇佣外村或外地的劳动力,尽可能将福利惠及于本村农民。此外,每年村集体会将一部分补贴转移给农户。

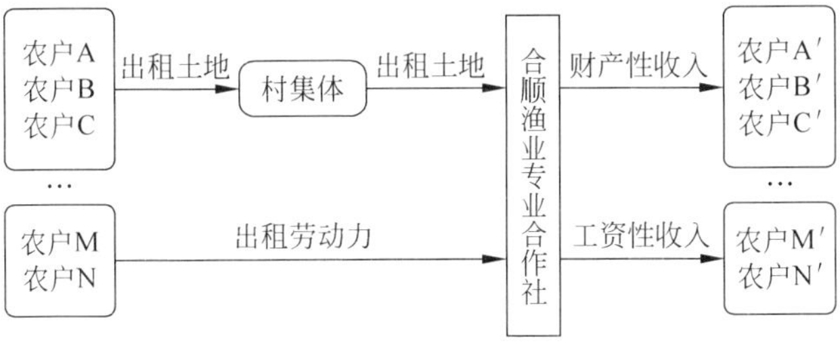

图 3　合顺渔业农民专业合作社(张洼村)土地流转示意图

五、两种土地流转方式对农民增收的影响对比分析

从前文对农户家庭总收入结构性来源的情况调查可知,土地流

转会对农户家庭总收入提高产生影响，并且不同流转方式影响途径并不相同。本部分将对农地租赁制流转和农地股份合作制流转这两种土地流转方式对农民增收的影响进行研究。具体而言，农户土地流转后，土地流转行为直接对农户家庭总收入产生短期影响，这些影响对农户家庭总收入结构性来源产生直接效应并使之变化。

（1）农户家庭人均总收入

从整体上看，两种土地流转模式确实都能够提高农户家庭总收入。表2显示，对于农地租赁制流转，转入农户人均总收入高于转出农户，未流转农户人均总收入在三个地区都是最低的。农地股份合作制流转中受访者人均总收入约为18 473.13元，大大高于农地租赁制流转和农民专业合作社流转的农户平均收入。而且由于工资性收入较高，使得农民专业合作社农户人均总收入达12 719.55元，仅次于农地股份合作制。

表2　各地区农户家庭人均总收入（单位：元）

地　　区	流转（转出）	流转（转入）	未流转
肖家庄镇	7 788.16	7 422.56	6 890.00
闫寺街道	8 717.24	9 207.45	7 066.94
北城街道	10 229.26	11 224.56	8 456.12
耿店村（绿冠蔬菜农地股份合作社）	18 473.13	0.00	0.00
张洼村（合顺渔业农民专业合作社）	12 719.55	0.00	0.00

资料来源：根据调研数据计算所得。

对比两种流转方式的农户家庭人均总收入，不难发现也存在一定的收入差距。其原因有以下三点：其一，区域经济差异。农地股份合作制处于经济发达的茌平县，其整体收入水平较高，而农地租赁制流转选取样本点遍布各市，与茌平县相比，自然存在一定差距。其二，财产性收入差异。财产性收入较高为农地股份合作制收入高于农地租赁制流转另一个原因。与农地租赁制流转和未流转农户人均财产性收入相比,农地股份合作制农户会明显高出较多,这也是不同流转方式所带来的影响。其三,生产技术与效率差异。从耿店村绿冠蔬菜农地股份合作社发现,本地特色蔬菜的种植一直深耕细作,技术效率较高,耿店村农户人均收入达18 473.13元,高于张洼村农户收入,即使与茌平县肖家庄镇的小高村相比较,亦具有一定优势。

(2) 工资性收入

如表3所示,农地租赁制流转、农民专业合作社和农地股份合作制流转的农户家庭人均工资性收入高于未参与土地流转农户家庭的人均工资性收入。而且工资性收入的提高主要源于农户从事非农工作。根据实地调研发现,绝大部分农户是兼业农户,真正意义的纯农户并不多。因此在土地流转前,大部分农户已经从事非农工作,并获得一定的工资性收入,如表3所示,这三个地区即使未流转土地的农户家庭总收入结构性来源中也包括工资性收入。工资性收入的提高由多方面因素造成。由三地调研数据可以看出,转出农户人均工资性收入最高,其次是未流转农户,最后为转入农地农户。土地流转影响工资性收入原因可能有以下几点:

表3 各地区农户工资性收入(单位:元)

地　区	流转(转出)	流转(转入)	未流转
肖家庄镇	4 005.00	3 847.60	3 988.40
闫寺街道	6 233.33	5 981.00	5 690.31
北城街道	4 772.22	4 100.98	409.21
耿店村(绿冠蔬菜农地股份合作社)	7 879.63	0.00	0.00
张洼村(合顺渔业农民专业合作社)	8 823.53	0.00	0.00

资料来源:根据调研数据计算所得。

其一，劳动力分配。农户家庭的劳动力总是有限的，如果同时从事非农就业和农业生产的话，必然会分散劳动力分配。在农地有限情况下，农户必须保留一定的劳动力以便经营农地，因而非农就业劳动力相对减少。由于非农就业产出高于农业产出，土地流转有利于农户剩余劳动力的释放和农民增收，因此转出农户相比其他两类农户，农户家庭人均工资性收入较高。

其二，务工范围。我们在调研时发现，经济发展状况与工资高低密切相关，其中茌平县工资水平明显高于其他市县。因此对于农户务工而言，去茌平县务工是最为经济的，因为同样的时间可以得到更多的收入。但调研时发现不少农户由于家中仍有农地无法离开，因此放弃去高工资性收入地区工作，非农就业地点一般就选在附近城镇。而转出农户没有农地的束缚，可以到工资较高的地区就业。

从表3中还可以得出，农地股份合作制流转和农民专业合作社流转农户人均工资性收入明显高于农地租赁制流转农户，主要原因有以下几点：

其一，土地流转差异。农地股份合作制流转和农民专业合作社流转主要是在村集体干预下有计划地集中流转。在调研时我们发现不少农户流转受周围农户的影响，被气氛所带动而流转（占比89.77%），最后整村基本全部流转农地。这种从众流转心理间接地让农户转出农地，进而提高了农户人均工资性收入。农地租赁制流转农户彼此间并不存在此种情况，流转基本上为私下协商自发流转。

其二，岗位供给差异。农地股份合作制流转和农民专业合作社流转农户面临着比农地租赁制流转更好的岗位供给环境。耿店村绿冠蔬菜农地股份合作社和合顺渔业农民专业合作社在招聘劳动力时优先雇佣当地居民（即社员）。当地厂家工资水平达7 000—8 000元时，很大程度上提高了农户工资性收入。同时合作社的日常维护和管理,也同样雇佣当地居民,使得居民就业率大大提高,因此在当地即使60岁出头的老人,依然能够找到不错的工作。但是农地租赁制流转农户就没有这样的岗位供给,农户需要自己寻找工作,且工资水平无法保证。另一方面,超过60岁的年长者很难找到合适工作,大部分都赋闲在家,无法获得工资性收入。

其三,工作培训差异。农地股份合作制和农民专业合作社农户土地流转后,从事非农工作前接受一定的技术培训,这为农户寻找到收入较高的工作而提供了一定的条件和基础,相比普通农户将更有优势。农地租赁制流转农户都是自发行为,一般没有特殊技能,在寻找工作时选择面较窄,而且工资性收入较低。

(3)家庭经营性收入

如表4所示,不同土地流转方式使得家庭经营性收入出现差异性变化。农地股份合作制流转地区,接近98%的农户将土地全部流转,完全失去家庭经营性收入。由于缺少了农业收入,家庭经营性收入大幅减少,仅从农户收入角度出发,农地股份合作社流转农户家庭经营性收入低于农地租赁制流转。对于农地租赁制流转,转入农户由于农地的租入,经营面积增加,家庭经营性收入也增加。其中北城街道的土地租入农户最高,户均经营面积达21.6亩,远远高于当地户均13.23亩的水平。家庭经营性收入排名第二的为闫寺街道土地流入农户,最后是肖家庄镇土地流入的农户。以上地区农地经营面积的差异是造成家庭经营性收入差异的主要原因。但是耿店村绿冠蔬菜农地股份合作社流转情况则有所不同。其土地基本上流转到合作社,目的是种植特色蔬菜,所以家庭经营性收入中农业收入大幅下降,为283.85,远低于其他类型的农户,但是,其他收入却相对较高。在其他收入方面,各地区不同类型农户彼此存在差异,差距较为明显。

表 4 各地区农户家庭经营性收入(单位:元)

地 区	家庭经营性收入	流转(转出)	流转(转入)	未流转
肖家庄镇	农业收入	1 770.01	2 409.41	1 852.90
	其他收入	786.40	180.22	199.51
闫寺街道	农业收入	1 676.69	2 602.45	861.90
	其他收入	187.34	199.01	254.90
北城街道	农业收入	2 033.61	5 390.07	1 097.31
	其他收入	1 202.78	1 136.49	6 701.57
耿店村(绿冠蔬菜农地股份合作社)	农业收入	283.85	0.00	0.00
	其他收入	1 015.73	0.00	0.00
张洼村(合顺渔业农民专业合作社)	农业收入	279.38	0.00	0.00
	其他收入	970.59	0.00	0.00

资料来源:根据调研数据计算所得。

根据上述分析,可以看出两种土地流转方式在对农户家庭总收入结构性来源的影响存在一定差异:

其一,作物种植品种具有差异性。耿店村绿冠蔬菜农地股份合作社流转主要用以种植特色蔬菜等经济作物为主,而普通未流转农户主要种植粮食作物,而且比例较少。耿店村绿冠蔬菜农地股份合作社则是其市场运作中的重要一环,由于拥有较为健全的销售、供给渠道,因此能够获得一个较为稳定的预期收益。耿店村绿冠蔬菜农地股份合作社由政府和集体开辟销售渠道,使得农户无后顾之忧,安心种植高产值作物。农地股份合作制流转有利于经营者规避风险,也利于经营高产值农产品,提高农业产值。

其二,农地经营效率具有差异性。耿店村绿冠蔬菜农地股份合作制流转农户具有较好的经济基础和丰富的市场经验,对于农地投资多为长期投资,重视对农地进行系统投资,以期获得长期渐进的收益。耿店村绿冠蔬菜农地股份合作社代替农户对土地进行科技、技术、资金投资,解决农户缺乏资金而无法实现的技术投资,最终提高了农地集约经营的能力。张洼村合顺渔业农民专业合作社主要以养殖为主,具有特殊的销售渠道,收入提高较多。反观农地租赁制流转,无论是种田大户还是普通租赁者,在农地租入后并没有进行相应的技术投资,收入提高主要是依靠单纯扩大生产规模,并没有出现预期的农地集约和规模效益,农地潜力没有充分挖掘。

其三,农地经营投入具有差异性。耿店村绿冠蔬菜农地股份合作制和张洼村合顺渔业农民专业合作社流转后对农地经营投资较多:一方面来自合作社,另一方面来自租赁企业,还有政府相关投资。耿店村绿冠蔬菜农地股份合作社多次邀请专家进行培训,对农地生产条件和技术升级大约共投入百余万元。张洼村合顺渔业农民专业合作社更加注重专业化经营投入,资金主要来自于合作社和政府投资。农地的生产条件和生产效率在投资后得到了较大改善和提高,为农民增收打下基础。但是农地租赁制流转农户对租入农地基本不进行再投入,生产技术和条件改善不明显。在农地股份合作制与农民专业合作社流转情况下,农地生产经营效率有了质的改变,向稳步、渐进的集约型和规模化发展,有利于农业的长期健康发展和农民利益。

(4)财产性收入

本文将财产性收入划分为土地租金收入、股本分红收入和其他财产性收入三个部分。调研时发现,许多农户并非都拥有这三类收入,其具体情况如表5。

表5 各类农户财产性收入来源情况变动表

项　　目	土地租金收入	股本分红收入	其他财产收入
未流转农户	0.00	0.00	↑
农地租赁制转出农户	↑	0.00	↑
农地租赁制转入农户	↓	0.00	↑
农地股份合作制农户	↑	↑	↑
农民专业合作社农户	↑	0.00	↑

注:"↑"表示此类收入为正,"0"表示不存在此类收入,"↓"表示此类收入为负。

未流转农户只有其他财产性收入一项收入来源。农地租赁制转出农户的财产性收入来源为土地租金收入和其他财产性收入。农地租赁制转入农户有其他财产性收入，同时由于其租入农地，因此该类农户还需要支付土地租金。农民专业合作社流转农户在转入、转出农户的财产性收入情况与农地租赁制流转农户基本一致。农地股份合作制农户的财产性收入来源最广，而且土地租金收入、股本分红收入和其他财产性收入三类收入同时存在。

农户家庭总收入结构性来源的不同导致了农户在财产性收入上具有较大差异性，如表6所示。对于各种类型农户而言，农地资源仍是财产性收入最主要的来源，因此土地租金影响着农户财产性收入多少。农地股份合作制流转中的股本分红收入，也是农户家庭总收入的重要组成部分。通过比较不难发现，在对财产性收入影响方面，农地股份合作制流转相比农地租赁制流转具有较大优势。主要原因有以下几点：

表6　各地区农户人均财产性收入比较（单位：元）

地　　区	财产性收入	流转（转出）	流转（转入）	未流转
肖家庄镇	土地租金收入	375.75	0.00	0.00
	股本分红	0.00	0.00	0.00
	其他财产收入	226.00	274.13	196.19
闫寺街道	土地租金收入	318.90	0.00	0.00
	股本分红	0.00	0.00	0.00
	其他财产收入	0.00	0.00	0.00
北城街道	土地租金收入	1 498.15	0.00	0.00
	股本分红	92.59	0.00	0.00
	其他财产收入	413.89	200.76	56.81
耿店村（绿冠蔬菜农地股份合作社）	土地租金收入	2 147.04	0.00	0.00
	股本分红	5 621.92	0.00	0.00
	其他财产收入	162.50	0.00	0.00
张洼村（合顺渔业农民专业合作社）	土地租金收入	1 850.00	0.00	0.00
	股本分红	0.00	0.00	0.00
	其他财产收入	352.94	0.00	0.00

资料来源：根据调研数据计算所得。

其一,收入渠道差异。农地股份合作制流转与农地租赁制流转相比,前者土地流转之后农户家庭总收入结构性来源中增加了股本分红收入。耿店村绿冠蔬菜农地股份合作制流转采用的是股份合作社经营模式,农民利用股权集体管理、经营合作社,享受经营增值带来的收益。如案例所示,农户每年可以从资金互助社里面获得一定的股本红利,每年人均分红1 000元左右,并且根据经营状况做出相应调整。对于农地租赁制流转,农户仅是将农地对外租赁以获取土地租金收入,而对农地的增值收益并不享有分享权利。

其二,土地租金收入差异。农地股份合作制流转与农地租赁制流转比较而言,前者土地流转之后农户家庭总收入结构性来源中的土地租金收入更高。耿店村农户每亩租金为1 800元左右,张洼村每户为1 500元;农地租赁制流转地区,土地租金最高为北城街道1 000元/亩。农民专业合作社条件下,土地租金由专业合作社出面与企业洽谈,这使得农户获得更高土地租金的能力和基础:一方面企业种植高附加值经济作物,有能力支付较高土地租金。农地租赁制流转的土地租金主要由出租农户和承租人洽谈,农户拥有的谈判条件匮乏,无能力要求高土地租金;另一方面承租对象多种植附加产值较低的粮食作物,也无法承担较高土地租金,调查中肖家庄镇承包户主要以种植粮食为主,每亩土地租金仅为800元。

其三,收入增长差异。我们通过对农地租赁制流转农户调研发现,土地租金在租期内基本不变,即使变化也是随粮食市场价格变化而变化,并不会因为社会经济等原因影响而改变,因而在物价上涨形势下,租赁农户存在着损失风险。耿店村绿冠蔬菜农地股份合作社支付给农户的土地租金会随着社会经济外部环境而变化,已从刚建立时的800元/亩增加至1 800元/亩,这保证了农户长期利益。同时股本分红收入也会随着农地股份合作社经营情况而提高比例。张洼村合顺渔业农民专业合作社流转土地租金也定期根据市场上涨,从最初的100元/亩上涨到1 500元/亩。

其四,流转年限差异。农地租赁制流转年限较短,一般为 5 至 10 年,最短年限为 1 年。对于承租者而言,签订短期租赁合同时不愿意过多投入,这造成农业生产技术和效率较低的现状。租出农户出于以下两方面考虑:一方面,如不能继续非农就业,务农还能为其提供基本生活保障;另一方面,每年土地租金也有一定的增长,一个固定的租金水平会使其经济利益受到损失。耿店村由于基础设施等都由合作社投资,因此租期长短的影响并不大。总之,从调研数据和实际情况看,农地股份合作制流转与农民专业合作社流转相比而言,前者的财产性收入增长的收入提升效应较大且具有长期性。

(5)转移性收入

据我们实地调研发现,农户转移性收入主要包括两大部分:补贴和其他转移性收入。农户最稳定的长期补贴就是农业种植补贴。农地转入农户由于经营面积较多的土地,补贴收入较多,从表 7 中也能看出农地转入农户转移性收入高于其他农户,其次是未流转农户,再次是农地转出农户。耿店村绿冠蔬菜农地股份合作社和张洼村合顺渔业农民专业合作社流转农户的补贴主要有两部分:一部分是政府给予合作社的补贴,合作社用于渔业设施配套;另一部分,合作社根据赢利状况,给予农户一定的实物补贴。其他转移性收入主要是农村养老保险。其中最高的是农地股份合作制流转农户,每年人均达 350 元左右,农村养老保险金主要与各地政府经济基础有关,经济发达地区政府转移性支付较多。同时耿店村集体给予一定的补贴。考虑到养老金支付额度是由政府调控,其差距无法依靠农户个人行为改变。就农地租赁制流转和农地股份合作制流转而言,前者更有利于农户转移性收入提高,也在一定程度上扩大了农户家庭总收入结构性来源内容,也即农地耕种补贴,其在一定程度上促进了农民增收。

表7 各地区农户转移性收入比较(单位:元)

地区	转移性收入	土地转出	土地转入	未流转
肖家庄镇	补贴或援助	281.90	333.19	252.79
	其他转移收入	343.10	378.01	400.21
闫寺街道	补贴或援助	112.04	201.99	120.52
	其他转移收入	188.94	223.00	139.31
北城街道	补贴或援助	78.43	189.00	90.41
	其他转移收入	137.59	207.26	100.81
耿店村(绿冠蔬菜农地股份合作社)	补贴或援助	907.25	—	—
	其他转移收入	455.21	—	—
张洼村(合顺渔业农民专业合作社)	补贴或援助	0.00	—	—
	其他转移收入	443.11	—	—

资料来源:根据调研数据计算所得。

总结上述三种土地流转方式的对比情况,可知农地股份合作制流转和农民专业合作社流转相比农地租赁制流转更有利于农户家庭短期总收入的提高。但就对农户家庭总收入结构性来源影响而言,三种流转方式表现又有所不同:农地股份合作制流转在促进农户工资性收入和财产性收入提高方面更有优势,且收入差距较大;而农地租赁制流转方式下,农户转移性收入较多,但收入差距接近。

六、研究结论

通过探讨返乡农民工创业利用土地所采用的差异化土地流转方式对农户家庭总收入及其结构性来源影响的研究,我们得到以下几方面的研究结论:

第一,与租赁制流转相比较,农地股份合作制流转和农民专业合作社流转更能够促使农民增收,而且农地股份合作制流转、农民专业合作社流转和农地租赁制流转对农户家庭总收入结构性来源的效应具有差异性。但就长期收入而言,农地股份合作制流转和农民专业合作社流转相比农地租赁制流转更能有效地促进农民增收。

第二,农地股份合作制流转、农民专业合作社流转与农地租赁制流转对农户家庭总收入结构性来源的促进作用各有高低。在农户工资性收入与财产性收入方面,相比较农地租赁制流转,农地股份合作制流转对农民增收效果更为明显,而且对其收入的提高幅度更大。

第三,农地股份合作制流转和农民专业合作社流转更能有效地促进土地规模适度经营和提高土地生产效率,而农地租赁制流转在此方面的作用则相对较有限。在农地股份合作制流转下,由于大量资本和科技投入,农地生产集约化、规模化,农地产值大幅增加。

第四,农地股份合作制流转风险和成本高于农地租赁制流转,且成立条件较为严格。就农民增收的效果而言,农地租赁制流转低于农地股份合作制和农民专业合作社流转,而且出租期限较短、投入较少,且可以及时灵活地改变农地经营方式,尽可能地减少损失和回避风险。

参考文献

1. 李超:“新型城镇化背景下农村土地制度改革研究”,《新常态:传承与变革——2015中国城市规划年会论文集》2015年9月。
2. 厉以宁:“新一轮农村改革最重要的就是土地确权”,《理论学习》2013年。
3. 厉以宁:《中国经济双重转型之路》,中国人民大学出版社2013年。
4. 厉以宁:“缩小城乡收入差距促进社会安定和谐”,《北京大学学报(哲学社会科学版)》2013年。
5. 厉以宁:“继续以体制转型带动发展转型”,《新金融》2014年。
6. 程志强:“规模连片经营一定要土地使用权的集中吗?——基于漯河市粮源公司‘中间人’制度的案例分析”,《中国市场》2011年。
7. 程志强:《农业产业化发展与土地流转制度创新的研究》,商务印书馆2011年。
8. 程志强:“农地流转形式和农业产业化垂直协调的契约安排研究”,《中国市场》2012 年。
9. 赵秋运:“双重转型,土地流转与农民收入分配”,《未名经英学术论坛工作论文》,2016 年。

（赵秋运,北京大学国家发展研究院、新结构经济学研究中心;宋军继,聊城市人民政府）

关于内蒙古自治区农牧民工市民化问题的思考

马海超　罗　青

一、农民工市民化问题的由来

党的十八大以来，全国上下积极适应把握新常态，牢固树立新发展理念，大力推动大众创业、万众创新，经济结构调整和转型升级持续加快。大众创业、万众创新有效带动了就业增长，支撑了经济稳中向好。国家统计局的统计资料显示，2013—2016 年，我国城镇新增就业连续四年保持在 1 300 万人以上，31 个大城市城镇调查失业率基本稳定在5%左右，农民工总量年均增长1.8%[1]。大学生和返乡农民工创业就业人数大幅增加，近年来农民工返乡创业累计超过450万人[2]。

近年来，随着我国经济建设的快速步伐，农民工数量也逐年增长。根据国家统计局发布的《2016年农民工监测调查报告》，到2016年，我国的农民工总量已经达到2.82亿人，占全国总人口的比例达到20.39%；比2015年增加了424万人，增长1.5%；与2008年相比，农民工总量增加了5 629万人，增长24.97%。到2016年，我国的本地农民工数量达到1.12亿人，比2015年增加了374万人，增长3.4%；外出农民工1.69亿人，比2015年增加了50万人，增长0.3%；新增农民工的本地化特征明显，本地农民工增量占新增农民工的88.2%（见图1）。

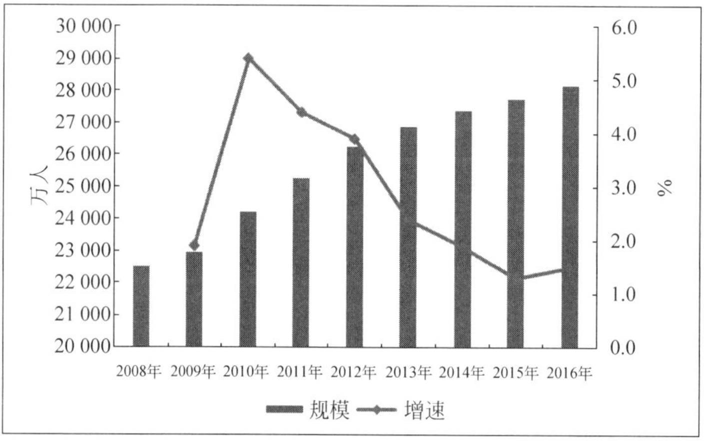

图1 我国农民工总量及增速(2008—2016)

资料来源：国家统计局历年《农民工监测调查报告》。

---

[1] 数据援引自国家统计局《新理念引领新常态 新实践谱写新篇章——党的十八大以来经济社会发展成就系列之一》。

[2] 数据援引自国家统计局《创业创新蓬勃兴起 新兴产业茁壮成长——党的十八大以来经济社会发展成就系列之四》。

农民工作为我国经济建设和城镇化进程中的一个庞大群体,为我国的经济社会发展做出了巨大的贡献。在经济新常态的背景下,去产能、调结构成为我国现阶段经济建设的重中之重,一批落后的产能先后被淘汰出市场,为经济结构转型、产业结构升级打下了良好的基础。但与此同时,一批落后企业的关停退出,也在短期内削减了传统行业的就业机会,客观上减少了农民工的务工渠道,影响到农民工群体的就业。为了引导和鼓励农民工创业,打造新形势下的农民工就业模式,带动农民工群体增收致富,保护农民工群体的社会权益,我国的《全国农村经济发展"十三五"规划》中出台了一系列惠及农民工的政策。

(1) 鼓励农民工返乡创业:鼓励输入地在产业升级过程中对口帮扶农民工主要输出地,通过建设承接产业园区等方式,引导劳动密集型产业从输入地向输出地转移,带动农民工等人员回流输出地、返乡创业。

(2) 鼓励到家乡再创业:通过提供优惠政策,鼓励在外打工期间积累了一定资金、技术和管理经验的农民工,抓住机遇把合适的产业转移到家乡创业兴业,把小门面、小作坊升级为特色店、连锁店、品牌店。

(3) 引导和鼓励发展电子商务:引导和鼓励电子商务交易平台渠道下沉,通过线下教育和优惠政策,带动农民工通过电子商务交易平台开展商业活动,充分挖掘输出地特色产品,同时促进当地品牌化经营。

(4) 鼓励农林牧渔业规模化经营:鼓励返乡人员共创农民合作社、家庭农场、林场等新型农业经营主体,发展规模种养、农产品加工、农村服务业以及农技推广、林下经济、贸易营销、农资配送、信息咨询等产业。

(5) 规范农民工劳动用工:指导和督促用人单位与农民工依法签订并履行劳动合同,规范农民工劳动用工管理,保障农民工的合法权益，避免出现用人单位拖欠农民工薪资等情况的发生。

（6）推动为农民工办理保险：依法将与用人单位建立稳定劳动关系的农民工纳入城镇职工基本养老保险、基本医疗保险和工伤保险的保障范畴，同时积极推动用人单位为农民工办理失业保险，保障农民工劳动报酬权益。

（7）加强职业病防治和农民工健康服务：改善农民工劳动条件，严格遵守安全条例，保障安全生产，用人单位应为农民工提供健康服务。而输出地则应及时将返乡创业农民工等人员纳入到社保、住房、教育、医疗等公共服务范围。

近年来，国家、社会对农民工问题日益重视，中央陆续出台了一系列文件保障农民工群体的相关权益。在我国新型城镇化过程中，农民工群体是城镇建设的主力军，也决定着新型城镇化的质量和效果。城镇化水平的高低是衡量一个地区现代化发展程度的重要指标，更是地区经济发展和社会发展的必然趋势。城镇化的实质是人的城镇化，农村地区人口向城市地区的转移是城镇化发展的必然趋势。农民工这一特殊群体是我国经济转型时期的阶段产物，随着我国城镇化进程的推进，农民工这一特殊群体将最终转变为真正意义的产业工人，大量的农村剩余劳动力也会在完成城镇化进程的大、中、小城市中稳定就业。

虽然数量庞大的农民工群体生活在城市里，在城市中居住、就业、娱乐，但他们拥有的依然是农村户口，不具备城市市民的身份；虽然农民工已成为城市产业工人的主力群体，为城市建设做出了巨大贡献，却无法获得与市民平等的社会待遇与公共服务。农民工在进入城市后，除了应获得市民身份及相应的权益，更应在思想上、行为上、生活方式上融入城市，成为真正意义上的市民。但从现阶段来看，农民工群体只是实现了地域与职业的转移，他们的社会身份仍然是农民，无法享有市民的身份和权利，更没有形成城市化的生活方式和价值理念，游离于城市与农村之间，缺乏对城市的归属感。

农民工市民化的目标是让农民工群体逐渐融入城市，拥有和普通市民相同的权利，能够长期稳定地工作和生活。这一举措不仅强调转变农民工目前长期流动的工作和生活方式，更加强调提升农民工的生活品质。为了实现这一目标，政府在为农民工提供就业机会的同时，更应积极为其提供公共服务和社会保障。

农民工市民化是与城镇化进程相辅相成的。一方面，农民工市民化的工作依赖城镇化发展，因为城镇化为其提供了外部条件，是农民工市民化的基础、载体和平台。反之，农民工市民化的演变过程又能促进城镇化的发展，也体现了我国城镇化进程“以人为本”的目标。基于此，农民工市民化贯穿于城镇化进程始终，城镇化是形，而市民化是质，农民工市民化程度是体现城镇化建设质量的关键因素。稳步推进城镇化进程，促进农民工由农民身份转变为市民身份，不仅仅是社会主义现代化建设以及社会经济发展的需要，也是解决好“三农”问题的需要。促进农民工实现市民化，共享城镇化建设成果，不仅可以保障这一群体的生存和发展，促进我国城镇化进程又好又快推进，也是实现公平正义和维护社会稳定的必然要求。

二、内蒙古自治区经济社会发展概况

内蒙古自治区是新中国的“长子”，成立于1947年，是我国第一个实行民族区域自治制度的省级行政区。成立70年以来，内蒙古自治区的生产总值从1947年的5.37亿元，增加到2016年的18 633亿元；城镇居民人均可支配收入从1978年的301元，增加到2016年的32 975元，农牧民人均可支配收入由131元增加到11 609元；人口从1947年的561.7万人，增长到2016年的2 520.1万人；粮食产量从自治区成立之初的185万吨增加到2 780万吨，整整翻了15倍；“十二五”期间为220万户城乡困难家庭改善了住房条件，2016

年城镇居民和农牧民人均住房建筑面积达到32.2平方米和27.4平方米，分别是1990年的3.6倍和2.3倍；"十二五"期间有178万农牧民摆脱了贫困，2016年又有24.6万贫困人口实现脱贫，全区贫困人口减至55.6万人，贫困发生率降到了4.1%。在党和国家的正确领导下，在各族人民的共同努力下，内蒙古自治区的经济发展取得了长足的进步。成立70年来，内蒙古自治区的生产总值增长642倍、人均生产总值增长近145倍，实现了从温饱不足向全面小康迈进的历史性转变[1]（见图2）。

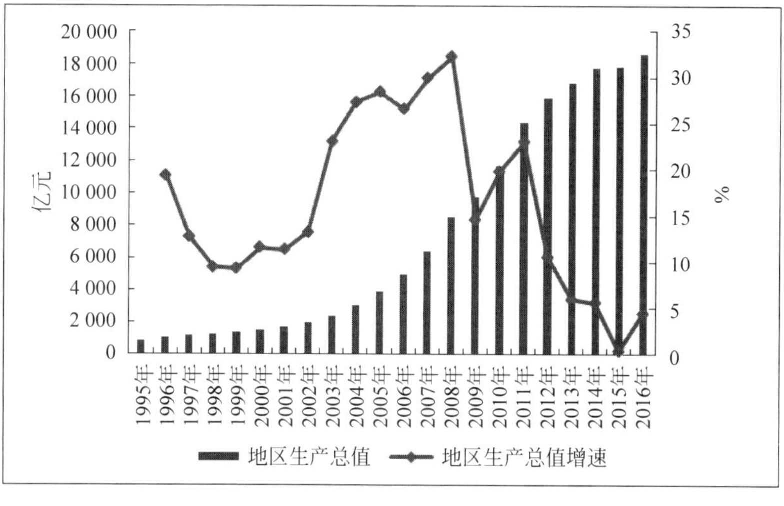

图2　内蒙古自治区经济增长情况（1995—2016）

资料来源：国家统计局网站。

内蒙古草原是我国五大牧区之首，一直以来，农牧业都是内蒙古的特色优势产业，为全区经济社会发展发挥了重要作用。在供给侧结构性改革的形势下，内蒙古自治区立足资源优势，围绕产业链条，农牧业产业化发展良好，为农牧民工返乡创业提供了良好的

---

[1] 数据援引自内蒙古自治区政府新闻办召开的内蒙古自治区成立70周年新闻发布会通报材料。

环境。

一是总量规模不断扩大。2016年,全区销售收入500万元以上农畜产品加工企业达到1 907家,共实现销售收入4 398.5亿元,增长7.6%,实现增加值1 316.8亿元,增长7.5%[1]。种植业总产值达1 015.07亿元,比1947年增长277.87倍[2]。

二是优势特色产业稳步壮大。形成了乳、肉、绒毛、粮油、马铃薯、蔬菜(瓜果)、饲草料、特色等主导优势产业,乳、粮食、肉类加工分别实现销售收入1 419.3亿元、943亿元和693.4亿元[3]。

三是产业发展层次稳步提升。牛奶、羊绒、肉羊等产业发展水平处于全国领先行列,建成了国内规模最大、技术研发和加工水平最高的产业园区和加工基地。全区农畜产品加工率达到60.9%,精深加工水平稳步提升[4]。

四是辐射带动能力持续增强。全区有214万户农牧民进入产业化经营链条,龙头企业与农牧民建立利益联结机制的比例达到81%,其中建立紧密型利益联结机制的达到43%。全区农牧民人均从产业化经营中得到收入5 264元,占农牧民人均可支配收入的40%以上[5]。农牧民人均纯收入由自治区成立之初的106元增加到11 609元,增长109倍[6]。农牧业产业化的较快发展,有力推进了农牧业现代化,促进了全区经济持续平稳健康发展,为带动农牧民增收做出了积极贡献,为全区1 400万农牧民小康梦的实现奠定

---

[1] 数据援引自内蒙古自治区农牧业厅《2016年农牧业产业化发展情况》。

[2] 数据援引自《内蒙古日报》新闻报道《内蒙古农牧业"十三连丰"奏响现代农业最强音》。

[3] 数据援引自内蒙古自治区农牧业厅《2016年农牧业产业化发展情况》。

[4] 同上。

[5] 同上。

[6] 数据援引自《内蒙古日报》新闻报道《内蒙古农牧业"十三连丰"奏响现代农业最强音》。

了坚实基础。

内蒙古自治区在 2008 年启动中央下放煤矿棚户区、国有林区棚户区、国有垦区危房(棚户区)、城市棚户区、国有工矿棚户区改造工程,2008 年至 2016 年间,共实施各类棚户区改造 157.6 万套,完成投资 2 738.7 亿元,约 438 万城镇居民受益[1],受益人口约占全区总人口的 1/5。保障性住房让更多的低收入农牧民群众分享住房保障政策、共享改革发展成果,有力地带动了人口城镇化。目前,在内蒙古自治区的常住人口中,城镇人口为 1 542.1 万人,乡村人口为 978.1 万人;人口城镇化率达到 61.2%,比 2015 年提高 0.9 个百分点[2](见图 3)。

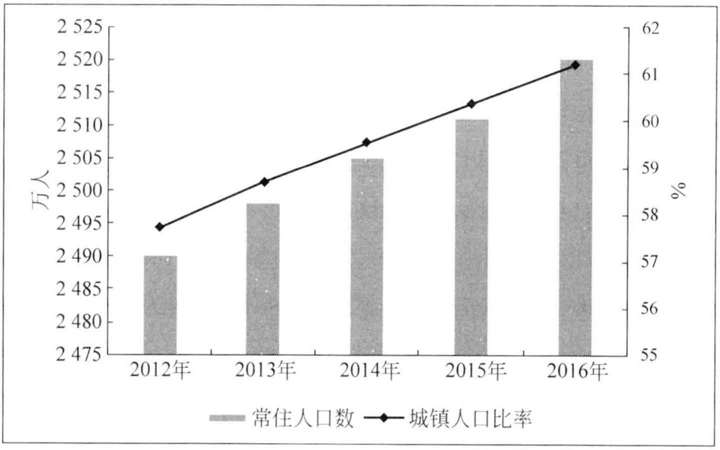

图 3　内蒙古自治区人口城镇化情况(2012—2016)

资料来源:国家统计局网站。

内蒙古自治区是我国重要的农牧业产业地区,是少数民族地区、边疆地区、生态脆弱地区。内蒙古自治区近年来经济快速发展,

〔1〕 数据援引自内蒙古自治区人民政府门户网站。

〔2〕 同上。

城镇化进程加速,大批农牧民工涌入城市,他们作为连接农牧区与城市、农牧业与工业的桥梁和纽带,也成为内蒙古自治区加速实现城镇化的关键因素和主体力量。近年来,由于内蒙古自治区基础设施日趋完善,产业基础日益增强,政策法规日益健全,众多投资者被吸引至内蒙古自治区,相关产业开始大规模涌入该地区。这一产业转移趋势为内蒙古经济发展提供了有利条件,促进了该地区农牧区富余劳动力的不断增加。在城市发展的过程中,拉动了当地的劳动力需求,内蒙古自治区的农牧民工加快从农牧区转移到城市的脚步。相关数据显示,截至2016年年底,内蒙古自治区全区常住人口为2 520.1万,流动人口为469.4万,其中主要是从农牧区进城务工的农牧民。农牧民工的生活条件如何,不仅与农牧民工自身的利益息息相关,更加影响着当地的民族团结和政治稳定。因此,农牧民工市民化是解决好内蒙古自治区“三农”问题的关键,也是农牧区剩余劳动力转移的必然趋势。

“三农”问题是城乡二元结构长期积累的结果,而农民问题又是解决“三农”问题的核心与关键。推进农牧民工市民化进程,有利于解决农牧区的“三农”问题,有利于推动经济发展方式转变,有利于保障内蒙古自治区城镇化进程。

三、内蒙古自治区农牧民工市民化制约因素分析

内蒙古自治区作为西部欠发达地区,经济实力较东部发达地区仍有较大差距,农牧民工市民化进程受到了政策不到位、制度以及农牧民工自身素质等多方面因素的影响。影响内蒙古自治区农牧民工市民化进程的原因主要有以下几方面。

(一)农地流转不畅

土地是农村最重要的生产要素,是农民传统的生存依托,土地

问题得不到有效解决，成为农民工进城的后顾之忧，农民工很难一心一意扎根在城市里。农村土地流转是指农村家庭通过合法途径，将土地承包权予以保留，而将土地经营权合法转让给他人或组织。土地流转这一举措适应现代化的农业经营模式，是提高农民劳动生产率、培育新型职业化农民、促进农业产业化发展、解放农业生产力、释放农村活力的必由之路。虽然内蒙古自治区出台了一系列有关农村土地流转的政策规定，目前内蒙古自治区的农村土地流转仍不够顺利，主要有以下几方面原因。

一是土地流转社会化服务缺失。我国的《农村土地承包法》于2003年就已开始实行，但根据农村土地承包经营权证变更服务的有关规定，农村土地所有户只能在土地转让及互换这两方面进行变更，而农户的其他服务需求得不到满足。总体来看，内蒙古自治区尚未建立起正式的土地流转市场，由于当地缺乏符合资质的土地流转信息平台和相应的中介服务机构，买卖双方存在信息不对等的情况，导致有地想转出的农户找不到需求方，而想要转入的农户却找不到供给方，不利于土地资源的有效配置。

二是土地流转手续不规范，在土地流转的过程中容易引起土地纠纷。首先，农户之间私下进行土地流转的情况比较普遍，而很少委托村级、乡级、旗县级组织通过正式途径进行土地流转；其次，农户间仍然倾向于采用过去土地转包、出租、代耕的模式，而非进行正式的土地转让；最后，部分进行土地流转的农户仅就此达成口头协议，很少以文字协议的形式对双方的权利和义务进行明确。由于缺少具有法律效力的土地流转手续，农户之间极易产生土地财产纠纷。

三是土地纠纷发生时，由于存在标的额度小、缺乏法律依据、取证困难等因素，农民的合法权益难以得到保障。原本应该诉诸调解、仲裁、诉讼等合法方式的土地承包纠纷，却往往在纠纷发生以后，出现村内难以进行调解、仲裁机构难以做出裁断、法院无法判决的情况，导致解决土地纠纷的成本高昂，农民的合法权益难以得到保障。

（二）城乡二元户籍制度

我国自1958年开始实行农业户口和非农业户口的二元户籍划分制度，由此带来社会权益保障的差异，农业户口的权益主要包括农村二轮承包土地的一揽子权益和宅基地，而非农业户口的权益主要体现在教育、医疗、就业、保险、住房等方面。依附在户籍性质上的医疗、就业、住房保障等方面的差别待遇，致使户口中隐形涵盖了许许多多的社会福利以及公共利益，在社会管理中占据基础性地位。城乡二元户籍制度在我国存在了半个多世纪，造成了人为的身份区隔和地域歧视，形成城乡居民之间权利的不平等、享有公共资源和社会福利的不平等，也成为束缚人口城镇化进程的障碍因素。目前，我国城镇常住人口达7.5亿，但城镇常住人口中仍有2.5亿左右没有在当地落户。这导致很多农民工尽管从职业上早已成为城镇产业工人的重要组成部分，却仍无法摆脱农民的身份。

与东部发达地区相比而言，内蒙古自治区的户籍管理制度要宽松很多，中小城市的落户门槛较低，但仍不能有效吸引农牧民工在城市积极落户。一是因为农民工不愿意舍弃农村的土地，或土地没有顺利流转出去，依然保持着与土地的联系，需要保留农业户口。二是因为农牧民工的职业具有很强的流动性，经常需要随职业进行迁徙流动，农牧民工客观上无法长期在一个城镇定居。三是因为农牧民工的收入不稳定，收入水平普遍较低，面对城市中高昂的生活成本，经济压力较大。四是因为有些与农牧民工相关的社会福利没有很好的政策保障，制约了农牧民工进城落户。内蒙古自治区各盟市虽然都已基本解决农牧民工子女随迁就近入学问题，但在平等获得优质教育资源方面仍存在一定差距。造成农牧民工"一脚在城市里、一脚在农村牧区"的半市民化。

（三）社会保障体系不完善

内蒙古自治区正在逐年增加社会保障方面的投入，并实现了养老、医疗、社会救助的基础覆盖。尽管该地区在社会保障方面取得很大进步，但是随着当地流动人口的不断增加，目前提供的社会保障依然无法满足所有需求。内蒙古自治区城乡社保工作的地域分割式管理模式，直接造成了信息流通不顺畅、制度衔接不匹配等问题。同时，由于农牧民工在劳动关系、就业岗位、工作时间、工作收入等方面存在较大不确定性，目前当地青壮年农牧民工较少参加全口径社会保险。

目前，内蒙古一些地市对职工和城镇居民个人缴纳养老保险的政策尺度掌握不一，有的地方只允许其所在的企业为员工缴纳该险种。但由于对企业监督不到位，大部分中小企业为减少开支，并没有为农牧民工缴纳养老保险。农牧民工在城市生活的社会保障转移接续不顺畅，阻碍了其市民身份的转变。另一方面，筹措社保资金较为困难，国家财政和地方财政投入到农牧民工社会保障的预算有限，尚无法组织全面兜底的社会保障。目前，绝大多数青壮年农牧民工更偏好于现金收入，而难以期望农牧民工通过个人缴纳的方式筹集社保资金。基于此，应及早研究推动城乡统筹的社会保障体系，保障农牧民工市民化的进程。

四、加快内蒙古自治区农牧民工市民化的建议思考

随着内蒙古自治区经济社会的日益发展和农牧民工数量的不断增加，以促进农牧民工市民化为目标，不断完善和改革现有制度，是内蒙古经济社会发展的内在要求和迫切需要。

（一）推进农村土地制度改革

土地是农民主要的收入来源，应成为农民工市民化转变的坚强

后盾。为了完成土地制度改革，内蒙古自治区必须坚守“三条底线”（集体所有、不突破耕地红线、不损害农民基本权益），加快农村经营权流转试点工作和土地确权登记的工作进程，并适时推进宅基地制度改革。内蒙古自治区已在2013年基本完成当地农村牧区各类集体土地的所有权登记发证工作，但是当地有一小部分土地由于所有权仍然存在争议而无法完成确权登记、发证工作。下一阶段的工作中，当地政府不仅应该协调解决集体土地所有权争议问题，更应该重视农牧区宅基地使用权、集体建设用地使用权的确权工作。在此基础上，进一步完善农民土地承包权与经营权的分离制度，即农民拥有土地的承包权，但不一定拥有所承包土地的经营权。

以内蒙古巴彦淖尔市实施的农村土地流转为例，实施土地流转后，农民在通过土地得到稳定收入的同时，还能够通过外出务工或从事其他生产经营活动获得额外收入。具体来说，巴彦淖尔市土地流转补偿收入每亩200—800元左右，参与土地流转的农户户均每年获得流转收入6 000—24 000元，再加上从事其他生产经营活动带来的收入，土地流转户的农民人均纯收入大约是全市平均水平的2—4倍[1]。

（二）加快完善现行户籍制度

为了保障长期在城市工作和生活的农牧民工能够稳步实现身份转变，需要在户籍改革上继续迈出重要步伐，对我国的户籍制度做进一步的完善，以此来加速农牧民工市民化进程，从制度上保障城镇化推进的步伐。随着中央对户籍制度改革的不断深入推进，内蒙古自治区也相应进行了政策部署。

---

〔1〕 数据援引自内蒙古发展研究中心《巴彦淖尔市农村土地流转调研报告》（2013年第40期）。

表1　中央和内蒙古有关户籍制度改革的文件和会议内容

日　期	文件/会议	内　容
2010年1月31日	中央一号文件《中共中央国务院关于加大统筹城乡发展力度进一步夯实农业农村发展基础的若干意见》	深化户籍制度改革,加快落实放宽中小城市、小城镇特别是县城和中心镇落户条件的政策,促进符合条件的农业转移人口在城镇落户并享有与当地城镇居民同等的权益。多渠道多形式改善农民工居住条件,鼓励有条件的城市,将有稳定职业并在城市居住一定年限的农民工,逐步纳入城镇住房保障体系。采取有针对性的措施,着力解决新生代农民工问题。
2012年2月23日	《国务院关于积极稳妥推进户籍管理制度改革的通知》	要实行分类划分户口迁移制度,今后出台有关就业、义务教育、技能培训等政策措施,不与户口性质挂钩。
2014年7月30日	《国务院关于进一步推进户籍制度改革的意见》	取消农业与非农业户口区别。
2015年1月26日	内蒙古自治区十二届人大三次会议	内蒙古自治区政府主席巴特尔明确指出:“内蒙古将加速户籍制度改革,建立统一的居民居住证制度,分类推进农牧业转移人口在城镇落户。”
2015年3月5日	全国两会政府工作报告	李克强总理提出:“制定实施城市群规划,有序推进基础设施和基本公共服务同城化。”
2015年9月8日	《内蒙古自治区人民政府关于进一步推进户籍制度改革的实施意见》	进一步推进户籍制度和相关配套制度改革,推进农牧业转移人口市民化。
2016年9月19日	北京市发布《关于进一步推进户籍制度改革的实施意见》,至此,31个省份全部出台了户籍制度改革意见	改革意见中,各地普遍取消农业与非农业户口性质区分,部分地区放宽落户条件。

注:根据有关文件整理。

内蒙古自治区的户籍政策要有新思路，一是要深化户籍制度改革，二是要落实居住证制度。“十三五”期间深化户籍制度改革重在推进三个方面的重要转变：一是由对人口的控制转向对人口的服务与管理；二是由城乡二元户籍制度转向全面实施居住证制度；三是由治安部门管理为主转向人口服务部门的管理为主。对户籍制度进行全面深入的改革，彻底放宽城镇落户条件，逐步做到“人、地、钱”挂钩。稳步扩大新型城镇化综合试点范围，通过为进城民工提供居住地更优质的义务教育、就业、医疗等基本公共服务，提高当地居住证的含金量。发展中小城市和小城镇，容纳更多的农牧民工就近就业、创业，让他们挣钱顾家两不误。

内蒙古自治区建立新型户籍制度，在全面放开城市落户权的基础上，应进一步做好以下两方面的工作。一是进一步调整户口迁移政策。全面放开城区人口 100 万以下的城市和建制镇落户限制，合理确定城区人口 100 万以上的城市落户条件，促进有能力在城镇稳定就业的人员在城镇落户，切实解决无户口人员落户问题。二是改革人口管理制度。建立城乡统一的户口登记制度，建立居住证制度，健全人口信息管理制度。三是保障农牧业转移人口合法权益。完善农村牧区产权制度，保障农牧业转移人口原有合法权益，保障农牧业转移人口平等享受城镇基本公共服务。

（三）逐步健全社会保障体系

党的十八大报告中提出：“关于全面建成覆盖城乡居民的社会保障体系的相关会议精神，有助于为我国早日建成城乡一致的社会保障制度提供政策保障。”目前，内蒙古自治区已经迈入了新的发展阶段，为了加快当地农牧民工市民化的进程，保证城镇化质量，必须通过提供城乡统一的社保体系来保障农牧民工的权益和生活质量。

内蒙古自治区健全和完善面向农牧民工的社会保障制度体系，应重点做好以下三个方面的工作。一是深化改革。城乡医疗保险经办信息系统要实现“一网化”运行，异地就医结算实现跨旗县、跨盟市即时结算，启动跨省就医即时结算。二是扩面提标。要全面实施全民参保计划，完成基层人口的数据调查和比对工作；落实被征地农牧民养老保险政策，落实补贴资金；调增城乡居民基本养老保险基础养老金标准。三是社保扶贫。在落实自治区“两降低、两提高”基础上，出台建档立卡贫困人口家庭就医管理办法，实行盟市、旗县域内的农村牧区贫困人口先诊疗后付费，实现基本医疗保险、大病保险、商业保险、疾病应急救助、医疗救助“一站式”信息对接和即时结算；进一步提高医疗保险年度最高支付限额，提高旗县级及以下定点医疗机构住院政策内报销比例。

总之，农牧民工市民化是促进农牧民工返乡创业、统筹城乡经济协调发展、推动农牧区新型城镇化建设、优化生产要素配置的必然选择。因此，要继续提高对农牧民工市民化问题的重视程度，积极寻求破解问题的有效对策，不断探索少数民族地区、农牧区新型城镇化建设的创新模式，让城乡居民共享改革发展成果，让广大农牧民工从城镇化建设中受益，维护各地区、各民族、各阶层的和谐稳定，推动内蒙古自治区实现经济社会又好又快发展。

参考文献

1. 厉以宁(主编)、程志强(副主编):《中国道路与新城镇化》,商务印书馆2012年版。
2. 厉以宁(主编)、程志强(副主编):《中国道路与蓝领中产阶级成长》,商务印书馆2015年版。
3. 程志强:《资源繁荣与发展困境:以鄂尔多斯市为例》,商务印书馆2010年版。
4. 程志强:《农业产业化发展与农地流转制度创新的研究》,商务印书馆2012年版。
5. 程志强:“农地流转形式和农业产业化垂直协调的契约安排研究”,《中国市场》2012年46期。
6. 罗青、傅帅雄:“国有农场经营管理体制改革研究——以锡林郭勒盟乌拉盖为例”,《农场经济管理》2015 年 11 期。
7. 刘美玉:“基于扎根理论的新生代农民工创业机理研究”,《农业经济问题》2013 年 3 月。
8. 胡豹:“返乡农民工创业政策研究”,《企业经济》2011 年 11 月。
9. 尉强:“努力探索内蒙古农民工返乡创业之路”,《内蒙古统计》2011 年 6 月。
10. 闫少菲、张晓旺:“内蒙古返乡农民工创业增收三成”,《中国信息报》2016 年 11 月 9 日, 第 3 版。
11. 韦雪艳:“中国背景下农民工创业成长的过程机制”,《心理科学进展》2012 年 2 月。
12. 陈文超:“农民工返乡创业的影响因素分析”,《中国人口科学》2014 年 2 月。

(马海超,北京大学光华管理学院;罗青,内蒙古呼和浩特市委、市政府和林格尔新区党工委、管委会)

贵州省农民工创业园区建设模式研究

王　彬　李浩民　王春朝

一、贵州省农民工就业创业现状

（一）贵州农民工就业创业现状

2016年贵州省全省新增就业75.78万人，失业率为3.24%，政府大力贯彻“雁归兴贵”计划，建设了国家级农民工返乡创业试点，重点引导有资金和技术的农民工返乡创业，一共引导农民工返乡创业就业人数达到了90.65万人，全省农村劳动力转移就业85.98万人，并且帮扶了留守儿童困境儿童家庭劳动返乡创业10万人。贵州省对农民工就业创业工作的大力推进既实现了精准扶贫，又解决了留守儿童等社会问题，同时也促进了经济增长。

2017 年 1—6 月，贵州省农村劳动力转移就业 59.08 万人，农民工返乡创业就业人数达到 38.54 万人，其中返乡创业农民工人数为 5.76 万人，农村劳动力转移就业工作示范县国家级达到 6 个、省级达到 34 个，省级农民工创业示范园达到 23 个。

贵州省政府通过不断健全创业就业的政策和加大扶持力度，初步建立了全方面、多层次的创业就业服务体系，广泛地调动了贵州人民创业热情，为经济增长培育了新动能。

（二）贵州促进农民工就业创业政策

2014 年贵州省人力资源与社会保障厅出台了《贵州省推进农民工创业园建设指导意见》，意见明确了创业园的建设原则、政策扶持和组织管理等方面，从细处对创业园区建设进行了指导。

2015 年贵州省人力资源和社会保障厅出台的《全民创业行动计划》中提出了“双百工程”，目标到 2017 年年底，贵州省将创建农民工创业园 100 个、创业孵化基地 100 个。这一“双百工程”意在实现微型企业带动 30 万人就业，引导 75 万农民工返乡创业就业。

2015 年贵州省人民政府办公厅印发了“雁归兴贵”计划，大力引导农民工返乡创业就业，通过建立健全农民工返乡创业就业公共服务体系、落实农民工返乡创业就业减税降费政策、加强对农民工金融服务，以及强化就业组织等方面对农民工返乡创业给予便利和保障。

2016 年贵州省人力资源和社会保障厅印发了《贵州省精准推进就业扶贫工作方案》的通知，为农业劳动力精准开展职业培训，包括“农民工技能提升计划——春潮行动”、“四在农家、美丽乡村”等培训项目，提升农村劳动力的规范化技能；同时精准开展就业创业扶持，使农民工享受到就业创业服务的权利，促进贵州省农村劳动力转移就业。

2017 年贵州省人力资源和社会保障厅印发了《贵州省就业补助资金管理暂行办法》的通知,对农民工自主创业并带动就业且符合规定的,给予资金补助;对于国家级、省级等不同级别的农民工创业示范园给予不同程度的一次性补助。体现出贵州省对农民工创业的支持力度及重视程度,也为农民工创业提供了有力的保障。

贵州省十分重视农民工创业就业工作,出台各项优惠政策和扶持政策来指导农民工返乡创业就业工作的推进,同时,开展了全民创业行动计划、就业扶贫工程、“三创建”工程等重大工程和项目来促进农民工创业就业,为各地方政府提供了强有力的政策支持和保障。

(三) 贵州农民工创业的困难与阻力

农民工在创业过程中遇到许多困难和阻力,其中最常见的便是人力、物力和财力的缺乏。

(1) 人才素质有待提高。农民工受教育程度较低,自身人力资本水平不高,因此对于市场信息把握不足,缺乏管理才能,企业经营过程中容易遇到“瓶颈”,抗风险能力不强。

(2) 技术创新不足。农民工创业基本集中在技术含量低、准入门槛低的产业,技术缺乏使得企业创新能力不足,加上农民工缺乏创新意识,在激烈市场竞争中处于劣势。

(3) 资金紧缺。农民工自身资本积累不足,在创业过程中会出现资金紧缺问题,加上企业缺乏优质资产担保难以获得金融机构贷款,因此企业抵御风险能力薄弱,容易因为资金链断裂而失败。

二、农民工创业及创业园区的经济理论分析

农民工在一定程度上符合经济学理论中的理性人假设,其创业

活动以实现自身利益最大化为基本目的,这种创业行为属于市场活动。因此农民工创业的动机、模式和行为都遵循相关经济学理论,分析支撑农民工创业的经济学理论有助于深入理解这种经济学现象,并且能够为实践提供科学指导。

(一)托达罗人口流动模型

托达罗人口流动理论是发展经济学中解释城乡人口流动与就业、失业的经典理论。经济发展是一个以工业化和城市化为主的社会空间组织转变进程,因此经济体会出现农村剩余劳动人口向城市大规模迁移的现象,这种现象在中国二元结构经济体中表现得尤其明显,农村大量剩余劳动力也被称为“农民工”。

托达罗认为农业劳动者是经济理性人,其向城市迁移的主要决策依据是城市和农村预期收入的差异,如果差异高则从农村向城市迁移寻求就业机会,如果差异低则向城市迁移意愿降低。与此同时,这种流动并不是越多越好,过度的人口流动会造成城市失业率上升。托达罗人口流动模型具有丰富的政策含义,在城市就业方面,根据其理论,农业劳动者在城市找到工作的概率与创造就业岗位数量成正比,因此当城市创造少量工作岗位时会吸引远远超过工作岗位的农村剩余劳动力,从而造成失业率大大提升,并不利于城市稳定发展,对此的解决办法是增加农村就业机会,减少农村剩余劳动力,使得农村和城市协调发展。在农民工教育方面,该理论认为提高农民工受教育程度会增强其向城市转移的意愿,从而会造成城乡发展进一步失衡和失业率上升,因此需要发展多层次的教育,不能盲目不加区别地提高农民工教育素质,应从全局进行统筹。就产业发展来说,过度将农村剩余劳动力向城市引导会造成农业人力资本减少从而使得农业发展逐渐落后工业,造成产业失衡。总的来说,托达罗人口流动理论主要以城乡收入差距和城市失业率为分析基点,认为在推进工业化和城市化的同时应该重视农村和农业的建设与发展,通过改善农村基础设施、大力发展农村教育、完善农村医疗保障等方式促进农村的发展,创造农村就业机会,提高其经济活动收入,从而吸引农村劳动力留在农村就业,减少人口不平衡流动,缓解城乡发展不平衡。

托达罗理论也具有自身的局限性,如农村劳动力在迁移时的决策信息是否全面,是否盲目有待考察和证实,同时该理论只考虑了迁移成本,而实际上农村劳动力在城市的生存成本也占其收益的很大比重,此外农村劳动力在城市工作还要考虑家庭、亲情等一系列社会伦理问题,这些在模型都中没有得到讨论,需要在实践中综合考虑。

(二)马斯洛需求层次理论

马斯洛需求层次理论认为,人的需求可以分为五个等级:生理需求、安全需求、爱的需求、尊重需求、自我价值实现需求。需求层次理论是社会学和心理学理论,农民工除了是理性经济人外,还是具有情感的社会人,这些理论同样也适用于农民工就业和创业的分析。农民工的就业可以满足生理需求、安全需求,但随着其社会阅历增加和社会技能的提升,其关于爱的需求、尊重需求以及自我价值实现需求越来越强烈。正是这些个人需求给予了农民工创业的强烈动机,尤其是返乡创业具有吸引力,一方面可以照顾家人和子女,感受亲情的温暖,另一方面又能将从城市学到的技能运用到农村经济发展中从而获得相应的利润,同时也得到员工和农村乡亲朋友的尊敬,实现了社会价值。总的来说,农民工创业既提高了自身人力资本、物质资本,又获得了较高的社会地位和社会价值。

(三)产业聚集理论

产业聚集指特定产业的发展过程中,在特定的时间、空间组织下企业之间形成相互竞争或补充的紧密关系,最后形成以人才、信息、资本和技术等维度综合的特定地域产业群体。集群的产业处于多个产业链条中,因此横向处于竞争关系,产业纵向处于合作关系,从而实现产业分工和产业溢出效应,使得产业技术、产业信息、产业人才、产业资源得到充分共享,处于产业集群内的企业具有规模经济效益。

农民工创业者需要充分发挥当地资源优势和结合市场需求,因此其创业活动与当地产业资源紧密结合,充分发挥资源禀赋优势,如廉价劳动力、廉价原材料或地区优势如市场集散地等。大量农民工创业将会形成以市场为核心的具有完整产业链的产业集群。农民工创业园的建设则为产业集群提供了天然的地理、信息和资源环境,促成了产业链的横向竞争和纵向延伸合作,在创业园中创业的农民工企业比单个企业更具有外部效率,提高了农民工创业效率。一方面聚集本身提供了更多就业机会和发展机会,让企业之间形成良性循环相互合作,同时也能吸引更多优秀人才,另一方面园区内企业通过竞争或合作关系促进了技术扩散和信息交流,为园区内企业创新积蓄了力量,大大提高了创业成功概率。

三、农民工创业园的经验借鉴

在农民工返乡创业潮流兴起以及我国大力推进扶贫的背景下,各省市相继建设了农民创业园区,对返乡农民工就业创业给予了大力扶持和各项政策优惠。其中安徽、广西等省区在农民工创业工作方面具有丰富实践经验。贵州省 2014 年目标建设 5 个以上省级农民工创业园区,在 2020 年达到 30 个,因此在建设过程中需要借鉴具有先进实践经验的园区模式。

(一)安徽省农民工创业园建设经验

1. 农民工创业园区基本情况

安徽省较早建立农民工创业园区,扶持农民工创业具有丰富工作经验,从2008年开始投入1.5亿财政资金计划建设103个农民工创业园,实际年底投入使用42个农民工创业园区,吸纳就业创业人数1.2万人;2009年投入2.4亿财政资金计划建设150个农民工创业园,年底实际投入使用103个创业园,吸纳就业创业人数达2.3万人;2010年投入财政资金2.6亿,计划建设150个农民工创业园,实际年底投入使用261个创业园区,吸纳就业人数创新高达到3万人,促进农民工就业创业效果显著。

表1　2008—2010年安徽省农民工创业园建设情况

年份	计划新增建设数(个)	计划投入建设资金(亿元)	截至当年年底投入使用量(个)	吸纳就业创业人数(万人)
2008	103	1.5	42	1.2
2009	150	2.4	103	2.3
2010	150	2.6	261	3

数据来源:安徽省发展改革委员会

2. 农民工创业园区类型

安徽省农民工创业园按照产业和市场划分,主要有工业型、农业型、商业型、科创型等类型,清晰的定位使得创业园效率和活力得以提升。

(1)工业型农民工创业园:工业型创业园区是主要园区之一,政府会为这类园区提供基础设施如厂房等。因为这种园区发挥重要作用,政府会加强扶助和管理,主要覆盖行业有机械、纺织服装、玩具家具等轻工业行业。

(2)农业型农民工创业园:农业型创业是农民工创业的最主要领域之一,但此种类型创业园规定经营规模需要达到一定规模以上,一般在1 000亩以上。农业型创业园达到一定规模以上便于政府提供基础设施服务如水利供电、交通等,充分发挥规模效应,主要涵盖农业种植业、养殖业、畜牧业和畜禽加工业。

(3)商业型农民工创业园:商业型创业园主要是以专业化商

场、大卖场或者商业街等商业聚集园区，这种园区多以方便农民销售农产品或一般商品为主，高效集中的商业园区有利于农民更好进行农副产品等贸易，提高收入和积极性。典型例子如宿州市大店镇的粮食销售大市场，既解决了多数农民的就业又促进了农业贸易发展。

（4）科创型农民工创业园：科创型创业园主要是为创业者提供农业新产品研发和技术创新推广等经济活动，典型例子是淮北市农科所研发的全黑糯米玉米，农民凭借新品种的种植每年提高了收入。

安徽省农民工创业园区采取了因地制宜的原则，根据各地方特色产业和资源禀赋考虑建设相应类型的创业园区，提高了园区的效率并调动了农民工积极性。同时其在规划中采取灵活的点、线、面结合等方式，按照各地实际情况和需求来规划建设农民工创业点、商业园区街、大规模园区等形式。

3. 农民工创业园区建设存在的问题

（1）农民工创业者能力、技术和知识欠缺。大部分农民工缺乏创业意识，并且风险厌恶高，真正创业的农民工却因为管理能力、技术和知识的缺乏而存在各种各样的问题。由于农民工文化教育程度偏低，其领导能力、财务管理能力、市场营销能力和创新意识薄弱，在经营过程中主要会存在两类问题。第一类问题是因为信息分析不充分而对市场产生误判，从而导致创业具有盲目性，并不能很好把握市场需求，在激烈的竞争中导致产品滞销，加大了创业风险。第二类问题是企业经管过程管理经营不善，创新意识差和技术含量低，企业抗风险能力弱。

（2）农民工创业者融资困难。农民工创业者在创业过程中面临的首要现实问题是资金缺乏，难以得到充足的支持。一般来说农民工在外工作积累了一些资金，但由于日常家庭支出等情况导致积累富余资金有限，难以用于进行创业生产活动。与此同时农民工创业者即使创办了企业，在经营过程中由于缺乏足够抵押物，金融机构因为风险控制等因素拒绝为其发放贷款，导致了农民工创业者缺乏足够外部金融支持，企业抗风险能力差，容易因为资金问题而倒闭。

（3）部分创业园区定位存在问题。安徽省农民工创业园对企业具有三年孵化期限，满三年则需要离开园区，但是此定位与企业发展意愿相矛盾，企业一般希望一直在园区发展，担心搬离园区会产生重大亏损和损失，因此会有部分企业产生顾虑从而影响园区发展，与此同时部分农民工缺乏经营管理能力，其企业搬离园区失去优惠和扶持后容易出现经营不善等问题。

（4）创业园区扶持力度弱，配套设施待提高。农民工创业园区在发展过程中会遇到政府配套设施缺乏、优惠政策难以执行等情况。配套设施缺乏主要是因为部分政府财政收入难以承担相应基础设施建设，或者只能提供较低规格配套设施。此外还会出现税收减免政策落实不到位的情况，这主要是由于部分地方政府把优惠重点放在外资投资上，而规模小的农民工创业企业则容易得不到重视从而税收没有得到相应优惠。

（二）广西农民工创业园建设经验

1. 农民工创业园区与精准扶贫

为响应国家精准扶贫政策，大力促进农民工创业就业，2016 年广西确定了在上林县、隆安县、三江侗族自治县、灌阳县、蒙山县、桂平市、博白县、平果县、靖西市、昭平县、环江毛南族自治县、都安瑶族自治县示范性贫困县、天等县、忻城县等 14 个贫困县建设农民工创业园区的方案，其农民工创业园区与扶贫政策紧密相结合。

广西将根据各个贫困县的特色产业和要素禀赋建设具有本土特点的农民工创业园，同时给予每个县 500 万元财政资金补助和相关园区用地指标，从财政和土地上提供保障。农民工创业园将会通过免费或是低价租赁等渠道为企业提供场地，吸引具有创业意识和创业能力的农民工返乡，从而带动当地就业，实现精准扶贫。

同时这些贫困县的示范农民工创业园区运营将会设立考评和目标管理，根据各县区对于农民工创业园的财政资金和土地使用情况以及农民工创业园运营情况加以评比，不合格园区将会被取消园区资格，这样加强了园区的管理约束。

2. 建立农民工创业综合服务平台

广西各贫困县农民工创业园将会建立农民工创业综合服务平台，实现信息咨询和简化手续两大功能。大部分农民工创业者对于国家各项优惠政策和申请手续等信息了解不充分从而降低了其创业热情和信心。因此综合服务平台的建立为农民工创业者提供了信息平台，在财务融资、扶持政策、经营指导、市场营销等方面提供咨询和帮助服务。同时平台还简化了行政审批，高效落实优惠政策，为农民工创业者实现全方位的一条龙服务，体现了政府和创业园区的服务意识和简政放权意识。

四、贵州省农民工创业园区建设模式探究

贵州省农民工数目较多，贫困人口比重大，脱贫攻坚战任重道远。农民工创业园创建是贵州进一步推进“双百工程”和“雁归兴贵”计划的重要抓手，对于促进农民工就业创业，实现精准扶贫，激发经济活力具有积极作用。贵州建设农民工创业园区起步较晚，2014 年规划建设农民工创业园区，并计划在 2020 年建设 30 个省级农民工创业园区。因此在借鉴其他省份建设农民工创业园区经验的基础上，探索出适合贵州特色的农民工创业园区建设模式十分必要。

（一）农民工创业园建设机遇和挑战

贵州建设农民工创业园具有很多宏观优势和机遇，但同时也面

临着诸多困难和挑战,认清当前贵州整体形势对于科学建设创业园意义重大。

1. 促进农民工创业有利的宏观条件

当前贵州有许多有利于促进农民工创业就业的宏观条件,抓住这些宏观环境契机,可以进一步加快促进农民工创业就业,为创业园建设提供强劲推动力。

贵州实行简政放权,构建公平高效市场,营造创业创新服务环境是农民工创业的制度基础。贵州省政府响应中央政府简政放权政策,加快了政府职能的转变,在重点领域如创新创业领域实行放管结合,优化服务,提升政府服务意识和职能。具体体现为完善了公平高效市场,法律未禁止的领域一律向创新创业主体开放,完善了电子政务平台建设,建立了健全透明的企业信用制度,简化了创新创业行政流程。同时贵州还注重培育创新创业文化,通过构建创业交流平台、创业论坛、舆论媒体宣传、共享行业协会服务平台等方式营造了良好的大众创业、万众创新的文化氛围,激发了群众的创业热情。

贵州深入推进农业供给侧改革,推动农村一、二、三产业融合战略是农民工创业的重要产业机遇。贵州省政府坚持质量兴农政策,着力建设绿色优质农产品大省,在注重农业结构调整的同时,以市场为导向,通过有序地加快土地流转形成规模,培育龙头企业,以龙头企业带动农民工创业,创建绿色优质农产品品牌等方式实现农业的结构和发展模式的转变。同时贵州省政府推动返乡创业人员推进农村一、二、三产业融合战略,鼓励各类型创新创业者深入农村,结合资源禀赋挖掘农村产业发展优势,发展当地特色经济,实现农村产业升级和转型。

贵州大力搭建各类创新创业产业平台,强化创新创业主体培育和融合是农民工创业催化剂。贵州省政府落实国家"大众创业,万众创新"政策,加快培育了低成本、便利化、全要素、开放式的"四化”众创空间，为创业者提供资金、技术和人才指导，建立了创新创业公共服务平台，健全了创业政策信息发布，提供了咨询服务、资金人才等资源的高效交流和服务；搭建了创新创业产业聚集平台，重点建设了小微企业创新孵化园、创新小镇、电子商务农村、巾帼创业基地等试点基地，在全省形成了“创业苗圃 + 孵化器 + 加速器 + 产业园”的全方位多层次创新创业体系，有效地培育了各类创新主体，促进了创业者间的交流与融合，为农民工创业提供了合作空间。

贵州实行精准扶贫和产业扶贫是农民工创业的有效政策支持。精准扶贫是国家重要政策，在贫困人口占比重大的贵州，有效推动精准扶贫具有重要意义。贵州省政府以产业扶贫和农民工创业扶持为两大重要抓手，推进了精准扶贫的实施。具体表现为大力推进“资源变资产，资金变股金，农民变股东”的“三变”改革，明确了贫困户在产业链、利益链中的定位和份额；培育和依托农业龙头企业，大力推广“龙头企业 + 合作社 + 农户”模式，通过企业带动农民工创业，实现共赢；整合帮扶资源，打造一批对口支援产业园和帮扶城市的农产品供应基地；同时为农民工创业者提供技术、人才、金融、市场等全方面政策优惠和支持，构建完善社会保障体系，激发农民工脱贫决心和创业激情。

以特色小镇为代表的新型城镇化战略是贵州省促进农民工就业创业的有效载体。在国家新型城镇化战略下，贵州设立了一批特色小镇，开始了新型城镇化的新探索，实现新型农村、小城镇和大中小城市的协调发展，经济转型升级。贵州省在促进农民工创业就业工作中应结合新型城镇化契机，让农民工创业就业服务于新产业，特色产业和特色小镇，积极融入新产业和特色产业链条，通过准确定位发挥自身优势，增加农民工创业成功概率。

2. 农民工创业的挑战和困难

当前贵州省推进农民工创业工作面临很多困难和挑战。一方面是贵州农民工创业意识薄弱，风险厌恶程度高，不愿意创业，因此需要对其进行培训和宣传以激发起他们的创业意识；另一方面是农民工缺乏企业家能力和精神，创业容易失败，抗风险能力差，需要完善的培训和教育体系来帮助他们提升个人能力。最后政府财政资金扶助有限，农民工创业者容易面临融资困难的局面，政府需要开发新金融服务来解决企业融资问题。

（二）农民工创业园建设模式设想

农民工创业园的服务主体是农民工创业者，因此创业园区的定位和功能设计应以最大程度提高农民工创业成功概率为基本原则。借鉴其他省份经验并且结合贵州实际情况探索多种园区建设运营模式具有重要意义。

1. 产学研结合模式

农民工创业者的创业领域集中在技术低端、准入门槛低的行业，究其原因是缺乏技术和知识，因此农民工创业园的建设运营可与大学或研究机构进行多层次合作，提升其信息和知识的学习。一是从技术推广层面构建合作，如安徽省淮北市农科所研发全黑糯米玉米，当地农民凭借新品种的种植每年提高了收入，农民工创业园为研究机构的技术推广和实践付出了自身的资源和劳动，实现双方共赢。二是从教育培训层面构建合作，大学或研究机构定期组织教育和培训，指导农民工创业者生产、经营和市场营销活动，提升其创业成功概率，激发创业信心。

2. 服务特色产业模式

贵州各地农民工创业园区的建设需要服务当地特色产业和支柱产业，因地制宜以特色产业为核心构建创业园区可以实现产业集聚，进一步发挥特色产业的优势。与此同时贵州规划建设一批特色小镇，在发挥传统特色产业的同时将会创造新一批特色产业，因此农民工创业园区需要紧密结合并且服务于特色小镇建设，实现产业分工和资源整合对接。

3. 服务工业园区模式

贵州各地区创业园区可以依托当地工业园区建设,加入当地工业和产业链条,在产业链合作的过程中实现人才、信息、技术的交流。在此过程中农民工创业者既可以开拓市场和业务,也可以从中学到企业家精神和能力,而工业园区企业则可以较低成本获得服务,这是一个双赢的过程。

4. 跨区域合作模式

贵州各地农民工创业园区可与发达省份及城市的贵州商会进行合作交流,通过商会进行资金、技术和人才的培训和交流,提高农民工创业园区的项目质量和创业成功概率。除了教育培训交流外,还可与商会进行项目合作,既拓宽了创业园项目,也吸引了农民工返乡创业以及外商投资。

(三)农民工创业园建设政策性建议

农民工创业园区建设离不开政府的指导、扶持和管理,政府通过各项措施提升创业园的运行效率将大大提高农民工创业者的创业成功概率,激发其创业信心。总的来说,政府可以从以下几个方面进行改进和努力:

1. 整体统筹规划园区定位和功能,实现资源整合

贵州省在新型城镇化和经济转型升级的背景下,应将创业园区与特色小镇建设和工业园区建设与升级进行联动和对接,融入新产业和特色产业链条中,在合作中进行人才、技术和信息的交流。政府积极整合资源要素,不断规范现有的创业园区,并不断推动创业园区的转型升级,促进产业融合,对有发展潜力的创业园区重点培育。与此同时,各地创业园区应该因地制宜,明晰各自定位,不要出现盲目创业和恶性竞争的现象。

2. 落实财政和税收优惠,吸引农民工返乡创业

各地方政府应该改变不重视农民工创业者群体的观念,相比于

外来投资,农民工创业者属于本土创业者,具有乡土感情和回报家乡的愿望,其创业经济活动更加稳定。因此政府需要充分落实农民工创业者的财政和税收优惠,继续推行“3 个 15 万元”对于微型企业的扶持政策,并结合大扶贫、大数据两大战略,在财政补助、税收奖励、融资与担保政策方面给予农民工创业有利条件,甚至比外来投资获得更加宽松要求,加大对农民工创业的支持力度,提高企业的存活率,每年遴选出创新能力强的优秀企业加强重点扶持,调动农民工返乡创业热情。

3. 加强金融扶持力度,解决农民工创业者融资难问题

政府可以利用财政专项资金或贴息贷款等手段对农民工创业项目进行资助,或为具有优质项目的农民工进行担保,使其从银行等机构获得小额贷款。与此同时,鼓励农村金融机构加快金融创新,与农民工创业园实行深度合作,解决返乡创业者资金紧缺问题。继续推进贵州省“资源变资产、资金变股金、农民变股东”金融改革,即“三变”改革,发展农业产业基金,吸引社会资本的参与,支持农民工创业。鼓励金融机构强化“三变”改革服务以及加强对农民工创业者的信贷支持,围绕农民工创业者不断创新金融产品,提升对农民工创业者的金融服务。

4. 完善培训教育体系,培育农民工企业家能力和精神

各地政府应组织各类职业教育培训机构,大中专院系和大学等平台对创业园内农民工企业家进行培训。继续推广开展“农民工技能提升计划——春潮行动”“电商培训”“四在农家·美丽乡村”等项目,提升农民工的专业技能,可开展种植业、养殖业、旅游业等结合当地特色的培训,同时针对贵州省提出的“雁归兴贵”“双百工程”等战略计划开展有针对性的培训。同时,根据当地实际情况制定完善的培训体系和多方式的培训,如讲座、课程和实践调研等,为农民工企业家培训运营管理、财务融资、市场营销、对外关系等各个方面的知识,提升其企业家能力,激发其创新精神。

参考文献

1. 赵德昭:“农民工返乡创业绩效的影响因素研究”,《经济学家》2016 年 7 月。
2. 傅晋华:“农民工创业政策:回顾、评价与展望”,《中国科技论坛》2015 年 9 月。
3. 张秀娥、张梦琪、王丽洋:“返乡农民工创业企业成长路径选择及其启示”,《山东社会科学》2015 年 4 月。
4. 张新芝、欧阳仉孙、王玉帅:“农民工返乡创业的影响因素及作用机理——基于系统基模的分析”,《南昌大学学报(人文社会科学版)》2014 年 4 期,62—72。
5. 陆彦、王晶、杜圆圆、倪健、程克群:“安徽省返乡农民工创业 SWOT 分析”,《中国人口、资源与环境》2014 年。
6. 刘海:“我国现阶段返乡农民工创业培训研究”,山西大学 2014 年。
7. 陈浩义、孙红霞、王文彦:“国内农民工创业问题研究综述及理论分析框架”,《山东工商学院学报》2014 年。
8. 陈文超、陈雯、江立华:“农民工返乡创业的影响因素分析”,《中国人口科学》2014 年 2 期。
9. 蒋红梅:“广西区返乡农民工创业模式研究”,广西师范大学 2014 年。
10. 黄建新:“农民工创业研究评述:进展及未来取向”,《福建农林大学学报(哲学社会科学版)》2014 年 2 期。
11. 刘宇娜、张秀娥:“金融支持对新生代农民工创业意愿的影响分析”,《经济问题探索》2013 年 12 期。
12. 朱红根、康兰媛:“农民工创业动机及对创业绩效影响的实证分析——基于江西省 15 个县市的 438 个返乡创业农民工样本”,《南京农业大学学报(社会科学版)》2013 年。
13. 刘美玉:“创业动机、创业资源与创业模式:基于新生代农民工创业的实证研究”,《宏观经济研究》2013 年。
14. 卢旭:“农民工创业行为发生的影响因素研究”,西南大学 2013 年。
15. 李华红:“促进贵州省农民工有效创业就业的思路方略”,《贵阳市委党校学报》2012 年 6 期。
16. 魏凤、闫芃燕:“西部返乡农民工创业模式选择及其影响因素分析——以西部五省 998 个返乡农民工创业者为例”,《农业技术经济》2012 年 9 期。
17. 马啸涛、金美玲:“关于返乡农民工创业现状的探析——以贵州省为例”,《经营管理者》2012 年 6 期。

18. 胡豹:“返乡农民工创业政策研究”,《企业经济》2011 年。
19. 赵静:“安徽省农民工创业园建设研究”,安徽农业大学 2011 年。
20. 吴易雄:“农民工返乡创业的困境与对策——基于湖南省 24 县返乡农民工创业的调查分析”,《湖南农业科学》2011 年 7 期。
21. 陈园:“农民工创业的动因研究:基于博弈均衡的视角”,《农业考古》2010 年 3 期。
22. 郑锐:“创业政策对返乡农民工创业的影响研究”,湖南师范大学 2010 年。
23. 李录堂、王建华:“回流农民工创业激励机制研究”,《贵州社会科学》2009 年 4 期。

(王彬,贵州省工商局;李浩民,北京大学光华管理学院;王春朝,北京国际信托有限公司)

教育与农民工发展的理论分析

蒋承 李笑秋

一、研究背景

根据国家统计局2017年发布的《2016年农民工监测调查报告》显示，2016年全国农民工总量达到28 171万人，比上年增加424万人，增长1.5%，增速比上年加快0.2个百分点。农民工作为我国经济社会转型阶段从农民阶级中分化出来的一个特殊社会群体，体量庞大，何去何从，不仅直接关系"三农"能否顺利解决，关系工业化和城镇化能否顺利进行，更关系我国国民经济的发展与社会稳定。

2016年《中共中央、国务院关于落实发展新理念加快农业现代化实现全面小康目标的若干意见》(2016年中央一号文件)明确要求:“把坚持农民主体地位、增进农民福祉作为农村一切工作的出发点和落脚点,用发展新理念破解‘三农’新难题,厚植农业农村发展优势,加大创新驱动力度,推进农业供给侧结构性改革,加快转变农业发展方式,保持农业稳定发展和农民持续增收,走产出高效、产品安全资源节约、环境友好的农业现代化道路,推动新型城镇化与新农村建设双轮驱动、互促共进,让广大农民平等参与现代化进程、共同分享现代化成果”。

为进一步落实解决“三农”问题,细化和完善扶持政策措施,拓展更多的就业途径,国家鼓励和支持返乡下乡人员创业创新,努力开创以创业促就业的新局面。在《国务院办公厅关于支持农民工等人员返乡创业的意见》(国办发〔2015〕47号)和《国务院办公厅关于推进农村一、二、三产业融合发展的指导意见》(国办发〔2015〕93号)的基础上,制定了《国务院办公厅关于支持返乡下乡人员创业创新促进农村一、二、三产业融合发展的意见》(国办发〔2016〕84号),明确指出:“返乡下乡人员创业创新,有利于将现代科技、生产方式和经营理念引入农业,提高农业质量效益和竞争力;有利于发展新产业新业态新模式,推动农村一、二、三产业融合发展;有利于激活各类城乡生产资源要素,促进农民就业增收。要求各级政府要充分认识返乡下乡人员创业创新的重要意义,作为经济社会发展的重点任务予以统筹安排。要健全组织领导机制,明确推进机构,建立协调机制,提升公共服务能力,加强政策宣传引导,确保政策落实到位。”

破解“三农”难题,必须着眼于农民,尤其是农民工这一特殊而重要的群体,坚持以体制机制创新为保障,以破除城乡二元结构的体制障碍为导向,激发亿万农民就业创业活力,充分释放农业人口发展新潜力。本文以西部某较为典型地区为例,分析当前西部地区农民工就业创业的外部政策困境和内在缺陷，试图从教育引导角度为农民工就业创业发展探索新出路、新发展。

二、调研所在地的基本情况

随着城镇化的深入推进，越来越多的农业人口离开农村去城市就业形成了农民工群体，该群体已成为中国产业工人的重要组成部分，关系着我国的民生大计。2017 年国家统计局数据显示，当前我国本地农民工 11 237 万人，比上年增长 3.4%，增速比上年加快 0.7 个百分点，本地农民工增量占新增农民工的 88.2%；从输出地看，西部地区农民工增量占新增农民工的 43.6%；从流向看，外出农民工增速继续回落，跨省流动农民工继续减少。全国农民工总量呈现稳步上升状态，西部地区仍是农民工主要输出地，就近务工成为农民工发展新趋势。

本文所选取的西部某地，位于秦岭南麓腹地，总面积约 2 700 平方公里，共辖 14 个镇、4 个街道办事处，250 个行政村、34 个社区，总人口 50 多万，农业人口约 35 万人，其中劳动力 22 万多人。该地地处贫困山区，是“八山一水一分田”的农业区，由于沪陕、福银、西商高速公路、西南铁路建设和地理位置环境、城镇化建设等客观因素，占用了大量土地，目前全区人均耕地面积仅 0.91 亩，大量失地农民不得不转移就业，常年外出转移就业劳动力近 10 万，是典型的西部农民工输出区。2016 年，该地实现劳动力转移就业 99 723 人，其中劳务输出 82 221 万人，就地就近转移 17 502 万人，有组织输出 52 688 万人，创经济收入 10.85 亿元，占 2016 年全区生产总值的 8%，劳务产业已经成为该地五大主导产业之一。

近年来，为积极响应国家号召，全面落实“大众创业，万众创新”这一战略目标，将脱贫攻坚工作与发展劳务经济相结合，该地从政策支持、技能培训、基础建设等各个方面为农民工就业创业提供支持与帮助,然而调研中发现农民工实际就业创业情况和预期存在一定的差距,政策方面无法形成体系,农民工的教育与引导缺乏本地特色等问题较为突出。

三、现有三方面政策的特征与完善

1. 对已有三方面政策的总结与分析

根据国家及该省支持农民工等人员就业创业的有关实施意见,该地区制定了相应的实施方案和配套措施,以营造就业创业氛围、搭建就业创业平台、强化就业创业服务、培育就业创业实体为工作重点,大力支持农民工就业创业。结合有关研究,当前该地针对农民工返乡就业创业政策大致可以分为三类:金融激励性政策、保护性政策和引导性政策(胡豹,2011)。

金融激励性政策方面。第一,落实税费减免政策,降低就业创业成本。当地政策已经明确指出:"返乡人员创业,符合政策规定条件的,可享受减免税收、政府性基金和行政事业性收费等普遍性降费政策;清理和规范涉及的行政审批事项和收费项目,地方收取的各类综合性规费和服务性收费,原则上按最低限额收取;对申办个体工商户、民营企业、家庭农场、农民合作社的返乡人员,自其在工商部门注册登记之日起 3 年内按照省政府相关政策意见免收管理类、登记类和证照类等有关行政事业性收费;为劳动密集型企业和个体创业提供贷款贴息、税费减免、培训补贴、一次性创业补贴、社保补贴、财政资金补助、子女就学等优惠条件"。第二,强化金融服务,提高就业创业融资能力。政策要求"规范推进信用社区建设,开展信用乡村创建活动,信用社区和信用乡村推荐的符合条件人员,可取消反担保;引导和鼓励金融机构为就业创业提供涵盖产业基金、风险投资、信贷、债券、股权等全方位的融资手段,适度降低融资成本;将创业贷款担保基金及配套贴息资金列入财政一般预算,进一步落实担保基金筹集补充机制，建立和完善贴息资金周转制度，加强信息化建设，确保创业担保贷款工作规范有序开展”。

保护性政策方面。第一，降低门槛，为农民工就业、创业提供服务便利。要求该地区“减少市场主体名称及其经营范围登记限制，允许农民以土地承包经营权、林权、生产技术等作价出资设立农民合作社或家庭农（林）场，允许其兼营相应的农（林）场休闲观光服务；支持组建农民专业合作联合社，鼓励农民合作社跨地域、跨所有制、跨行业经营；简化登记程序，将企业年度检验制度改为企业年度报告制度，将返乡人员创业纳入社会信用体系，将其信用状况和信用承诺作为享受各项扶持政策的重要条件”。第二，落实用地政策，为农民工就业创业提供用地保障。政策要求“市、县区要统筹安排农民工回乡创业生产经营场地，把返乡人员创业用地纳入城乡发展、新农村建设总体规划和村镇建设规划，搞好基础设施及配套建设，改善创业环境；实施城乡建设用地增减挂钩政策，腾退出的建设用地指标，优先用于农民工返乡创业用地需求；对使用未利用地建设农产品加工项目的，土地出让金可参照所在区域基准地价和工业用地出让最低价标准等确定出让底价后，按出让底价的 70% 以上收缴，但不得改变土地用途从事其他商业性开发”。第三，加强住房、社保和人才支持，增强就业创业吸引力。要求该地区“每年将一定比例的租赁型保障房定向供应给符合保障条件的就业创业人员，并结合实际，在就业创业人员集中的各类产业园区建设租赁型保障房；简化社会保险办理程序，为农民工提供及时有效的社保关系转移接续服务；允许农民工选择参加城镇职工失业保险，按城镇职工相同比例缴费并享受同等失业保险待遇”。第四，完善基础设施，夯实就业创业基础。政策鼓励“加强基础设施建设，完善物流体系，提升基础配送能力；依托各类园区和设施等存量资源，整合发展一批创业示范园区和孵化示范基地”。

引导性政策方面。第一，营造良好的就业创业氛围。充分发挥各类新闻媒体作用,大力宣传就业创业政策、典型和经验,营造关心、尊重、支持农民工就业创业的良好社会氛围;利用微信等移动互联社交平台搭建交流平台,发布交流创业信息、分享创业经验、展示创业项目、传播创业商机;做好就业创业带头人先进事迹总结和评选表彰工作,对做出贡献的先进人员给予一定的政治荣誉和物质奖励。第二,推动就业与创业相结合,致力就业创业协同发展。鼓励大型企业、科研院所和县域民营经济实体、龙头企业、农民合作社建立各类就业创业平台,向农民工开放鼓励农民工转化科技成果;加大科技特派员选派力度,培育引导农民工就业创业骨干,鼓励农民工创新就业途径,增强区域农民工就业创业竞争力。

2. 现有政策中还存在的问题

根据调研,目前来看该地区政策还呈现“保护政策有余、金融激励政策不足、引导政策有待提高”的现象。保护政策基本可以满足农民工就业创业的需要,而且当前处于“脱贫攻坚”的关键时期,当地政府对于农民工转移就业、返乡创业给予大力支持,农民工就业创业可以得到有效保障。金融激励政策不足很大程度受制于当地经济的不发达,作为农民工输出较多地区,一般地方财政都不宽裕,很难为农民工就业创业提供富足的资金支持,地方政府优惠政策总体幅度小、时期短,加之农民工对金融政策的不了解和自身的抗风险能力较差等原因,致使现有的金融激励政策无法有效地提供帮助。引导性政策有待提高,就该地区而言,引导性政策目前处于一种“大而空”的状态,基本的大方向没有问题,但缺乏辅助的具体措施,政府无法对农民工进行行之有效的引导,政策引导效果不佳。

整体来看,当前出台的政策无法达到预期的重要原因是农民工自身知识结构和创业能力的局限性可能会导致政策了解不佳,加之农民工对该类政策存在一定的恐惧感和排斥性,致使政策本身与服务对象之间缺乏有效沟通和交流。要想解决这种政策困境,可以结合农民工自身特性,试图从教育引导的角度,激发主观能动性,提升就业创业能力。

四、农民工在创业中表现出的自身不足

实地调研进一步发现，农民工作为我国城镇化进程中的一个特殊群体，目前还存在不少的缺陷，重点表现在以下几个方面。

1. 自身就业创业能力不足

由于农民工大多来自农村，文化素质不高，教育培训不够，缺乏法律法规、职业道德、社会公德、安全生产等方面的基本知识和外出谋生的基本生活常识，他们既没有一技之长，也缺乏就业创业的积极性、主动性。加之农民工经济基础差，思想保守，对风险的评估和抵抗能力差。针对就业人员，可以通过模仿学习、简单培训、长期积累学习来达到某一方面的能力，而对创业人员就有更高的要求，既需要具备财务、管理的理论知识，又需要具备经营、创新和抗风险能力，以解决创业过程中不可预知的突发性状况。

2. 就业创业观念转变有待加强

一方面是对金融政策的误解和恐惧，很多创业者由于缺乏一定的金融知识，对政府的金融政策持怀疑态度，不敢轻易尝试信贷、抵押等政策，主观认为银行利息太高，偿还压力太大，自动放弃了了解金融政策的机会，资金问题主要通过向亲朋好友借款来解决，一来资金量小，杯水车薪；二来会产生很多负面的连锁反应，导致创业失败。另一方面由于农民自身思想认识的局限，在农村，有很多适宜种植、养殖的场地，有适宜开发的农家乐资源，但是并没有得到合理的开发和使用，很多家庭的劳动力仍然选择外出打工，依靠劳务收入生活。

3. 就业创业选择盲目性

绝大部分农民工寻找工作的途径大多是通过朋友、亲戚、老乡、劳务大户等社会关系介绍，而通过政府部门、社会中介组织、报刊媒

体找工作的比例较少，务工途径较为单一，也具有盲目性、随意性。目前，用工市场出现一方面农民工大量闲置，另一方面又出现企业“招工难”的现象。特别是随着经济发展进入新常态，农民工在劳动就业、工资收入等方面面临新挑战，而劳动者在各行业形成的组织较少，对于各行业的发展及变化不能及时调整，导致在国际国内政策、产业发展变化时无所适从。

随着互联网时代的发展，农民工可以很容易知道外界有关就业和创业的成功案例，但是筛选和甄别能力较差，更无法将已有信息与自身情况相结合，往往出现选择盲目性。例如当地有些创业者由于借鉴了电视上种植连翘发家致富的案例，在当地大面积种植，却忽视了当地自然环境无法生长出高品质连翘的硬伤，加之没有良好的培训和技术指导，导致长出来的连翘大量滞销，创业以失败告终。

4. 缺乏接受教育培训的主动性

一方面，由于地方财政紧张、人手不足，培训机构缺少实践教学基地，加之培训主要对象为农民工，他们的文化基础和社会阅历不同，对培训的侧重点也不尽相同，课堂教学效果很难达到预期（刘万霞，2013）。另一方面，由于信息提供的时效性不强，农村实用技术培训、就业技能培训和创业培训等培训内容针对性不强，模式老旧，内容单一，培训流于形式，已远远不能适应新形势下的需求（周宇飞，2017）。加之近年来新生代农民工逐渐成为主力，思维更为活跃，动手能力和学习能力较强，无法从现有的教育培训中快速获益，长此以往，丧失了接受教育培训的主动性。

五、教育引导助力农民工就业创业

针对现有问题，不难看出，政府和农民工自身存在着一种“错位”，政府方提供的政策和服务无法很好地满足农民工的需求，农民工缺乏了解和接受政策服务的能力和热情，致使当前促进农民工就业创业的效果难以达到预期，要解决这种“错位”，可以借助教育引导，从以下几个方面入手，促使双方转变固有观念和思路，探索新的协作模式，弥补自身不足，更好地促进农民工就业创业。

1. 完善政策体系，充分发挥政策的教育引导作用

当前，地方政策或多或少都存在一些薄弱环节（郭丽，2017），以本文分析为例，“保护政策有余、金融激励政策不足、引导政策有待提高”比较突出，这就要求当地政府认真分析政策的薄弱环节，继续完善政策体系，重点关注政策引导，补充政策漏洞。针对农村劳动力转移发展中出现的高龄老人需要照顾、留守儿童需要关爱等新情况、新特点，积极拓展就业空间，将脱贫攻坚任务与发展劳务经济相结合，开发乡村旅游，增加就业岗位，抓住棚户区改造的机会，制定相关引导鼓励农民工就近就地转移就业创业的优惠政策，引导农民工就业创业。同时，完善农民工权益保障制度，政府相关职能部门要完善劳动争议处理机制和有关司法程序，简化劳动者维权的环节，加强法律的援助力度。充分发挥妇联、工会等团体的重要作用，形成政府政策引导、农民工自觉维权的工作机制。在此基础上，做好政策的宣传和解读工作，使农民工可以及时、准确地掌握政策内容，

2. 转变固有思想，努力实现“以就促创”

政府部门要不断提升业务能力，转变工作思路，借助科技力量，加强基地建设，加大就业创业信息咨询服务工作，努力打造劳务品牌，充分发挥窗口作用，加强建设公共就业服务平台，引导劳务大户带动就业创业，发展“订单劳务”。一要进一步稳定劳务输出转移就业规模，加强驻外劳务输出工作站建设，依托劳务大户的辐射带动作用，扩大输出规模，实现在输出类型上，农民工就业从苦力型向技能型、由务工型向创业型的转变；在输出形式上，由群众自发型向组织输出型转变；在输出机制上，由政府引导型向市场引导型转变；在输出效益上，由低收益向高效益转变，形成政府引导、劳务带头人

组织、市场化运作的新劳务输出模式；二要拓宽就业渠道，调整工作思路，从当地的特色产业出发，充分发掘农村的巨大潜力，鼓励农民工将在外学到的新技能、新科技、新理念带回农村，引导农民工返乡就业创业；三是引导农民工建立各类行业协会、创业协会等劳动者自发组织的团体协会，建立和完善各项管理服务制度，为劳动者就业提供市场信息及维权保障等方面的内容，弥补公共就业服务力量的不足。促进引导就业转变成特色产业，实现“以就促创”。

3. 探索教育培训新模式，营造学习氛围

职业教育培训工作是宣传就业创业政策、鼓励就业创业的良好载体，是推动农民工转变就业创业观念的有力措施。一是加强劳务培训基地的硬件及软件设施建设，打造高素质培训师资队伍，增加培训数量，提高培训质量；二是加强农村新成长劳动力职业教育，特别是要加强职业培训学校与企业的联系，针对企业用工需要，培养适用人员；三是整合培训资源，制订专项培训计划，加大资金支持力度，创新培训方式，突出培训的专业性和实用性，提高农民工就业竞争能力，充分发挥职业技能培训在增加就业、改善民生、扩大内需和调整产业结构方面的作用；四是根据劳动力不同需求，采用订单、定向、校企合作等培训模式，有针对性地开展农村实用技术培训和就业创业技能培训，提升农民工就业创业能力。对有创业意愿的农民工提供创业技能、项目开发、小额贷款、税费减免、跟踪扶持等“一条龙”服务，帮助他们自主创业。五是拓宽教育培训内容，不局限于技能培训。农民工作为就业创业的主体，其职业素养决定了就业创业的结果。新的教育培训模式不仅要让农民工学会“一技之长”，更应该加强农民工的思想文化宣传教育，不断提升农民工自身文化素质和职业道德素质，强化法纪教育，提高农民工遵纪守法的自觉性和依法维护自身权益的意识，通过宣传优秀农民工和农民工工作先进集体、先进个人的典型事迹，在全社会营造农民工主动就业创业的良好氛围。

政府和企业及政策层面的帮助,归根结底都要通过农民工这个主体来实现,而农民工的良好发展又离不开政府和企业的大力支持,两者缺一不可、相辅相成,实现两者的良好协作,教育引导未尝不是一个好的选择。相信随着城镇化进程的深入推进和国家社会的正确引导,就业创业的大环境会不断优化,农民工的自身缺陷将得到改善,其职业发展中存在的问题必定会得到解决,农民工就业创业定会走出一条中国特色社会主义道路。

参考文献

1. 胡豹:"返乡农民工创业政策研究",《企业经济》2011 年 11 期。
2. 刘万霞:"职业教育对农民工就业的影响——基于对全国农民工调查的实证分析",《管理世界》2013 年 5 期。
3. 周宇飞、兰勇、贺明辉:"新农村文化对农民工返乡创业行为的影响",《西北农林科技大学学报(社会科学版)》2017 年 1 期。
4. 郭丽:"农民工返乡创业中的困境与解决对策——基于地方政府责任视角",《农村经济与科技》2017 年 5 期。

(蒋承,北京大学教育学院;李笑秋,中国农业大学党政办公室)

农业龙头企业的建立与农民工创业

窦希铭　李成明

重农固本是安民之基。习近平总书记指出，农村改革是全面深化改革的重要组成部分，做好“三农”工作，关键在于向改革要活力。

改革开放以来，农村经历了三次改革浪潮，从农村家庭承包制到农村土地确权流转工作，再到近年来积极推进的城乡二元户籍制度改革，三次改革浪潮都是推进社会主义市场经济体系建立的关键一步。城乡二元户籍制度改革后，综合土地确权的实施和土地流转的推行，中国的广大农村，将循着农业产业化、农业现代化的道路前进，农民的收入将逐步增加。农民不再是一种身份,农民将是一种职业,中国正悄悄地进行一场人力资本的革命(厉以宁,2016)。

在农民工返乡创业大背景下,龙头企业[1]作为重要的新型农业经营主体,成为链接分散的农户和市场的重要纽带,是农业产业链条中最关键的一环(蒯旭光等,2008)。从信息经济学角度看,分散的个体农户在市场上获取信息的单位成本过高,不能充当信息收集的主体,而龙头企业在信息收集过程中存在正外部性,应该对龙头企业给予重点扶持(曹利群等,2001),降低农民获取信息的单位成本。从社会分工理论的角度看,劳动分工对提高劳动生产率存在巨大作用(Smith,1776),但传统农业由于各种因素并未形成清晰的分工体系,使得农业生产效率低下。而龙头企业建立后,不同企业在产业链各个环节扮演不同角色,从而有助于农业社会分工,龙头企业担当着非常重要的引领地区性分工演进的社会责任(王春玲,2005)。龙头企业之所以成为龙头,是因为其在农业产业系统中处于核心地位,起到组织、引导、带动作用(牛若峰,2006)。

本文从农业产业化视角出发,首先梳理党和国家对龙头企业扶持政策的演变历程,明晰龙头企业建立的重要意义,进一步阐释龙头企业与农民工创业的内在联系。通过温氏集团的典型案例分析,发掘其成功经验并加以推广借鉴。最后,提出培育龙头企业的相关政策,为更好地带动农民工创业建言献策。

一、龙头企业扶持政策历史沿革

农业产业化经营是我国农村不断深化改革过程中的产物,是转变农业发展方式实现农业现代化的重要途径。龙头企业链接农户与市场,是农业产业化经营的关键环节,农业产业化经营的发展重

---

[1] 龙头企业主要是指从事农业生产资料供应、农产品加工或流通为主的涉农工商企业。

点就是培育龙头企业(李海玉,1999)。改革开放以来,党和国家在农业产业化引导、龙头企业扶持上出台了一系列相关政策,通过梳理龙头企业扶持政策的历史沿革,能够为进一步深化农业体制改革提供宝贵经验。根据农业产业化的认识变化,总的来说,龙头企业的扶持政策大体经历了四个演变阶段(杨明洪,2009;宋洪远等,2015):

1. 自我探索阶段(1978—1997 年)

改革开放伊始,家庭联产承包责任制在农村的推行调动了农民的生产积极性,农村经济快速发展。80 年代中期,“农贸工一体化”、“产加销一条龙”等新的经营模式在沿海经济发达城市出现。改革开放释放的改革红利使得农业企业得到了较快发展,1995 年《人民日报》发表社论[1]阐述了农业产业化的内涵、意义和地位。这一时期,党和国家虽然出台了一些相关政策推动农业产业化,但在农业产业化实现路径上还处于自我探索阶段,对龙头企业的发展还未产生相应的扶持政策。

2. 理论维形阶段(1997—2000 年)

1997 年 2 月中共中央国务院出台文件[2]首次提出扶持龙头企业的发展,以服务带动千家万户。随后农业部等八部委组成全国农业产业化联席会议,建立工作协调机制。这一时期,在政策激励下龙头企业等产业化组织得到快速发展,从 1996 年的 1.2 万个增长到 2000 年的 6.6 万个,并形成了“公司 + 农户”等典型农业发展模式。

3. 快速发展阶段(2000—2012 年)

进入 21 世纪,尤其在加入世贸组织后,在新形势下对中国农业

---

[1] 《论农业产业化》。

[2] 《中共中央、国务院关于做好 1997 年农业和农村工作的意见》。

发展提出了新要求。2000 年 10 月八部委联合出台文件[1]首次提出"扶持产业化就是扶持农业,扶持龙头企业就是扶持农民",标志着龙头企业的扶持政策进入快速发展阶段。这一时期,农业产业化与扶持龙头企业在中央一号文件中被反复强调,各级政府部门也都出台了相应的具体扶持政策。截至 2012 年,全国龙头企业数量已近 12 万家,年均增长超过 10%。

4. 成熟推进阶段(2012 年至今)

2012 年 10 月,国务院下发文件[2]系统性地提出龙头企业扶持政策,标志着对龙头企业的扶持政策进入成熟推进阶段。伴随着中国经济进入"新常态",对龙头企业自身发展提出了新的要求,倒逼龙头企业转型升级。这一时期,"互联网 + 农业"新模式不断涌现,龙头企业也朝着现代化方向迈进。截至 2014 年,已有近 2 万家龙头企业年销售额超过亿元,近 20 家龙头企业超过百亿。

二、龙头企业建立的重要意义

近年来,我国农村取得巨大成就的同时,资源环境"硬约束"也不断加剧,农产品价格持续走低,农民增收乏力,对农业生产提出了新要求。龙头企业作为完全市场主体,在带动农民实现农业生产方式转变方面扮演重要角色,其建立具有重要现实意义。

1. 农户与市场链接的桥梁纽带,推动农业规模经营

龙头企业最基础的作用是充当了链接农户和市场的桥梁和纽带(杨明洪,2009)。家庭联产承包责任制虽然一定程度上解放了农村的生产力,但随着现代农业的到来,"小而散"的生产模式问题凸显,农户难以成为真正意义上的市场主体。同时,伴随着市场从改革开放初期的"需求大于供给"开始转向,农民又面临自然和市场

---

[1] 《关于扶持农业产业化经营重点龙头企业的意见》。
[2] 《关于支持农业产业化龙头企业发展的意见》。

双重风险,而问题的根源在于农户与市场之间缺少参与市场竞争的关键一环。龙头企业作为完全的市场主体,把"小而散"的农户链接在一起,进行规模化生产集约化经营,起到桥梁纽带作用。截至2015年底,全国超过38万个农业产业化组织,辐射带动1.26亿农户,户均增收达3 380元。

2. 农业转型升级的核心载体,走向农业现代化

近年来,农村生态环境破坏严重,食品安全问题时有发生,传统农业粗放式发展难以为继。传统农业面临转型升级,而改造传统农业最重要的是投资于对农民有利可图的新农业要素供给(舒尔茨,1964)。龙头企业在资金、技术、管理等方面具有比较优势,通过向农业注入这些新要素,弥补传统农业外延式发展的不足,带动农民发展专业化、标准化、规模化、集约化的生产模式,引领其转型升级为内涵式的现代农业产业体系。据农业部2015年统计,省级以上龙头企业已拥有60万农业科技人员,其科研经费投入已达537.3亿元,科研投入超过企业年销售额1%的近三成。

3. 三产融合发展的依托保证,提升农业价值链

作为第一产业的农业要从低附加值转向高附加值,必须突破自身产业限制,通过"接二连三"延长产业链条。2017年中央一号文件又提出"壮大新产业新业态,拓展农业产业链价值链",龙头企业凭借自身优势,整合农业产业链提升价值链,促进三产融合,农业逐渐从要素驱动向创新驱动,从单向链接向融合发展转变。龙头企业在资金、技术、管理经验等方面具有市场优势,而农户在土地经营权、劳动力等要素方面具有资源优势,两者通过特定契约形式联结在一起,实现"利益共享、风险共担"。据抽样调查发现,龙头企业中超过70%为农民提供价格、市场供求和疫病疫情等信息,近40%为农户提供仓储和物流服务。

三、龙头企业与农民工创业的内在联系

通过合理的利益联结机制,龙头企业与农户互润互养形成利益共同体。龙头企业带动农民工创业,农民工创业促进龙头企业的发展,共同构建农业产业生态体系。

1. 龙头企业的建立带动农民工创业

从农民工返乡创业的困境看,农民工创业受制于市场、资金、技术这三个关键因素,面临创业风险大、创业资金难、创业跟踪服务脱节等问题(吴易雄,2013)。企业是市场经济的细胞,直接参与市场竞争,在资金、技术方面更具优势,更好地发挥龙头企业的市场主体作用,能够更好地带动农民工创业。

龙头企业在农民工创业过程中产生平台效应,发挥信息引导与市场引领作用,提供创业基础服务,农民从小而散到有组织有规模地进入产业市场。农业领域创业要求农民具备更高的农业生产技术,龙头企业在为农民工提供专业技术咨询的同时,也为农民工提供了农业技术培训与指导。农民工创业资金有限,又受制于其自身因素及农村不健全的金融体系,贷款等融资困难使得农民工创业陷入“巧妇难为无米之炊”尴尬局面。龙头企业通过赊销、预付等方式能够为农民工提供金融扶持。龙头企业除为农民工创业提供支持外,其建立发展也对农民工创业起到示范带动作用。

2. 农民工创业促进龙头企业发展

中国现行以农村土地制度为代表的制度设计决定了农民是农业基础资源的拥有者,龙头企业做大做强必须依托农民群体。没有农民的链接,龙头企业就不可能有序稳定地获得农业资源(卢勇,2009),这也是农业产业与一般工业的不同之处。

在农民工创业大背景下,农民逐渐从"传统农民"[1]向"职业农民"[2]转变。农民工将资源和劳动力投入农业生产,通过职业化务农进行创业,为龙头企业提供了资源和劳动力等产业发展基础要素。龙头企业在资源市场上的竞争,要求龙头企业自身要处理好与农民和资源的关系,这也是龙头企业的重要能力。随着农民工创业的推进,未来将出现新一批优质农业创业型企业进入市场,形成良好循环体系。

四、"公司+农户"成功案例分析:温氏集团

温氏集团是1983年由广东省新兴县成立的一个民办养鸡场发展而来,三十多年的快速发展已经成为一个集种苗生产、养殖、饲料供应、生物制药、食品加工等一体的多元化农业企业集团[3]。

近年来,温氏集团营收规模同步上升,公司营业收入从2007年的117.7亿元,增长到2015年的482.3亿元,9年时间实现营业收入翻两番,平均每4—5年,产业规模提高1倍,图1所示为温氏营业收入折线图。

1. 温氏模式:"公司+农户"

温氏集团作为全国代表性龙头企业,"公司+农户"合作养殖方式是温氏快速发展的模式依托,其本质是在龙头企业和农户利益联结的契约关系。

这一农业产业化经营模式,核心是以龙头企业为产权清晰的完

---

[1] 传统农民是指主要追求在于维持生计,身份有别于市民的群体。

[2] 职业农民是指把农业作为产业充分进入市场,并利用一切可能的选择使得报酬最大化的职业化群体。

[3] 目前,温氏股份已在全国23个省(市、自治区)建成170多家一体化公司。温氏股份现有合作家庭农场5.3万户、员工4万多人(其中,硕士386人、博士65人)。2015年,温氏集团销售商品肉鸡7.44亿只,商品肉猪1 535万头,营业收入482.37亿元。

图 1　温氏集团公司营收折线图

资料来源:wind 数据库

全市场竞争主体,并以农户为农业生产基础,将农户真正纳入现代农业产业链条中,利用契约形式联结成利益共同体。在温氏与农户合作养殖的全过程中,一个完整的生产经营过程需要经历饲料生产、种苗生产、养殖、防疫、管理、加工销售等六个环节,温氏集团带动农户主要表现为“五统一分”,农户将种苗、饲料、防疫、管理、销售等环节交给温氏集团统一管理,实现各环节的产业链一体化经营(郑红军,2011),农户只需要关注饲养环节即可。通过这一合作模式,温氏集团承担市场风险,实现综合经营,农户只需要承担生产风险,消除了农户的后顾之忧。

温氏模式是对养殖产业进行了全产业链的融合,为农户搭建科学养殖服务平台,实行标准化的管理模式,通过主体之间的契约形成利益共同体。

2. 温氏全产业链发展主要特点及历程

(1)“产、学、研”一体化

温氏发展过程中注重技术创新投入,不断转型升级,在产业链维度不断完善农业产业化生产管理体系,与高校合作并建立科研机构,搭建产学研合作创新模式。

温氏集团与学研单位进行共同技术创新，并分享创新带来的利益，实现“产、学、研”的一体化。其“产、学、研”一体化的形成大体经历了三个阶段：1992 年到 1999 年属于探索合作发展阶段，合作领域主要集中于养殖技术的合作，并取得丰硕的成果。2000 年到 2005 年属于高速合作发展阶段，扩大了合作对象并拓展了合作领域，增加了合作方式并提供了企业与学研单位的灵活性。2006 年至今属于全面合作发展阶段，合作对象进一步增多，涵盖企业十大业务体系，合作方式包括入股、转让、组建企业等更加多样的形式。

（2）创新农业金融服务模式

农户养殖面临生产性风险，温氏集团除了提供生产销售技术支持、固定价格回购、销售控制等方式分担农户风险外，还对农户提供金融服务。

温氏发展初期，对农户便有了生产性金融服务，主要以赊销种苗和延期付款等方式，解决农户资金问题。随着温氏集团的不断壮大，基于过往合作交易信息获得的农户信用，联合其他金融机构给予优质农户贷款等诸多优惠。如吉安温氏公司的“温氏养鸡贷款”，吉安县创新信贷支农合作机制，建立“政府 + 金融机构 + 龙头企业 + 农户”的新型信贷支农联合体的模式（郭六生等，2008）。一方面解决了农民贷款难，另一方面为农村信用社开展信贷模式创新探索了新路。

（3）信息化建设长期积累

在“互联网 + ”大背景下，“互联网 + 农业”新模式不断显现，在推动农业产业链的转型升级中发挥了重要作用。从未来发展趋势看，“核心企业 + 全产业链增值”将是未来农业产业转型升级的创新路径（寇光涛，2016）。

温氏集团在信息化建设方面起步较早，从 1991 年便开始了信息化的建设进程，二十多年来在信息技术的换代升级方面重点投入。温氏集团具有自己的信息化研发团队，信息化已覆盖整个核心产业链，其数据中心集中管理所有生产经营数据，决策支持平台能够实时反馈集团整个业务线。通过信息技术实现养殖实时监控，协助管理养殖过程、环境检测等，向着精细化、智能化养殖迈进。同时，对农户产品进行追溯建档，能够实现产品可追溯，保障产品质量。

3. 温氏集团带动农户的成功经验

温氏集团与农户的共赢，最关键之处在于企业与农户之间建立起了紧密的利益联结关系，通过这一关系形成利益共同体，使企业与农户在保障彼此利益上既有内在动力又有外在压力。因而，探寻温氏集团带动农户的成功经验就是寻找这一利益联结机制的本质。

（1）利益联结机制的本质

在生产者和消费者之间的商品契约下，契约违约成本低，约束力差，散户经营使得单位产品生产成本高、售价低、质量差等，极易产生农产品的"二手车"市场现象。龙头企业与农户之所以能够形成利益共同体，是因为两者之间是基于一种超越简单商品契约的要素契约模式。这一契约是"公司＋农户"模式的核心，是龙头企业做大做强的关键。

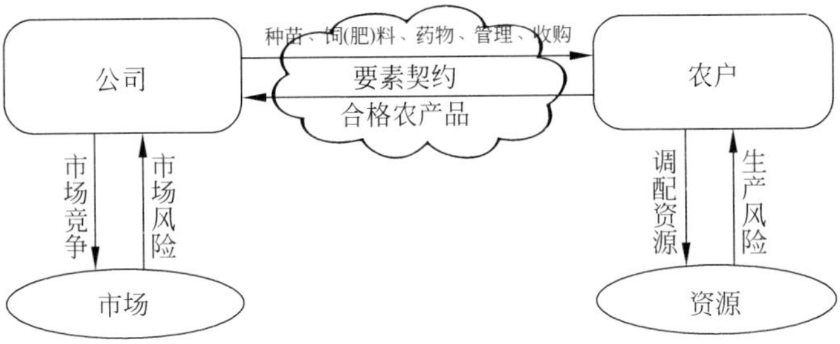

图2　"公司＋农户"要素契约图

经济组织的问题其实就是一个怎样签订契约方式以达到某种特定目标而的问题（威廉姆森，1985）。通过要素契约进行联结，龙头企业能够有效弥补分散生产技术低、质量差等劣势，而龙头企业面临的内部激励不足和要素资源缺乏问题，农户经营灵活等特点与所拥有的土地使用权等要素刚好弥补企业面临的问题。龙头企业与农户之间的要素契约实现了双方资产的功能互补,这是保障两者稳定合作的基础。

(2)合理的激励机制是调动农户自身积极性的前提

农民参与合作的目的就是增加收入,而基于产业链各环节上的利益分配机制是农户参与合作的内在动力,这一激励机制是调动农民自身积极性的前提。公司带动的农户地域分散,数量庞大,借助管理系统实现了对农户生产的高度集中管理。养户管理员的全程技术指导服务,避免了农户因技术缺乏导致生产效率低、产品质量差等问题。农户在契约条件下获得更高收益,有内在积极性去履行契约,而且针对计划定价的局限性,公司与农户建立起多元分配机制,而这种多元分配手段让农户分享到了增值利润。

除此之外,生产过程的严格监控机制,对未按标准化进行生产甚至严重违规的农户,按契约对其采取严格的惩罚措施,这是农户履约的外在压力。

(3)资源聚合是龙头企业快速做大做强的基础

企业就是一组资源的聚合体,企业围绕着资源的获取和利用而展开激烈竞争(杨典勇,2003)。但在充满不确定性的市场中,交易场景的重大变化会诱发违约行为,而当下的土地制度无疑增加了企业在土地经营权上的不确定性,地租谈判中存在机会主义,企业利润容易被侵蚀(罗必良等,2012)。

在进行资源聚合过程中,温氏与农户在要素契约中通过使农户投入互补性资产来解决机会主义问题。通过这一契约,公司支配了农户的土地和劳动力,通过"不为我有但为我用"实现资源聚合,农户在其确定的统一标准下生产。生产要素的自然组合所形成的生产方式不具有内生拓展性,龙头企业参与市场竞争,快速做大做强,生产规模需要具有无限可能的扩展性,把土地等要素通过契约交给农户,只需把控产品端即可,实现轻装上阵。

五、农民工创业背景下加快培育龙头企业

龙头企业在农业产业中的特殊地位,使得其与一般工商企业不同,在做大自身的同时还肩负着带动农民等诸多社会责任(张照新,2010)。在农民工创业背景下,龙头企业依然面临要素制约、赢利水平不高、与农户利益联结关系松散等问题,完善制度,优化机制,增强龙头企业引领带动能力具有重要现实意义。

1. 完善龙头企业与农户间利益联结机制

在"利益共享、风险共担"的基础上,采取土地经营权等要素入股、订单采购、利润返回等方式,让农户分享加工销售收益,从而促进农民增收,稳定龙头企业与农户的关系。龙头企业组织农户、家庭农场、合作社等组建经营共同体,通过合作、合股、合体等利益联结机制的创新,龙头企业与农户之间不再是松散型关系,逐步转变为"荣辱与共"的紧密型关系,形成互利共生的产业联合体。这一产权联合的利益共同体,让两者都真正成为农业产业化进程中价值链提升的实际受益者。同时,政府有关部门应做好龙头企业带动农民就业落实工作,并调查向农民收益分配情况是否属实,对于信息披露不实者将取消龙头企业一切政策优惠。

2. 引导龙头企业发展多种形式的合作模式

思路决定出路,积极引导龙头企业和农户观念更新,让两者主动谋求彼此合作。在原有模式基础上,积极探寻新的可行合作模式;培育农村合作社、家庭农场等中介组织,加大惠农政策力度,鼓励村集体创办合作社,鼓励龙头企业领办合作社;大力支持龙头企业与农户及合作组织的有效对接,推广"公司 + 合作组织 + 农户"模式,使得龙头企业能在更大范围内对农户产生更强的带动作用。

3. 专项政策扶持提高龙头企业收益能力

龙头企业自身具有收益能力是带动农民的前提条件。农业产

业具有投资大、利润低、周期长的特点,龙头企业在发展过程中更需要产业政策扶持,探寻提高企业收益路径。各级政府应在利税、收费、资金等方面进一步加大扶持力度,减轻企业财务负担,提高其赢利水平。政府应成立农业专项投资基金,为龙头企业提供直接投资、贷款担保、风险补偿、管理咨询等服务,提高企业融资能力。政府携金融机构对重点项目给予降低授信、延长期限、贴息贷款等融资优惠。引导龙头企业加强与科研院所、大专院校等机构合作,实现产学研有机结合,提升企业核心竞争力。

参考文献

1. 厉以宁:“中国正在悄悄地进行一场人力资本革命”,《中国经济周刊》2016年48期。
2. 厉以宁:“走向城乡一体化:建国60年城乡体制的变革”,《北京大学学报(哲学社会科学版)》2009年。
3. 蒯旭光、金安、陈超:“龙头企业带动农户绩效的实证分析——以南京市为例”,《中国农学通报》2008年10期。
4. 亚当·斯密著,郭大力、王亚南译:《国富论》,商务印书馆2015年版。
5. 曹利群、周立群:“扶持龙头企业:从信息角度的研究”,《中国农村观察》2001年5月。
6. 王春玲:“对优先扶持我国农业重点龙头企业的理论分析”,《农业经济问题》2005年5月。
7. 牛若峰:“农业产业化经营发展的观察和评论”,《农业经济问题》2006年。
8. 李海玉:“发展农业产业化经营关键是培育龙头企业”,《经济经纬》1999年3期。
9. 杨明洪:《农业产业化龙头企业:扶持理论与政策分析》,经济科学出版社2009年版。
10. 吴易雄:《农民工返乡创业调查》,湖南人民出版社2013年版。
11. 宋洪远、赵海:《中国新型农业经营主体发展研究》,中国金融出版社2015年版。
12. “新形势下农业产业化发展亮点纷呈全国农业产业化组织总数达38.6万个”,中国农业信息网,http://www.agri.cn/V20/ZX/nyyw/201607/t20160720_5213051.htm。

13. 卢勇:《新型农业企业成功之道》,金盾出版社 2009 年版。
14. 郑红军:《农产品质量安全控制综观研究》,人民出版社 2011 年版。
15. 郑红军:"农业产业化国家重点龙头企业产品质量安全控制研究——基于温氏集团和三鹿集团案例比较分析",《学术研究》2011 年。
16. 胡浩民:《30 年温氏发展轨迹的制度性解析》,中国农业出版社 2013 年版。
17. 郭六生、赵启华、杨小平等:"构建抵押担保联合体 打造农户贷款新品牌——江西吉安'温氏养鸡贷款'模式的启示",《金融与经济》2008 年。
18. 寇光涛、卢凤君:"'互联网 + 农业产业链'的实践总结与创新路径",《农村经济》2016 年。
19. 奥利弗·E. 威廉姆斯著,段毅才译:《资本主义经济制度:论企业签约与市场签约》,商务印书馆 2011 年版。
20. 杨典勇:"有效整合资源能力:企业成长应具备的重要条件",《当代经济》2003 年。
21. 罗必良、欧晓明:《"公司 + 农户": 合作契约及其治理》,中国农业出版社 2012 年版。
22. 张照新:《农业产业化龙头企业发展与社会责任》,经济管理出版社 2010 年版。

(窦希铭,中共福建省漳州市诏安县委;李成明,北京大学经济学院)

发展普惠金融 支持农民工创业

王天舒 尹 俊

一、农民工创业的背景与意义

1. 改革开放以来，在农村家庭联产承包责任制改革中解放的剩余农村劳动力，来到城市打工、生活，形成了农民工群体

我国的农民工群体人数众多，根据国家统计局《2016 年农民工监测调查报告》，我国现有农民工总量约 2.82 亿人，平均年龄为 39 岁。由于城乡二元体制的限制，农民工群体无法获得城市市民户籍，无法享受城市市民的各类公共服务和社会保障，导致了许多社会问题。

近年来，随着城乡二元体制改革的推进，部分城市逐步开始户籍制度改革，有的农民工最终获得了市民身份，在城镇落户。根据2014年我国发布的《国家新型城镇化规划》，我国预计到2020年，将努力实现1亿左右农业转移人口和其他常住人口在城镇落户，这是解决农民工问题的一条重要途径。

但是由于农民工群体人数较多，而城市承载力有限，一半以上的农民工及他们的子女依然无法获得城市户籍。与此同时，中国经济进入了新常态，供给侧结构性改革使得传统劳动密集型产业大量转型和升级，城市对农民工的劳动力需求下降。农民工往哪里去呢？随着农村土地流转制度、农业产业化、现代化、新农村建设的推进，农村一、二、三产业融合发展成为我国经济社会发展的新动力，产生了对人力资本的大量需求，这为解决农民工问题提供了另一条重要途径。

2015年6月，国务院办公厅发布《关于支持农民工等人员返乡创业的意见》（国办发〔2015〕47号），提出加快建立多层次多样化的返乡创业格局，全面激发农民工等人员返乡创业热情，创造更多就地就近就业机会，加快输出地新型工业化、城镇化进程，全面汇入大众创业、万众创新热潮，加快培育经济社会发展新动力，催生民生改善、经济结构调整和社会和谐稳定新动能，并提出了2015—2017年鼓励农民工创业的七大行动计划。

在国家相关政策的推动下，部分积累了一定资本和经验、具有一定技能的农民工，主动选择创业，并在同等条件下优先选择返乡创业，加入到"大众创业，万众创新"的行列。据农业部统计数据显示，2015年全国返乡创业农民工人数达到242万，共创办26.07万家小微企业。截至2015年年底，创业的农民工累计注册个体工商户2 505万个、农产品加工企业40多万家、休闲农业经营主体180万家、农民合作社147.9万家。

2. 农民工创业对解决包括农民工问题在内的"三农问题"、统

筹城乡经济社会发展具有重大而深远的现实意义

首先,农民工创业可以促进农业发展。农业是“四化同步”的短腿,主要原因是大量农村青壮年劳动力离开农村到城镇打工,农村面临人才短缺的发展“瓶颈”。创业的农民工原先就是农村中的能人,他们在城市中学会了先进的思维和技能,可以在农村发挥人力资本优势,比如以合作社或龙头企业的方式,从事规模化特色种植、特种养殖、农副产品加工业以及农业生产经营综合服务业等,促进农业发展方式转变与结构调整。

其次,农民工创业有利于解决农村的社会问题。农村是全面建成小康社会的短板,农民工创业可以集聚农村的人气,解决老人、妇女和儿童“三留守”问题。此外,还能推动农村基础设施和环境的建设,推进农村就地城镇化的程度,缓解城市的压力。

最后,农民工创业可以提高农民经济收入水平。农民工创业通过农村土地流转、发展农产品加工业、休闲农业、乡村旅游及农村一、二、三产业融合,以创业带动就业,提升农民的收入水平。

二、农民工创业面临的主要问题与政策支持

1. 企业理论认为,创业的成功要素包括市场、技术、资本(人、财、地)等

根据“中国打工第一县”四川金堂县的调查分析,农民工创业的主体一般为具有多年打工经验的农村劳动力和新一代青年农民工,主要包括投资办企业的、从事种植、养殖、担任经纪人等类型,主要分布在制造加工、食品加工、餐饮服务、建筑、商品流通、规模化种植养殖等领域。

农民工创业要想成功,首先创业的产品要有一定的市场,包括农产品销售市场及相关配套产业市场,当前很多农业创业企业通过“互联网+”技术使得市场得以有效拓展。其次,需要现代化的生

产技术，尤其要有提高农业生产能力的科技和技术，当前很多农业创业企业主动向科技下乡的专家学习技术。最后需要创业资本，这是农民工创业面临的难题。

第一是人力资本缺乏。农民工创业主要集中在农村，工作收入低、生活条件差、基础设施不完善，很难吸引到人才。但农民工自身就具备一定的技能，加上有的农民工抱团创业，利用不同农民工的人力资本优势，可以解决人力资本缺乏的问题。

第二是土地资本缺乏。农民工创业的投资规模一般较小，财税收入较少，加上政府有很多减税的优惠政策，所以有的地方政府不愿意提供用地指标。有的农民工通过宅基地置换、装修改造等方法，可以解决土地资本缺乏的问题。

第三是创业资金缺乏，这也是最难的。根据调查，农民工创业资金中约 69% 来自于家庭和亲友的帮助，约 20% 来自于个人务工的赚钱，仅有 11% 来自于银行贷款或其他。家庭和亲友的资金不稳定，可能随时要还款；个人务工赚钱有限，创业初期需要购买固定资产、支付一系列费用，顿时显得不足。在创业经营中，更需要大量的资金投入，因此有效的融资渠道是农民工创业成功与否的关键。

长期以来，银行贷款对企业规模、信用条件、抵押状况有较严格的规定。由于农民工创业大部分选择与农业相关的竞争性行业，对自然依赖性高、抗风险能力弱，生产周期较长、市场化程度不高、产业利润薄，企业财务不规范、信用评级低，农村房产无法抵押、缺少质押、找不到公务员担保人等因素，农民工很难得到银行贷款。

2. 为解决这些问题，国家出台了一系列支持农民工创业的政策，成效初显

2015 年 6 月，国务院办公厅发布《关于支持农民工等人员返乡创业的意见》（国办发〔2015〕47 号）；2015 年 11 月，国家发改委等十部门联合发布《关于结合新型城镇化开展支持农民工等人员返乡创业试点工作的通知》（发改就业〔2015〕2811 号）；2016 年 6 月，人

力资源和社会保障部办公厅等发布《关于实施农民工等人员返乡创业培训五年行动计划(2016—2020 年)的通知》(人社厅发〔2016〕90 号);2016 年 12 月,国务院办公厅印发《关于支持返乡下乡人员创业创新促进农村一二三产业融合发展的意见》(国办发〔2016〕84 号)。这些政策措施都要求强化农民工创业的金融服务,包括"加快发展村镇银行、农村信用社等中小金融机构和小额贷款公司等机构,完善返乡创业信用评价机制,扩大抵押物范围,鼓励银行业金融机构开发符合农民工等人员返乡创业需求特点的金融产品和金融服务,加大对返乡创业的信贷支持和服务力度;大力发展农村普惠金融,引导加大涉农资金投放,运用金融服务三农发展的相关政策措施,支持农民工等人员返乡创业"等。

三、普惠金融的逻辑

1. 普惠金融(inclusive finance)又被称为包容性金融,由联合国在 2005 年提出

普惠金融的基本含义是:能有效、全方位地为社会所有阶层和群体提供服务的金融体系,目标是人人享有平等融资权,是全球促进社会公平的重要手段。

2013 年,党的十八届三中全会通过了《关于全面深化改革若干重大问题的决定》,正式提出"发展普惠金融。鼓励金融创新,丰富金融市场层次和产品"(第三部分第 12 条),这是"普惠金融"这个概念第一次写入中央文件之中。2016 年,国务院发布《推进普惠金融发展规划(2016—2020 年)》,并在河南省兰考县设立首个全国普惠金融改革试验区;2017 年,《政府工作报告》提出鼓励大中型商业银行设立普惠金融事业部。我国已将普惠金融提升到国家战略高度。

2. 普惠金融的目标是让普通群众,尤其是贫困的群众,能以较

低的价格获得充足的信贷支持，因此是解决农民工创业融资难的最好的途径。但从理论上看，普惠金融面临成本高、收益低的困难

从成本角度看，银行的每笔贷款项目都要经历信用评级、项目评审、贷后管理等环节，普惠金融一般支持的是分散的单笔项目，项目规模小，数量多，导致普惠金融的运行成本较高。

从收益角度看，普惠金融的价格和收费较低，而且借款人的经营风险整体较大，导致普惠金融的收益较低。

解决这个问题的途径也是两种。一是从成本角度，降低普惠金融机构的资金成本和运行成本，如央行给予优惠的再贷款，如政府财政予以减税、减费的政策，再如普惠金融机构开展信用评级、项目评审、机构完善等方面的创新，提升工作效率以降低运行成本等。二是从收益角度，提高普惠金融资金使用的收益，如完善担保体系，如开展批发融资，再如适当放开市场准入等，降低资金使用的风险，提高收益。

3. 近年来，国外普惠金融发展迅速，在支持中小企业创业方面积累了一定的经验

美国小企业管理局通过政策扶持，为中小企业建立了分层次的信用担保体系，即全国性的信用担保体系、区域性的信用担保体系和社区性的信用担保体系。信用担保体系包含多家担保机构，一方面可以为中小企业提供担保，另一方面也对中小企业的生产经营进行监督，帮助企业提高资信等级。美国以信用担保体系为基础形成了包括银行贷款、金融投资机构融资、股权融资的多元化的普惠金融支持模式。

日本建立了专门的普惠金融体系，形成支持中小企业创业的合力。一是建立6个扶持中小创业的法律政策规定；二是出资成立多个政策性金融机构，包括中小企业金融公库、国民金融公库和商工组合中央金融金库，为企业创业提供贷款；三是成立中小企业投资育成公司，对创业的中小企业进行股权投资，并在经营管理方面给

予金融咨询意见。

孟加拉格莱珉银行创建了中小企业借款人“五人小组”模式。每一个借款人都加入一个五人小组，成员之间相互支持、保护和监督，只有小组成员全部合理应用并成功偿还了所贷资金，才能进一步获得贷款。

德国复兴信贷银行拟设立新的子公司，专门支持中小企业创业。新设立的公司性质为金融企业，有别于银行，可以不受银行业监管政策影响，能更方便地参股创业企业，未来十年将提供总额20亿欧元的资金。

四、我国普惠金融支持农民工创业的实践与问题

1. 目前，我国普惠金融在实践和发展中呈现出主体逐渐多元、产品不断创新、政策不断完善三大特点

在主体多元方面，我国的普惠金融主体包括了大中型商业化金融机构、开发性金融机构、农村信用社、村镇银行、小额贷款公司、非政府组织、互联网金融等。有的金融机构还设立了普惠金融事业部。如全球最大的开发性金融机构中国国家开发银行，通过参股和控股的方式设立了15家村镇银行，为它们提供技术支撑和服务，同时发挥村镇银行贴近农民的特点，为农民工创业提供优质的金融服务。2016年，国家开发银行设立扶贫金融事业部，并与其他各类银行和金融机构联合开展普惠金融合作，普惠金融主体体系进一步完善。安徽省金寨县针对山区金融服务不充分的现状，引导各类银行机构建立村级金融服务室（站、点），布放自助银行设备、POS机具等，实现了全省首个村级金融服务全覆盖。

在产品创新方面，我国普惠金融结合借款人群体的特征，在运行模式、业务流程和技术手段上开展创新。如安徽颍东农商银行围绕借款人需求，先后推出农家乐、商家乐、创业乐、幸福生活一日贷、

农产品融资宝、家庭农场、专业合作社、商标专利权质押、林权抵押、存货质押、农机具补贴质押等近 20 种特色信贷产品。青海大通村镇银行推出“银行 + 公司 + 基地 + 农户”打包合作模式支持农业产业化的龙头企业，促进企业在农村地区建立的各种基地或收购点的发展；推行“见保即贷”合作模式，由担保公司担保后，银行在信贷审批上可简化流程，大大缩短审批时间，中小企业一周内即可获得信贷资金支持。湖北宜城村镇银行针对传统农贷业务缺少有效抵押物、银行无法准确了解农户信息等问题，通过尝试与家庭农场协会合作采用农户联保的形式，创新农贷融资模式，提出“小巴士”和助农贷等新业务品种，与政府、家庭农场协会合作成立担保基金，降低营销成本和审批时间，同时返还担保费用，激励协会继续推荐客户。国家开发银行将国际先进微贷技术与中国国情相结合，整合政府组织协调优势、群众民主监督优势和开行融资优势，探索出以管理平台、融资平台、担保平台、公示平台、信用协会为核心的“四台一会”模式，批量支持小微企业发展。

在政策完善方面，我国的普惠金融在建立健全信用担保体系、金融政策支持体系等方面不断取得新的突破。如浙江省嘉善县推进农村土地流转经营权抵押贷款，2014 年在全国率先进行了“三权三抵押”尝试，即农民的承包土地经营权、住房财产权和集体经济股权都可以用来抵押贷款，健全担保体系。安徽省金寨县不断完善金融政策支持体系，出台差异化监管政策，提出鼓励新增存款用于当地、合理确定农户和小微企业贷款不良容忍度、科学掌握存贷比等 4 方面、19 项措施；协调人民银行给予该县支农再贷款、再贴现予以倾斜等政策；协调县政府建立金融综合改革专项资金，对涉农和小微企业贷款损失、代偿损失给予一定补偿；协调县相关部门对新设机构除给予财政专项资金支持外，对其缴纳的税收地方留存部分给予财政扶持。此外金寨县还率先建立农村征信体系，作为全省信用体系建设试点县，通过“政府牵头，人行、银监部门指导，金融机构参与”的方式，建立覆盖13.6万农户的信用信息数据库；出台评级授信办法，设置5个信用等级，农户凭信用等级无须抵押便可贷款。

2. 在实践过程中，我国的普惠金融在支持农民工创业的过程中仍存在两类问题

一是农村金融服务及质量方面。整体而言，农村金融机构数量相对较少，根据一次调查，全国还有2 000多个乡镇地区没有设立一家金融机构。此外，农村专门服务于农民工创业的专业人士相对较少，缺乏专业人士为农民工适时提供专业和政策上的帮助和指点。

二是信用贷款方面。当前符合农民信用和担保实际情况且满足农民工创业需求的信贷品种相对较少。借款的农民工人数超过金融机构的供给数量，供不应求的现象时有发生，加上农民工偿债能力相对较差，金融机构制定的贷款利率往往较高。贷款过程由于需要农民工提供大量的相关证明文件，担保物要求严格，一些合同的条款也需要逐条向农民工解释清楚，手续相对烦琐。

五、普惠金融支持农民工创业的政策建议

1. 打造多元化、市场化、可持续的普惠型金融体系

政府要从宏观上加以指导，充分宣介农民工创业对我国城乡协调发展和经济增长的重要意义，促进大型商业银行、开发性银行、政策性银行、城市银行、村镇银行、合作性银行等金融机构积极开拓普惠金融业务。

要从政策上加以支持，在设立条件、融资比例限制、跨地区经营等方面适度降低普惠金融的准入门槛，出台各类优惠政策，保障普惠金融支持农民工创业。

要吸收国外先进经验，以市场化手段扩大普惠金融支持农民工创业的覆盖面和渗透率，保障普惠金融发展的可持续性。

2. 提升普惠金融的产品创新和服务水平

结合农民工创业领域、自身条件等特点，设计贷款、保险、基金、信托、租赁等融资手段在内的金融创新产品。要借助“互联网 +”等现代科技手段，充分发挥互联网快速、高效、低成本的特点，创新支付结算方式，提供申请、审批、发放一站式金融服务，提高普惠金融的服务效率，降低服务门槛。

对有市场、有效益、有技术、有发展前途的农民工创业项目采用信用贷款和抵押贷款组合、整贷整还等方式，适当放宽贷款额度和还贷时间。

设立金融知识服务站，加强农民工金融政策宣传、金融知识普及、创业培训等，提升农民工的创业能力。

3. 提升普惠金融良好的发展环境

构建完善的农民信用体系。要利用各类群众组织加强农民工创业企业信用信息采集和更新，甄别信息真伪。要加大宣传力度，严厉打击违约行为并给予相应的处罚，形成守信激励、失信惩戒的良性机制。开展信用乡镇、信用村、信用企业、信用户的评定，完善农民工创业企业的评定机制，划分信用等级，以信用等级为依据发放贷款，提高农民工改善信用等级的积极性。加强信用信息公开，促进地方信用信息与司法、工商、税务、海关、环保等部门信息系统共享，实现创业企业和个人信用管理监督社会化。

构建完善的农村担保体系。丰富担保物的种类，结合对农民现有所持资产的调查，根据实际情况，扩大抵押担保的设定范围，创造各项动产和不动产的抵押贷款项目，如农民住房、农户宅基地、土地经营权等，探索商品林权抵押、养殖水面使用权抵押等农业经营权抵押模式。按照“政府引导、多方出资、市场运行”的模式，整合农村地区的政策性、互助性、商业性信用担保资源，充分发挥国家、省、市三级政策性担保机构的重要作用，提供适合农民工创业特点的信用担保服务。在担保与再担保业务中设立专项业务服务，专门为农民工创业提供金融信贷保障和服务。完善担保机构和担保基金的资金补偿机制,促进民间资本进入担保领域。

建立创业风险分担体系。扩大农村保险业务险种和覆盖面,完善农村、农业、农民保险补贴制度,健全风险补偿机制,提高农民的抗风险能力,一方面解除金融机构的风险防控之忧,另一方面降低农民工创业的意外风险和经济损失,解决农民工创业的金融信贷后顾之忧,支持农民工积极创业。

参考文献

1. 国家统计局:《2016 年农民工监测调查报告》,2016 年 4 月 28 日。
2. 陈怀远:“发挥农民工在大众创业中的积极作用”,《学习时报》2015 年 10 月 29 日。
3. 姜再勇:“普惠金融的逻辑”,《中国金融》2016 年第 18 期。
4. 姜雪:“返乡农民工创业之路的畅与不畅”,《中国经贸导刊》2017 年 5 月。
5. 刘溢海、王琳:“农民工返乡创业金融支持模式研究”,《河南科技大学学报(社会科学版)》2017 年第 2 期。
6. 唐逸馨、周宇飞:“返乡农民工创业的金融支持体系探析”,《中国集体经济》2017 年第 6 期。
7. 张慧媛、章铮等:“农民工创业就业现状分析”,《西北农林科技大学学报(社会科学版)》2015 年第 3 期。
8. 张胜:“金融服务:要为农民工返乡创业铺好桥和路”,《光明日报》2016 年。
9. 郑之杰:“普惠金融——人人享有平等融资权”,《经济日报》2013 年 12 月 2 日。

(王天舒,全国政协办公厅人事局;尹俊,国家开发银行规划局)

连带与示范：农业龙头企业对农民工返乡创业的影响机制研究

傅帅雄　黄顺魁

支持农民工返乡创业是党中央、国务院培育经济增长新动力、打造区域均衡发展新引擎的战略部署。2015年6月，国务院办公厅印发《关于支持农民工等人员返乡创业的意见》，提出了支持农民工等人员返乡创业的一系列政策举措，明确提出支持新型农业经营主体发展带动返乡创业。2015年6月，《国务院关于大力推进大众创业万众创新若干政策措施的意见》明确提出要“支持返乡创业集聚发展”。国家“十三五”规划纲要提出，要“促进农村富余劳动力转移就业和外出务工人员返乡创业”。2016年、2017年国务院政府工作报告都提出要支持农民工返乡创业。

创业即创建新组织与开展新业务的活动。熊彼特(Schumpeter,1934)[1]认为,创业即是进行新的结合。加特纳(Gartner,1985)提出构成创业过程的四个关键要素是个人、环境、组织和创立过程,任何新企业的创建都将是这四个维度相互作用的结果。新企业的创建本质上就是组建新的组织的过程,即上述四种要素合理组合并产生合理的结构和理想结果的过程。

农民工返乡创业的实现必须以创建新组织与开展新业务的活动为载体,农民工返乡创业的范畴的内涵与普遍意义上创业概念的内涵是一致的。20 世纪 90 年代以来,农民工由流动到创业成为普遍现象。农民工返乡创业是外出务工农民基于在外出务工地区承受的外部环境压力和返乡创业提供的机遇,是在个人、家庭、宏观社会经济环境等多种因素的影响下,农民工对输出地和输入地收益比较后,做出的一种理性选择。外出务工期间农民工所积累的资金、技术和管理经验是实现其返乡创业梦想的基本条件。农民工返乡创业现象经过 2003 年南方“民工荒”后才引起人们的重视,2008 年全球性的经济危机导致农民工大规模返乡,这一现象再次冲击了人们的眼球和神经。

一、农民工返乡创业的文献综述

目前,相关文献对农民工返乡创业的研究多集中在区域农民工返乡创业的现状、存在的问题及面对的困难、相应的政策建议等方面。秦艳和巩前文(2007)[2]归纳了农民创业的 3 种模式即独资

---

〔1〕 Schumpeter J., Backhaus U. *The Theory of Economic Development*. Transaction Publishers. 1934.

〔2〕 秦艳、巩前文:“‘打工仔经济’的模式比较与选择探究”,《新疆农垦经济》2007 年 2 期,24—27。

式、合资式和外联式,并对这3种模式进行了比较分析。万宝瑞(2007)[1]则认为返乡农民工创业主要有4种类型:创办农业产业化龙头企业;兴办二、三产业;成为经纪人或创办农民合作经济组织的带头人;担任村干部或参加村民议事会及村民理财小组。黄建新(2008)[2]利用结构化理论对农民工返乡创业行动进行解读,提出提升创业者自身人力资本,是促进农民工返乡创业的关键。朱明芬(2010)[3]以浙江杭州为例,其研究结果表明,农民受教育程度对农民创业行为有重要影响。胡俊波(2014)[4]运用Logic模型对影响农民工创业行为选择的个人特征、家庭财富、职业经历等因素进行了实证研究。结果显示,务工期间所在行业、单位类型、职务等因素均对创业行为选择产生了显著影响。朱红根和解春艳[5]得出了社会资本、服务环境、企业家能力等因素直接影响农民工返乡创业企业绩效的结论。刘美玉[6]认为创业资源获取与创业机会感知决定新生代农民工的创业模式,生存型创业是新生代农民工创业的主导模式。调查显示,中国农民工返乡创业的成功率仅为三成[7]。

知识水平、经验水平、能力水平、社会网络与移民创业绩效显著

---

[1] 万宝瑞:“要从政策上扶持返乡创业”,《人民论坛》2007年14期,46—46。

[2] 黄建新:“农民工返乡创业行动研究——结构化理论的视角”,《华中农业大学学报(社会科学版)》2008年5期,15—17。

[3] 朱明芬:“农民创业行为影响因素分析——以浙江杭州为例”,《中国农村经济》2010年3期,25—34。

[4] 胡俊波:“农民工返乡创业行为影响因素研究——以四川省为例”,《农村经济》2014年10期,12—16。

[5] 朱红根、解春艳:“农民工返乡创业企业绩效的影响因素分析”,《中国农村经济》2012年4期,36—46。

[6] 刘美玉:“基于扎根理论的新生代农民工创业机理研究”,《农业经济问题》2013年3期,63—68。

[7] 黄振华:“我国农民工返乡创业调查报告”,《调研世界》2011年8期,36—39。

正相关。[1]中国作为一个传统的关系型社会,社会网络在决定人们社会经济地位上具有举足轻重的影响力。黄洁、蔡根女和买忆媛(2010)[2]认为农民工返乡创业时,其个人的社会资源主要有两大方面:外地弱连带和本地强连带,农民工返乡创业时本地强连带更具影响力,并且外地弱连带存在断裂的现象。国外学者试图运用"网络嵌入理论"来解释,认为创业者的社会网络联系着创业者、创业机会和创业资源,嵌入社会网络有助于创业者识别创业机会、开发资源以及创建新企业。也就是说,创业者的社会网络促进了企业创立。也有学者通过研究新创企业的成长阶段认为,创业者可以通过社会网络关系以较低的成本获得稀缺资源改善和提高企业绩效,获得创业成功。可见,社会网络嵌入能促进创业者获取创业资源和提高创业能力,进而推动新企业的创立与成长。

培育新型农业经营主体,构建新型农业经营体系,是推进农业现代化的核心和基础,是党的十八大和十八届三中全会做出的重大战略部署,是抵御农业生产风险、促进农业人口有序转移的重要举措。从目前新型农业经营主体的构成来看,主要包括专业种养大户、家庭农场、农民专业合作社、农业龙头企业等农业经营组织。与传统农业经营主体相比,新型农业经营主体具备经营规模更大、集约化程度更高、市场竞争力更强等显著特征。从实际情况来看,返乡农民工尤其是新生代农民工已具备了创业的意识和信心,并具备了一定的创业能力和社会网络基础。以农业龙头企业为代表的新型农业经营主体是社会网络的重要体现。

---

〔1〕 胡江霞、文传浩:"人力资本、社会网络与移民创业绩效——基于三峡库区的调研数据",《软科学》2016 年 30 期,36—40。

〔2〕 黄洁、蔡根女、买忆媛:"谁对返乡农民工创业机会识别更具影响力:强连带还是弱连带",《农业技术经济》2010 年 4 期,28—35。

二、农民工返乡创业的"瓶颈"

据国家统计局《2016 年农民工监测调查报告》显示，从事第二产业的农民工比重为 52.9%，从事第三产业的农民工比重为 46.7%。农民工主要是以制造业、建筑业、批发和零售业、居民服务、修理和其他服务业为主。农民工创业的行业选择以打工经历中所进入的制造业、建筑业等非农产业为主，农民工返乡创业则会因为远离城市而难以通过参与产业分工与合作获得外部经济。当前，返乡创业的农民工仍以传统的创业方式为主，以现代企业制度为基础的股份制、股份合作制、公司制等形式创业的较少。

农民工返乡创业的优势非常明显。我国的农民都比较能吃苦耐劳，生理承受能力强，经历了工业化的历练和城市文明的洗礼后，普遍掌握了一项或多项技能，风险意识、市场意识、竞争意识、战略眼光、交际能力等综合素质有了很大的提高。有一定的市场经验、技术和能力是返乡创业农民工做出决定的首要原因。同时，农民工既熟知当地的资源与环境，又能够更有效地利用家乡的人际资源优势，找到适合自己的创业方向和产品销售渠道，还能获得相对不贫困感和心理上的归属感，和在城市务工或创业相比，返乡创业边际效益更大。最后，农民工返乡创业初期一般都采用"家族式"管理方式和"家庭式"的经营方式[1]，这种"庭院经济"式的创业方式，可以在一定时期内最大程度提高创业效率，降低了创业的成本和风险。农民工返乡创业跟一般创业者一样，基于个人金融资本、人力资本和社会资本三种资源禀赋进行创业。但是，中国农民并不具有一般创业者的显著特征，即拥有较为丰富的金融资本和人力资本。相反，他们的金融资本和人力资本比较匮乏，其创业往往与缓解或

---

[1]　马驰、喻文婷："农民创业的 SWOT 分析"，《学术评论》2007 年 5 期，110—114。

脱离贫困紧密相连。

(一)农民工金融资本积累有限

农民工自身资本积累有限,创业初期资金往往紧张,通过正规金融机构获取创业担保贷款困难重重。据国家统计局《2016 年农民工监测调查报告》显示,农民工 2016 年人均月收入为 3 275 元,而住宿和日常生活支出占其中较大的比重。农民工返乡创业初次的投资资金一般以自有资金为主,多年的城市打工,虽然有了一定的资金积累,但有相当一部分资金还要用于盖房、子女上学、结婚等。返乡创业农民工自身及家庭资本积累有限,创业初期资金则更多依赖于外部资金,而通过社会关系网络从亲朋好友拆借筹集的资金较为有限,创业初期资金周转紧张常有发生。同时,农村金融体系的不完善和金融改革的滞后性又导致农民工返乡创业融资渠道不畅通,农民工通过正规金融机构获取创业担保贷款难度较大,创业贷款申请程序复杂且耗时长,创业担保贷款的诸多条件农民工难以满足。资金缺乏下的农民工返乡创业,往往选择小微型项目,项目特色不强,工艺与技术要求不高,企业抗风险能力弱、淘汰率高。

(二)农民工人力资本积累相对匮乏

较低的受教育水平在创业起步阶段和企业发展阶段都会制约创业绩效,创业成功概率相应较低。据《2016 年农民工监测调查报告》数据显示,农民工文化程度普遍不高,文化程度为初中及以下的农民工约占农民工总量的 73.6%,大专及以上的仅有 9.4%。返乡农民工普遍受教育水平较低,学习新知识能力较弱,绝大部分返乡创业农民工没有接受过专业技能教育与创业教育,拥有的技能与管理经验都源自日常工作学习所得。返乡创业农民工机会识别与把握能力欠缺、创造性整合资源能力不足、企业发展战略模糊,缺乏系统的企业经营管理知识和法律知识,甄别创业项目能力比较弱。

（三）农民工返乡创业缺乏团队精神

农民工虽然经历了现代城市文明的改造，综合素质也有了很大的提高，但多数还残留小农意识，缺乏团队精神，在创业形式选择上以自己创业为主，喜欢单打独斗。联合创业、投资入股创业等比例较小，这也是农民工返乡创业时的一大劣势。“家族式”的经营管理在农民工返乡创业初期是有其优越性的，但同时也是农民工返乡创业的致命缺点。农民工返乡创业孤军奋战的较多，抱团发展的少，融入现代企业元素的投资入股创业、联合创业的比例更少。缺乏对创业的有效组织和指导，返乡创业农民工主要是以分散的非组织化的方式进入市场，并且大多是各自为战的小本营生经济，规模小，结构单一，是一种个人行为，家庭式的创业模式，由于势单力薄，使得返乡创业企业在本质上非常脆弱，缺乏柔性和集体行动的协调制度。面对复杂、激烈的市场竞争，他们抗风险的能力非常低，从而也降低了返乡农民工创业的积极性和成功率。

三、农业龙头企业在农民工返乡创业中的连带与示范作用

农民工返乡创业中的金融资本有限、人力资本匮乏、团队精神涣散等瓶颈严重制约了农民工返乡创业的积极性和成功率。其根本原因在于农业企业在面对市场风险时的脆弱性，以小农家庭为主体的创业企业难以在市场浪潮中实现平稳发展。在农民工返乡创业中引入以农业龙头企业为代表的新型经营主体，以农村地区较强的社会网络为链接，让农民工返乡创业企业与新型经营主体之间建立稳定的连带和示范作用，以产业链为链接，在资金、技术、市场等方面形成统一的利益共同体，实现农业龙头企业和农民工返乡创业企业共同发展壮大。

产业网络和社会网络是农业龙头企业与农民工返乡创业中的

重要连接点。嵌入产业网络不仅有助于新创企业获取相关的知识资源,例如与行业协会或商会建立联系能够获取市场信息、技术诀窍及商业秘密等,而且还能帮助创业者获得资金、配套设备及工艺等维持企业运营所需的基础资源。

社会网络是由个人主要社会关系组成的人际关系网。新企业创建需要许多不同类型的资源,返乡创业农民工一般自身很难拥有足够数量或质量的各种创业资源,而社会网络在资源获取过程中扮演着重要角色。网络规模会影响返乡创业农民工获取创业所需的信息和知识,在农村地区,社会网络更有可能成为农民创业者获取资源的途径。创业是一项高风险的活动,个体往往不太愿意为创业者提供物质帮助,因此,只有那些对创业者高度信任的强关系〔1〕才能提供支持。中国农村地区仍保持着中国传统的集体主义文化特征,由于社会信任感的缺失,人们更愿意相信家人、亲属、朋友,而非弱关系〔2〕。因此,建立在情感和信任基础上的强关系能够有助于农民创业者获取创业所需的各种资源。

社会网络中的连带与示范作用是农业龙头企业在农民工返乡创业中的作用点,主要手段是获取创业资源和创业决策。返乡创业农民工的社会网络资源越丰富,越有利于识别创业机会和获取创业资源,为提高创业绩效创造良好条件。同时,返乡创业农民工通过社会关系网络,可以做出合理的创业决策。虽然农民的金融资本和人力资本匮乏,但是,农民嵌入在一定的社会网络之中,他们所拥有的社会资本不仅能带来人力资本和金融资本,而且能增强人力资本和金融资本的回报。李青、刘莉等人(2008)〔3〕根据结构方程建模

---

〔1〕 强关系此处指农民创业者和商业伙伴之间形成的持久的、频繁联系的、感情亲密的关系。

〔2〕 弱关系此处指农民创业者和商业伙伴之间形成的偶然的熟人关系。

〔3〕 李青、刘莉:“基于创业机会的中小企业成长模型研究”,《科技管理研究》2008 年 28 期,236—238。

得出，在目前的制度环境下，中小企业更多地从关系网络而非从关注顾客和市场的变化中获益，这说明，关系网络比市场导向的组织文化对中小企业的成长更具有直接的作用，那么创业者在其间所发挥的自我优势就显得尤为突出。

（一）连带作用为返乡创业农民工提供更好的创业机会

彭和罗（Peng and Luo，2000）[1]认为，转轨国家缺乏正式制度的支持，作为一种替代，非正式制度约束会在经济交换中扮演重要角色。返乡创业农民工在农村地区的社会网络之间的连带作用是一种重要的资源，特别是农业龙头企业已经在当地形成了较好的形象和口碑。在农民工返乡创业企业和农业龙头企业之间很容易形成信任和互惠，有助于较为复杂的商业信息在两者之间传递，同时还能限制两者之间的机会主义行为，减少交易成本。

在这个过程中，农业龙头企业与返乡创业农民工之间的关系信任具有很重要的作用，关系信任的形成是两者之间的互动经历。信任是社会网络连带到经济行动中的中介变量和纽带。关系信任可以加深农业龙头企业与返乡创业农民工之间信息交换的深度，提高信息交换的质量，有助于两者之间其他资源的交换和重新组合。这种关系信任还减少了返乡创业农民工发现商业伙伴的成本，农业龙头企业在当地与其他企业之间已经建立的信任通过“口碑相传”为返乡创业农民工带来更大的创业激情和发展动力。在这个相对狭小的空间中，社会网络和商业网络相互交织，当地民风、民俗和商业规范相互融合，有力地促进了农业龙头企业与返乡创业农民工之间的联合发展，会极大地从正面影响农民工返乡创业企业的绩效。

---

[1] Peng M. W.，Luo Y. “Managerial Ties and Firm Performance in a Transition Economy: The Nature of a Micro-Macro Link”, *Academy of Management Journal*, 2000, 43(3): 486-501.

农业龙头企业和返乡创业农民工之间的调节融合也有利于两者之间的融合发展,两者之间的连带作用体现在共同的发展基础。农业龙头企业和返乡创业农民工之间通过共处同样的自然条件、社会条件和经济条件而形成共同的发展导向。这些共同的发展基础制约着农业龙头企业的发展和返乡创业农民工的创业机会。良好的连带关系,有利于营造健康向上的文化服务,培养和谐融洽的人际关系网络,促进返乡创业农民工知识水平、经验水平、能力水平等人力资本水平的提高,从而有助于提高返乡创业农民工的创业绩效。

社会网络的连带作用还体现在获取创业机会时的信息来源。作为信息的重要来源,社会网络一直被视为是人们获取创业机会信息和识别创业机会的重要途径。社会网络影响人们接受什么样的信息以及信息的质量、数量和速度,而机会识别是个体获取、解读信息价值的过程,因此,创业者的个人社会网络是影响机会识别的关键因素。农民工返乡创业嵌入的社会网络是获取新信息发现创业机会的重要影响因素。潜在的农民创业者以血缘、地缘为中心的人际关系网络拓展了其社会网络边界,更容易获得信息,大大提高了识别创业机会的可能。农业龙头企业作为具有地缘关系的成功创业典型,其社会网络边界要大于返乡创业农民工。返乡创业农民工通过与农业龙头企业的地缘关系联系,机遇情感和信任的网络关系能够更有效地传递有价值的信息,能够大大拓展其社会网络边界,帮助返乡创业农民工更好地识别创业机会。

连带作用还体现在农业龙头企业对于返乡农民工创业的支持。创业与否这样的重要决策需要家人、朋友的情感支持,也需要农业龙头企业在克服资源约束中的支持。社会网络中的连带作用可以促进民间借贷,也可以通过农业龙头企业的在技术、设备、资源等方面的支持来破解金融资本约束。这种支持能够增强返乡农民工创业的信心,加强创业意向。

（二）示范作用为返乡创业农民工提供更好的榜样力量

另外一个社会网络作用是农业龙头企业在促进农民工创业中的榜样力量。当个人相信行为榜样和自己的某些特征相似时，这个行为榜样就扮演了一个合意的社会角色，他会形成个人的职业偏好或行为模仿（Witt，1991）。行为榜样提供了活生生的证据，表明这个目标是能够实现的。识别、对照行为榜样能够帮助人们定义他们的自我感觉，从而提高他们的创业自我效能感（Gibson，2004）。因此，行为榜样通过提供正当性和鼓励提高个体的创业意愿，激发人们实现创业梦想的雄心（Koellinger et al.，2007）。

同处一个农村社区中的创业榜样对于返乡创业农民工的创业机会识别有正向的影响。农业龙头企业是先前创业中已经取得成功的创业者，返乡创业农民工向农业龙头企业的模仿甚至复制在返乡农民创业活动中占有很大的比例。一个地区的社会经济结构往往有同质化趋向，如过去常说的"一乡一业，一村一品"。"别人可以成功，我也可以成功"的连锁示范效应可以激励更多的农民工返乡创业。在社会认知理论中，创业榜样对于潜在创业者识别创业机会主要是通过让模仿创业者更容易发现创业机会和引致创业者向某些创业机会集中，这些都增加了返乡创业农民工发现创业机会的可能性。

农业龙头企业作为先前的成功创业者为后续创业者提供了榜样，吸引更多的模仿者开发类似的创业机会。在这个农村熟人社会中带来了资源集聚和信息共享，成功创业者可以帮助潜在的创业者分析复杂的信息，更好地识别创业机会。类似于农业龙头企业这种创业榜样越多，返乡创业农民工越有可能识别创业机会。

农业龙头企业的示范作用也有利于增强创业氛围。农业龙头企业的成功必然能够吸引具有类似创业想法的人进行创业，创业氛围越浓，创业兴趣越高，对创业更倾向于持有正面的态度。这种创业氛围代表着该区域内人们关于创业的价值判断,也会影响潜在创业者的创业倾向,对创业活动和创业者的评价能够影响潜在创业者的风险规避程度。在农村社区一旦形成更加浓厚的创业氛围更能激发返乡农民工创业的创业意向。

示范效应中也包括引领效应,是农业龙头企业在引导、带领农民工返乡创业中的创新现象。农业龙头企业为了自身产业链的完善,或者在自身能力不足时,吸引更多的参与者时,会主动有意识地去引导、带动农民工返乡创业。也有可能是农民工发现了与农业龙头企业合作是其创业的机会,是农业龙头企业的成功激发了农民工返乡创业。这两种示范效应都说明农业龙头企业与返乡创业农民工之间存在着某种社会网络联系,这种社会联系能够让农业龙头企业主动关心潜在的或已经返乡的农民工的发展状况,并引导农民工走向创业之路。

四、产业链连接是农业龙头企业推动农民工返乡创业的实现路径

(一)以产业链带动农业龙头企业和返乡创业农民工共同发展

农民工返乡创业对于农业发展,尤其是现代农产品供应链的形成具有十分重要的意义。通过农民工返乡创业带动小规模分散农户,在“跟从”和“模仿”导向下形成特色农产品供应链,并引入龙头企业或者通过创业农民工的自组织来实现农产品供应链的重构。

农民工返乡创业影响现代农产品供应链形成和演进,是农产品供应链形成和演进的动力因子之一。农业龙头企业带动返乡创业农民工就某一农产品生产而形成产业集群,构建稳定的农产品供应链。农产品供应链的重构是基于返乡创业农民工自身的发展形成一定的生产规模与技术和资本较为强大的农业龙头企业介入,通过

农业龙头企业和返乡创业农民工的合作提高构建农产品供应链。其关键在于龙头企业和返乡创业农民工之间的连接机制，使龙头企业、返乡创业农民工和农户形成一体化机制，涵盖农产品生产、加工和销售为一体的经营机制，形成各方之间的双赢模式。

创业农民工通过自身的行动，吸引了其他分散经营农户的模仿，促使同类产品在某一区域的大面积推广，从而形成产量优势，吸引了大量的收购商和需求者向本地集中，降低了创业农民工在市场上的搜寻成本和信息成本，并通过与龙头企业形成一体化机制，分享整个农产品供应链所带来的收益。由于龙头企业的带动和整合，使创业农民工不仅从事农业生产，也可以参与到供应链其他环节的经营中，从而达到分散风险，参与到高收益环节的经营中的目的。

对于龙头企业来说，一方面，能够控制生产环节，获得稳定的原材料、劳动力和资本供给，降低在市场搜寻和交易成本。另一方面，整合农产品供应链后，能够有效地控制产品质量，降低原材料和产品的波动性，达到降低公司风险的目的。第三，有可能获得品牌所带来的好处，通过对地方特色农产品的改良、加工，形成稳定的品牌，获得品牌所带来的好处。综上所述，通过龙头企业推动现代农产品供应链的形成，可提高农产品供应链管理水平，解决消费和生产衔接不畅的问题。

（二）以利益连接实现农业龙头企业和返乡创业农民工形成共同体

农业龙头企业集成利用资本、技术、人才等生产要素，带动返乡创业农民工发展专业化、标准化、规模化、集约化生产，是市场经济中联结农户与市场的纽带。引导农业龙头企业与返乡创业农民工形成“利益共享、风险共担”的利益联结机制，是龙头企业做大做强和返乡创业农民工创业成功的关键。农业龙头企业与返乡创业农民工利益联结机制的内涵是两者之间的利益关系构成。在市场经济条件下,农业龙头企业与返乡创业农民工都是理性的“经济人”,他们都追求个体利益的最大化。只有存在共同利益,并使总体和个体利益都实现最大化,龙头企业与农户的利益联结才有可能,利益关系是利益联结的关键。在不同的发展阶段,农业龙头企业与返乡创业农民工形成了多元化的利益分配方式:如保护价收购、二次返利、预付定金、赊购赊销、技术信息服务、股份合作、反租倒包等。不管在哪种利益分配方式下,都要树立返乡创业农民工的市场经济主体地位,合理调整农业内部结构,优先考虑保护返乡创业农民工利益,同时兼顾农业产业化利益共同体中其他主体的利益关系。

参考文献

1. 葛鹏:“构建农业龙头企业与农户共赢机制”,《江苏农村经济》2014 年 5 月:24—26。
2. 国务院法制办公室:“国务院关于支持农业产业化龙头企业发展的意见”,《中华人民共和国新法规汇编:总第 182 辑》,中国法制出版社 2012 年版。
3. 胡江霞、文传浩:“人力资本、社会网络与移民创业绩效——基于三峡库区的调研数据”,《软科学》2016 年。
4. 胡俊波:“农民工返乡创业行为影响因素研究——以四川省为例”,《农村经济》2014 年。
5. 黄建新:“农民工返乡创业行动研究——结构化理论的视角”,《华中农业大学学报(社会科学版)》2008 年。
6. 黄洁:“基于创业者社会资本的农村微型企业创业研究”,《华中农业大学学报》2010 年。
7. 黄洁、蔡根女、买忆媛:“谁对返乡农民工创业机会识别更具影响力:强连带还是弱连带”,《农业技术经济》2010 年。
8. 黄振华:“我国农民工返乡创业调查报告”,《调研世界》2011 年。
9. 蒋剑勇、钱文荣、郭红东:“社会网络、社会技能与农民创业资源获取”,《浙江大学学报(人文社会科学版)》2013 年。
10. 刘美玉:“基于扎根理论的新生代农民工创业机理研究”,《农业经济问题》2013 年。
11. 马驰、喻文婷:“农民创业的 SWOT 分析”,《学术评论》2007 年。
12. 秦艳、巩前文:“‘打工仔经济’的模式比较与选择探究”,《新疆农垦经济》

2007 年。
13. 万宝瑞:“要从政策上扶持‘返乡创业’”,《人民论坛》2007 年。
14. 王佳宁、刘传江、梁季等:“农民工等人员返乡创业的政策匹配 改革传媒发行人、编辑总监王佳宁深度对话三位专家学者”,《改革》2016 年。
15. 朱红根、解春艳:“农民工返乡创业企业绩效的影响因素分析”,《中国农村经济》2012 年。
16. 朱明芬:“农民创业行为影响因素分析——以浙江杭州为例”,《中国农村经济》2010 年。
17. Schumpeter J. , Backhaus U. , *The Theory of Economic Development*. Transaction Publishers. 1934.
18. Peng M. W. , Luo Y. , “Managerial Ties and Firm Performance in a Transition Economy: The Nature of a Micro-Macro Link”, *Academy of Management Journal*, 2000.
19. Witt U. , “Economics, sociobiology and behavioral psychology on preferences”, *Journal of Economic Psychology*, 1991.

(傅帅雄,北京大学光华管理学院;黄顺魁,北京大学光华管理学院)

建设农民工工资支付保障机制仍需打通“最后一公里”——以H省治理农民工工资拖欠工作实践为例

韩非池　王圣博

农民工进行创业需要的生活基础和资本积累往往来自劳动工资。农民工工资若得不到良好保障，连“返乡”都将成为奢望，创业更无从谈起。农民工权益保障对国家经济发展和社会稳定也都具有重要意义。然而，由于我国劳动力市场和劳动保障机制不健全，农民工权益保障情况不容乐观，尤其是拖欠农民工工资现象成为突出问题。近年来，随着经济下行压力增大和劳动力成本上升，农民工工资拖欠问题更出现普遍化、严重化趋势。因农民工讨薪不果形成刑事案件乃至群体性事件的情况时有发生。

中央从2003年底开始开展清欠农民工工资工作，对农民工工资问题的重视和治理力度逐年上升。2016年国务院办公厅印发了《关于全面治理拖欠农民工工资问题的意见》(国办发〔2016〕1号)，更以“到2020年形成制度完备、责任落实、监管有力的治理格局，使拖欠农民工工资问题得到根本遏制，努力实现基本无拖欠”为目标，从建设长效机制入手，开启全面治理农民工工资拖欠的新一轮高潮。持续了十几年的农民工工资拖欠“老大难”问题是否能够得到根本解决？中央对保障农民工工资支付提出的顶层设计在实际运行中会遇到哪些困难和问题？为解决这些问题，笔者赴H省进行了实地调研，与政府、企业、农民工等进行了座谈交流，实地考察了当地治理农民工工资拖欠的实践、成效以及面临的问题。从调研情况看，当前治理农民工工资拖欠所推行的各项制度和监察措施取得了一定成效，但还需打通“最后一公里”，农民工工资支付保障工作的制度调整要从微观实际出发，交易设计要加强保障力度，组织实施要理顺激励机制。

一、农民工工资支付保障的主要制度建设方向

我国当前保障农民工工资支付的制度建设方向可以概括为“三金、三制、两体系”。

(一)“三金”

“三金”是指农民工工资保证金、农民工工资备用金和农民工工资应急周转金。农民工工资保证金，是要求企业按照相关的固定比例向劳动监察部门缴纳一定的保证金，以避免出现拖欠农民工工资的情况。农民工工资备用金，是指用人单位除保证金外，还需按一定的标准存入备用金，在农民工工资拖欠时可以使用拖欠备用金支付工资。备用金提取比例较高，主要在建筑工程行业等拖欠工资

严重的领域使用。农民工工资应急周转金，则是地方政府从财政中按照一定比例提取资金，在农民工工资支付困难，农民工生活需要应急时，予以资金应急周转。

（二）"三制"

"三制"是指农民工劳动合同制度、农民工实名制以及农民工工资专用账户和银行代发工资制度。农民工劳动合同制度是指农民工必须与用人单位签订劳动合同，落实农民工维权的法律依据。农民工实名制即将农民工身份、姓名等信息形成实名数据库，留存农民工工作和工资支付记录，便于维权时精准衡量和追溯责任。农民工工资专用账户和银行代发工资指工程款中用于支付农民工工资的部分存入银行专门账户专款专用，并由银行而非工程承包人发放工资，以防止款项被侵占挪用。

（三）"两体系"

"两体系"包括农民工工资支付信用体系和农民工工资支付维权体系。农民工工资信用体系主要是指有拖欠农民工工资支付行为的企业，将予以记录，进入"黑名单"或"黄名单"，在工程承包等方面对有不良记录的企业予以限制。农民工工资支付维权体系指搭建方便快捷的农民工维权平台，方便遇到权益侵害的农民工及时有效地反映情况，提高农民工工资支付保障力度和效率。农民工工资拖欠较为严重触犯法律的，公安部门将予以立案，追究有关当事人责任。国务院办公厅、人社部等部门还在年末等时段组织农民工工资支付工作督查，压实农民工工资支付保障责任。

总的来说，当前以《关于全面治理拖欠农民工工资问题的意见》（国办发〔2016〕1号）为核心文件的农民工工资支付保障制度体系中，"三金"从交易设计角度，"三制"和"两体系"从劳动力市场完善角度，针对农民工工资支付的诸多风险点和缺位点进行了加固加强,定位精准、方案系统、实施有力。

二、H 省治理农民工工资拖欠的主要实践

(一) 完善制度建设

2016 年 4 至 9 月,根据国务院办公厅印发了《关于全面治理拖欠农民工工资问题的意见》精神,H 省人社厅牵头,联合公安、住建、交通、水务、国有资产、工商、总工会等部门深入调研,向省政府提出了解决拖欠农民工工资问题的意见和建议。9 月 28 日,H 省政府研究出台了《H 省全面治理拖欠农民工工资问题的实施意见》及 9 个配套文件,进一步健全了预防和解决拖欠农民工工资问题的长效机制,最大限度预防拖欠农民工工资行为的发生,切实维护农民工劳动报酬权益。9 个配套性文件主要是从企业应承担的义务和政府及其相关部门应履行的职责两大方面制定和完善相关制度,主要包括建设领域施工现场人员实名制监督管理、农民工工资专用账户制度、农民工工资保证金制度、农民工工资应急周转金制度、农民工工作领导小组解决企业拖欠工资问题工作制度、劳动保障守法诚信等级评定、涉嫌拒不支付劳动报酬犯罪案件查处衔接办法、重大劳动保障违法行为社会公布办法和群体性突发事件应急预案等。基本形成较为完备的农民工工资支付保障体系。

(二) 加强组织领导

H 省各级各相关部门充分认识解决拖欠、克扣农民工工资问题的重要性,主要领导直接负责,分管领导具体负责,认真组织解决农民工工资拖欠问题。副省长 3 次主持召开省政府专题会议,研究全面治理拖欠农民工工资有关问题,要求各级政府及有关部门要切实增强做好农民工工资支付保障工作的紧迫感和责任感,充分发挥综合监管作用,认真梳理拖欠农民工工资的不同情况,采取针对性措

施进行治理，保障农民工合法权益。全省各地也都建立起了以实现领导为协调召集人的解决拖欠农民工工资问题联席协调机制，加大了对此项工作的组织领导和工作力度。W 市成立以政法委书记为主任、常务副市长为副主任的解决欠薪工作 110 指挥办公室，加强处理欠薪案件的领导和协调；C 县实行县领导分片包干制度，属地管理落实到镇（区）一级政府；D 市推行项目工地用工实名制，在重大工程项目建立临时工会，引导农民工理性、依法维权；S 市实行“一认定两制度三治理”的监管模式，即推行劳动用工实名制、农民工工资专户制度，明确劳动纠纷的主体责任认定，落实行业主管治理、属地部门治理和司法联动治理；D 县专门邀请会计所专业人员参加重点企业农民工工资支付情况检查，及时理清工程款与工资，并要求各地召开辖区内所有在建项目业主单位及施工单位会议，通报检查情况，签订按月发放工资承诺书。

（三）拓宽维权渠道

为畅通农民工投诉维权渠道，H 省开通了 12345、12333 热线和与报社、电视台共同讨薪维权热线，通过报纸、电视台、网络等向社会公布各市县劳动保障监察投诉举报电话，设置举报投诉信箱。各级劳动保障监察部门及时关注媒体报道和新浪、天涯社区等网络社区平台上网民的投诉举报帖子，及时掌握舆情，力争做到农民工无论通过哪种渠道举报投诉，劳动保障监察部门都能及时获取信息，及时介入调查处理。在各项目建筑工地设立农民工维权告示牌，公布维权电话，做到劳动保障法规宣传进社区、进工地，让农民工随时随地都能投诉。

（四）强化执法能力

一是加强劳动保障监察队伍业务能力建设。组织 3 次劳动监察员、协管员业务培训，先后对 260 多名监察员、协管员进行了业务培训，通过专业授课、案例分析、座谈讨论、难题会诊等形式，提高了规范化执法水平，提升了监察执法队伍业务能力。二是加快劳动保障监察“网格化、网络化”建设。进一步健全了服务网络，提高了动态监管和服务能力，实现了网上合同备案、案件受理、办理一体化。目前，“两网化”已建立一级网格 1 个（省厅劳动保障处）、二级网格网络划分 20 个（19 个市县、劳监总队 1 个）、三级网格划分 183 个（各乡镇）、496 个用户，招聘和培训 234 名专职劳动保障监察协管员，完成 63 720 家用人单位的信息采集和录入，配备了公务用电动车、笔记本电脑、照相机和录音设备，基本完成“两网化”硬件和人员的配备工作。三是加强劳动监察基础平台建设。完善了劳动保障监察执法窗口、案件接待室、调查室、调解室、档案室、会议室等办案场所建设。按照规定和标准配备了劳动保障监察执法装备和执法用车，统一执法标识和工作服装，加强了劳动保障监察员职业保障，改善了执法工作条件和工作待遇。为有效保护广大农民工的合法权益和开展执法维权服务提供了必要支撑。

（五）着力开展督查

一是分组包点督查。2016 年 12 月 5 日，H 省人社厅等 12 部门印发了《关于 2016 年农民工工资支付情况专项检查活动实施方案的通知》，组成 8 个农民工工资支付情况专项检查组，分两个阶段对全省各市县进行专项检查。8 个小组实行分片检查、包干负责。各市县在解决拖欠农民工工资问题中需要上级部门指导帮助的，可直接与省专项检查领导协调小组分片检查组组长联系，由分片检查组给予指导帮助。全省各市县采取积极措施，创新开展保障农民工工资支付，截至 2017 年 1 月 5 日，全省累计出动联合执法检查人员 1 226 人次，有针对性重点检查了 2 408 户用人单位，涉及劳动者 12.903 万人，其中农民工 11.613 万人，为 2.145 万名农民工补发工资 5 741.28 万元。二是专项巡查。2016 年 11 月中旬起，H 省人社厅安排分管领导带队，对全省农民工工资支付情况进行全面督查督办，指导协助各市县（区）对建筑企业进行全面梳理，并建立相应工作台账，实时掌握企业劳资动态，切实做到心中有数、应对有方。巡查活动重点对各市县反映的复杂疑难案件及时与专项检查组带队领导反馈，督促其及时指导各市县解决，同时将巡查过程中所掌握的复杂疑难案件按人数、金额建立相应数据库，对案情复杂、解决困难的大案要案要形成书面报告向省政府汇报；对属地管理界限不清的要制定办案单位进行受理立案，协调有关部门统一协调解决；对媒体曝光的要重点督查、回头督查；在督查过程中发现对不重视、不认真、不及时有效解决拖欠农民工工资的相关单位及主要负责人要给予通报批评，对工作不力、失职渎职造成群体性、突发性事件的，要及时向省解决企业拖欠工资问题领导小组反映，按有关规定予以严肃处理。

（六）营造良好氛围

一是加大政策宣传力度，由 H 省委宣传部召集省内及中央驻 H 省主要媒体召开了《H 省全面治理拖欠农民工工资问题的实施意见》新闻发布会，在主流媒体和网络广泛开展了全方位、多视角的宣传报道。人社厅厅长参加 H 省首档述政栏目《公仆之声》，对省府办《实施意见》进行全面解读。二是各市、县（区）人社部门会同解决企业拖欠工资问题领导小组成员单位，在城市人口密集地区或繁华地带，以及农民工比较集中的建筑工地、城市广场、火车汽车站、码头等地采取发放宣传手册、政策解读、法律咨询、问题解答等形式组织宣传《劳动法》、《劳动合同法》、国办发 1 号文件和 H 省 238 号文件精神，增强用人单位依法支付工资的自觉性，提高广大农民工运用法律手段依法、理性维权意识，营造维护农民工合法权益的良好法制环境。全年共悬挂横幅 2 175 条，张贴宣传资料 30 000 多份，举办维权咨询活动 23 次，接受法律咨询 24 800 多人次，深入各企业工厂、建筑工地发放宣传资料和手册 40 000 多份。三是通过日报、都市报新闻专刊，H 省广播电视台的政风行风热线节目，深入开展法制宣传教育活动，及时、全面、客观地报道 H 省保障农民工工资支付情况专项检查的进展情况、查处结果、整改情况等，在宣传舆论上营造了全社会打击拖欠农民工工资的高压态势。四是加大用人单位劳动法律法规知识培训力度。全省各级人社部门组织 1 460 多家用人单位参加劳动法律法规知识培训和对 500 多家建设单位、施工总承包企业、分包企业、监理单位进行《实施意见》的培训。五是引导农民工依法维权。专项检查期间，深入每一个建筑工地发放《致广大农民工兄弟的一封公开信》，告知农民工在劳动合法权益受到侵害时到什么地方投诉，投诉电话是多少，并提醒农民工要理性维权，告知他们如果采取极端方式讨薪将可能触犯社会治安处罚法，并受到相应的处罚。同时告知包工头及施工方不得以讨要工资款为名讨要工程款，一旦查实，将给予严厉打击。

从调研情况来看，H 省农民工工资拖欠治理工作，基本达到了“制度完备、责任落实、监管有力”的标准，“三金、三制、两体系”的建设比较齐备，监察工作做到落细落地。经过广泛的一系列“组合拳”，H 省治理拖欠农民工工资情况 4 项指标（受理案件、涉及人数、涉及金额、群体性事件）与往年同期相比都有明显下降。截至 2016 年 12 月底，全省各级劳动监察部门共检查用人单位 12 062 家，处理拖欠工资案件 2 449 件，涉及人数 27 043 人，涉及金额 66 401 万元，其中已办结案件 2 373 件，涉及人数 24 068 人，追发金额 8 716 万元，未办结案件 76 件，涉及人数 2 975 人，涉及金额 8 716 万元；处置群体性突发案件 457 宗，依法移送涉嫌拒不支付劳动报酬罪案件 85 宗，涉及人数 2 387 人，涉及金额 4 899.76 万元。所有案件中，建设领域拖欠农民工工资案件 1 316 件，涉及人数 23 551 人，涉及金额 54 571 万元，与 2015 年同期相比，办结案件数量减少了 21%、涉及人数减少 59%、涉及金额同比减少 52%、处置突发事件减少 8%。

三、H 省农民工工资支付保障中遇到的问题

尽管 H 省治理农民工工资拖欠问题的工作成效显著，各项指标表现良好，但从调研实际来看，H 省保障农民工工资支付的成效较多来自于细致有力的监察工作。"三金、三制、两体系"在实际经济运行中，客观仍存在不少"最后一公里"问题，制度的覆盖程度和执行效果还有待提高。

（一）"三金"方面

"三金"主要的问题一是金额数量与工资拖欠数量相比较为不足，若发生较为严重的拖欠事件，"三金"的设置只能起到缓冲作用，难以根本解决问题。二是制度落实不够到位。H 省在建工程项目 1 898 个，已足额缴纳保证金的项目有 1 770 个，未足额缴纳保证金的项目有 90 个，没有缴纳保证金的项目有 38 个。未落实保证金项目数量仍然较多。

（二）"三制"方面

农民工劳动合同制度主要遇到的问题，一是大部分施工企业认为，农民工不是企业的固定工人，流动性大。如果签订劳动合同要为农民工缴纳各项社会保险，增加用人单位的管理成本。二是农民工维权意识不强，认为没有必要签订劳动合同，或认为签订合同后限制了寻找更好工作的自由，且由于对合同法律条款不了解害怕因签订合同受到损害。因此，双方对签订劳动合同都缺乏积极性，农民工劳动合同签订率估计仅在 30% 以下。

农民工实名制以及银行代发工资和专用账户制度在实际操作中，主要遇到的是农民工避税问题。从实际走访情况看，农民工倾向于一人拿多个身份证领取现金工资，使得薪金数额分散到 3 500

以下，从而避缴个人所得税。而严格推行实名制和银行代发工资制度，银行将自动按实际金额扣缴税款。一名月收入 8 000 的农民工，因这一制度推行将增加年税负一万余元。农民工感觉吃亏，对实名制和银行代发工资不配合，甚至有抵制行为。

（三）“两体系”方面

信用体系建设遇到的问题，一是运行成本较高，信用体系建设需要相应的软硬件支持，并需要协调不同部门权责关系，建设进度有限。二是信用体系追踪深度有限，拖欠工资的企业或个人可以通过“换马甲”等多种方式规避信用体系监管。

维权体系在执行中遇到的主要问题是举证立案较为困难。一是证明犯罪嫌疑人有能力支付取证比较困难。《中华人民共和国刑法修正案（八）》关于拒不支付劳动报酬罪的定义是：“以转移财产、逃匿等方法逃避支付劳动者的劳动报酬或者有能力支付而不支付劳动者的劳动报酬，数额较大，经政府有关部门责令支付仍不支付的行为。”工作实践中，移交拒不支付劳动报酬案件，公安机关让人社部门必须提供犯罪嫌疑人的有能力支付劳动者的劳动报酬的证据材料，例如犯罪嫌疑人的银行存款、房产、企业财产证明等，而查清犯罪嫌疑人的银行存款、房产必须法律赋予人社部门有查封、扣押、冻结的权力，实际上人社部门根本无此项权力，即使犯罪嫌疑人转移财产，人社部门也毫无办法处理。公安部门有查封、扣押、冻结犯罪嫌疑人财产即银行存款的权力，但公安部门不愿行使此项权力，因《中华人民共和国刑法修正案（八）》已经规定了犯罪嫌疑人有能力支付劳动者的劳动报酬的证据材料由人社部门提供。从公安机关未予立案的案件看，80% 以上的案件都是这种原因不予立案的。二是责任主体认定困难较大。主要原因是在建设施工领域违法操作现象十分普遍，项目建设单位不出一分钱，将工程发包给承包企业，工程承包企业又将工程层层转包，市场上出现了三包、四包、五包的现象，有的直接转包给不具有用工主体资格的自然人，人社部门让谁来承担用工主体责任，实践中很难把握，案件移交后，公安部门会认为人社部门对犯罪主体认定不准确将案件退回而不予立案，这类案件占不予立案案件总数的20%。

四、对策和建议

（一）制度调整要从微观实际出发

从调研来看，劳动合同制度、实名制、银行代发工资和专用账户制度在执行推广过程中，需要更多考虑微观经济实际。尤其在算好国家和地区宏观经济的“大账”的同时，要算好企业和农民工在改革过程中的“小账”。应加快推进降低“五险一金”费率，并为农民工提供系统、专业的法律服务，提高劳资双方的合同签订积极性。通过补贴、退税等方式减少乃至消除农民工参与实名制和银行代发工资制度的税负成本，培养农民工适应劳动力市场规范交易的良好习惯。

（二）交易设计要加强保障力度

从调研来看，农民工工资支付保证金、备用金和应急周转金尽管起到了缓冲作用，但金额有限。应进一步加强保障力度，加大“三金”缴存和提取比例，规范完善“三金”的使用缴存机制。通过法律法规明确在工程款结算中农民工工资部分的支付优先顺序，避免因将工程款拖欠与农民工工资拖欠恶意捆绑。

（三）组织实施要理顺激励机制

从调研来看，对于政府农民工工资拖欠整治工作主要集中于年末，直接目的是保障农民工拿到工资回家过年，具有一定的运动式、风暴式特征。背后主要的原因是政府在治理农民工工资问题上缺乏长期激励，工作目标主要是应对上级部门督查。应当将治理农民工工资拖欠的指标纳入考核体系，层层分解压实责任，加强人社部门与公安部门在劳动监察举证立案方面的协调联动，形成常态化压力，推动地方政府从农民工工资支付的苗头性、潜在性问题入手，防微杜渐，提升农民工工资支付保障效率。

对于企业，由于劳动力市场在信用机制建设不完善、信息不对称较明显的情况下，存在显著的“柠檬市场”特征，拖欠工资的企业由于成本较低，经营效益更好，形成“劣币驱逐良币”效应。应当着重加强农民工工资支付信用体系建设，提升农民工工资支付信用体系追踪力度和精度，加强农民工工资支付信用体系与工商、税务、银行、民政等系统的互联互通，形成“一次失信，终生追责”、“一次失信，处处受限”的压倒性态势，扭转劳动力市场的逆向选择问题，激发企业按时按量保障农民工工资支付的积极性。

五、结语

保障农民工的工资支付，实际上保障的是农民工的劳动收益率，这一收益率越高，农民工的物质资本和人力资本积累速率越快，从工地走向创业、从工人变为企业家的速度也将加快。农民工工资支付保障，不仅是劳动监察工作，更起到为广大农民工夯实创业基础的重要作用。从调研情况看，保障农民工工资的根本对策是完善劳动力市场机制建设，而建设好农民工工资支付保障机制需要依托实际，加强保障，理顺激励，从而为宏观的劳动力市场机制和劳动力转型升级通道建设良好的微观运行基础。

参考文献

1. 莫荣：“农民工劳动力市场的状况和政策建议”，《经济研究参考》2008 年第 31 期。
2. 厉以宁：《工业化和制度调整》，商务印书馆 2015 年版。

3. 林林、黄茂兴:“我国农民工工资支付保障机制构建——基于博弈论的分析视角”,《亚太经济》2011 年第 6 期。
4. 王娟:“关于农民工工资支付在实际工作中的管理”,《城市建设理论研究》2015 年第 13 期。

(韩非池,国家发展与改革委员会;王圣博,北京大学经济学院)

“三权分置”视野下农民工创业问题研究

廖慧玲　李晓萱　潘月强　刘小溪

自古至今，农村土地改革问题一直都是农民最为关心的问题，也是促进农村发展的关键所在。改革开放初期的家庭联产承包责任制改革，极大地解放和发展了生产力，促进了我国改革开放的进程。随着我国全面深化改革的不断推进，农村土地改革也势在必行。2014 年，中共中央、国务院《关于全面深化农村改革加快推进农业现代化的若干意见》中明确提出：“在落实农村土地集体所有权的基础上，稳定农户承包权、放活土地经营权，允许承包土地的经营权向金融机构抵押融资。”2016 年 10 月 30 日中共中央办公厅、国务院办公厅印发了《关于完善农村土地所有权承包权经营权分置办法的意见》(以下简称《意见》),确立了“三权分置”的土地改革方案,进一步促进了土地资源的优化配置。“三权分置”制度使土地流动起来,有利于培育新型经营主体,推进农业的供给侧结构性改革,亦是发展现代农业、增加农民收入的新途径。在“大众创业,万众创新”理念的引领下,农民工创业的热情高涨,积极响应国家的号召。而“三权分置”的改革,为农民工提供了更多的融资渠道和创业机会,将极大地推进农民工创业的进程。

一、“三权分置”与农民工创业

(一)“三权分置”制度的内涵

《意见》指出“三权分置”顺应了农民保留土地承包权、流转土地经营权的意愿,将土地承包经营权分为承包权和经营权,实行所有权、承包权、经营权(以下简称“三权”)分置并行,着力推进农业现代化,是继家庭联产承包责任制后农村改革又一重大制度创新。在家庭联产承包责任制中,只有土地所有权和土地承包经营权,此次的改革是将土地承包经营权进一步细分。在“三权分置”这一制度框架下,享有农村土地集体所有权是取得土地承包权的前提,农户享有的承包经营权是集体所有权的实现形式,在土地流转中,农户承包经营权派生出土地经营权。集体所有权、农户承包权、土地经营权都统一于农村基本经营制度。其中,集体所有权是根本,农户承包权是基础,土地经营权是关键。“三权分置”的改革,是我国农村土地制度改革中又一重大的制度创新,充分保障了土地所有者、土地承包者以及土地经营者的权利,使土地这一生产要素在农村的生产经营活动中发挥更为重大的作用。

（二）“三权分置”制度实施前的我国土地产权制度

土地是国计民生之根本。我国以根本大法的形式，对农村土地的产权制度做了明文规定。《中华人民共和国宪法》第十条第二款“农村和城市郊区的土地，除由法律规定属于国家所有的以外，属于集体所有；宅基地和自留地、自留山，也属于集体所有”、第四款“任何组织或者个人不得侵占、买卖或者以其他形式非法转让土地。土地的使用权可以依照法律的规定转让”。农村土地集体所有制，是我国现阶段适用的土地经营制度的所有制基础。在农村土地集体所有制的前提下，《中华人民共和国农村土地承包法》和《中华人民共和国土地管理法》进一步明确了农民在土地上的权利。可以说，《中华人民共和国农村土地承包法》和《中华人民共和国土地管理法》规定的土地承包经营权与宅基地使用权是农民赖以生存的根本生产资料和主要财产。

土地承包经营权与宅基地使用权在权利处置方式上会受到一定的限制。根据《中华人民共和国物权法》第一百八十四条和《中华人民共和国担保法》第三十七条的规定，耕地、宅基地、自留地、自留山等集体所有的土地使用权不得抵押。且根据《最高人民法院关于审理涉及农村土地承包纠纷案件适用法律问题的解释》第十五条，“承包方以其土地承包经营权进行抵押或者抵偿债务的，应当认定无效。对因此造成的损失，当事人有过错的，应当承担相应的民事责任”，即除了“抵押人依法承包并经发包方同意抵押的荒山、荒沟、荒丘、荒滩等荒地的土地使用权”外，农村其他土地的承包经营权均不能以抵押的方式进行流转。其次，土地上的农民除了采用传统的务农方式之外，缺少财产性收入和财产性资产。此外，对于农村土地、宅基地和宅基地上小产权房征收征用补偿机制的不完善，还使得农民内心缺乏对资产所有的安全感，这些都是导致农村农民致富之路难行的原因。对此，第十二届全国人民代表大会常务委员会第十八次会议决定:授权国务院在北京市大兴区等 232 个试点县(市、区)行政区域,暂时调整实施《中华人民共和国物权法》、《中华人民共和国担保法》关于集体所有的耕地使用权不得抵押的规定;在天津市蓟县等 59 个试点县(市、区)行政区域暂时调整实施《中华人民共和国物权法》、《中华人民共和国担保法》关于集体所有的宅基地使用权不得抵押的规定。

在大众的普遍认知中,农村的产权制度改革自 20 世纪 80 年代初期的家庭承包制实施与推行之后,便被认为已经基本完成。农村家庭承包制度调动了农民生产积极性,为后来乡镇企业的兴起和农村劳动力的外出务工创造了条件,在历史上起到了不可否认的重要推动作用。但是在农民工创业热潮兴起的当下,以及农民工大量外出打工的现实背景当中,我们都应该再一次审视与反思这种制度会对农民工创业想法的产生、创业项目的落地和创业成果的实现带来哪些影响。

(三) 农民工创业“融资难”问题

农民工创业“融资难”的问题与土地承包经营权和宅基地使用权不能作为抵押物的规定是紧密相关的。不能抵押土地承包经营权和宅基地使用权,意味着农民所有的这两种财产性权利在流转时会受到种种限制,无法具备金融功能,不能抵押融资,限制了农村资源、资金和资产的流动,也在一定程度上约束了农民的人身自由流动与财产自由,制约了农村和农业的发展。

对农村创业者来说,创业的想法往往需要新的资本投入和资金支持,而农民融资难一直是制约农民创业发展的瓶颈。目前农村创业贷款主要有信用贷款和抵押贷款两种形式,其中,信用贷款覆盖面小,额度较低;担保贷款门槛较高,且实际操作方面金融机构往往较为谨慎。数据显示,农村贷款在贷款量上的满足率仅为 20%—30%,可以说远远无法满足需要。对于创业阶段的农村青年而言,问题更是严峻。农村青年缺乏获得银行贷款的所需足够的抵押物——土地、房屋、宅基地均不可抵押,所养殖的牲畜和种植的农作物也难以作为质押物,还难以找到合适的担保人。

可以说,“融资难”归根结底还是在于“抵押难”,而破局的关键机会,就蕴含在“三权分置”的改革之中。《意见》中明确提到:“在完善‘三权分置’办法过程中,要充分维护承包农户使用、流转、抵押、退出承包地等各项权能。经营主体再流转土地经营权或依法依规设定抵押,须经承包农户或其委托代理人书面同意,并向农民集体书面备案。”

(四)“三权分置”与农民工创业的关系探讨

1.“三权分置”激发了农民工的创业热情

农民工进行创业,除了要有好的想法和过硬的技术以外,充足的创业资金也是重要的一个要素。资金用于建造生产经营场所、购买原材料、雇佣劳动力、进行生产加工。在“三权分置”前,土地仅仅是作为生产资料存在,农民不能凭借土地本身获取资产收益,能够获取的收益是相当有限的。

“三权分置”,盘活了土地资源要素市场,便于实现规模经营,提高生产效率。对于本土创业与返乡创业的农民工而言,“三权分置”不仅使其获得了创业的“第一桶金”,而且土地经营权的流转使得土地资源得以集中,便于有从事种植业创业意向的农民扩大经营规模,整合土地要素,实现机械化的成片生产,让擅长耕地和热衷于耕地的人群投入土地耕种,维护了土地的地力,提高了土地产出,对于发展现代农业意义重大。正如中国社科院农业发展研究所产业与区域经济研究室主任张元红所言,“三权分置”是有利于在现代制度下搞现代农业的重要举措。“要提高农产品竞争力只靠小农经营是不行的,要扩大农业产业的经营规模,现代化农业,必须将土地集中,有效地进行土地流转。”

对于进城创业的农民工而言,土地经过权利确认后,颁发的权属证书使得他们不必再担心土地经营权会被别人侵占,可以安心地把自己承包的土地出租给他人经营,或转包给他人,自己转而进城开作坊或办商店。土地经营权流转可以使原本闲置的土地被重新利用起来,给农民工带来额外的收入,并为准备创业急需资金的农民工解了燃眉之急,使得农民工不会因为缺乏资金或者资金中断而放弃创业。

2. "三权分置"有利于促进农村产生新的生产经营主体

《意见》指出,构建新型经营主体政策扶持体系。农业部农村经济体制与经营管理司司长张红宇介绍说:"总的趋势是新增的农业补贴向适度规模经营的家庭农场、合作社等新型主体适度倾斜,比如建立担保体系或提供购置农机具补贴等。即农业补贴下一步的趋势,增量向新型主体倾斜。""三权分置"后,未来更多返乡创业的农民工将会推动农民专业合作社、家庭农场、农业产业化龙头企业等新型经营主体的成长发展,甚至还会出现这些经营主体之间不断融合的情形,通过适当的规模经营,采取现代化管理与种植方式,提高生产率。

将来,随着新的产生经营主体的不断成功、不断积累经验,还会出现一批示范家庭农场、农民专业合作社示范社、农业产业化示范基地、农业示范服务组织。这些主体当中的管理者将以企业家的形象出现,将新的生产经营理念注入土地的管理与增值当中。

二、"三权分置"中创业农民工面临的潜在风险与挑战

(一)土地确权工作需要继续稳步推进

有恒产者有恒心,无恒产者无恒心。《意见》中明确指出,通过确认"三权"权利主体,明确权利归属,稳定土地承包关系,即我们提到的"土地确权"工作,才能确保"三权分置"得以真正确立和稳

步实施。2017 年 8 月 8 日，农业部宣布截至 2017 年 7 月底，全国农村承包地确权面积已完成 10.5 亿亩，约占二轮家庭承包耕地面积的 80%，全国整省试点省份已经达到 28 个，预计明年年底，将基本完成农村承包地确权工作。农业部农村经济体制与经营管理司司长张红宇表示，下一步还是要按照中央的要求，在保护农户承包权益的同时，给经营权更大的活力。可以说，在土地确权工作方面，仍然需要从数量和质量上进一步推进。

（二）土地融资仍有一定的困难

“三权分置”后，农民可将农村土地经营权作为债权担保，签订抵押合同，获得贷款，从而盘活土地的资本属性。但需要注意的是，农民以农地经营权抵押贷款仍然面临着较大的困难。首先，农户想要取得抵押贷款，从制度与流程上还需要满足一定的条件。一个流通顺利的抵押贷款市场，需要以土地确权为前提，需要先持有“三权三证”。同时，想要顺利取得贷款，还需要经过对土地质量和价值的评估，这都在流程上增加了农村土地经营权抵押的难度。其次，金融机构接受农地经营权抵押贷款的意愿有限。第一，金融机构接受农地经营权抵押贷款所获的赢利较小。这是与农地抵押贷款的主体，即广大农户，本身从事的经济活动和经济属性紧密相关的，农户通过抵押所获的资金主要用途是从事包括种植业、畜牧业、渔业等在内的农业生产活动，在经济价值上，这类经济活动的赢利空间和经济产出远远低于第二、第三产业。更加容易出现无法偿还贷款的现象，而金融机构处置他们抵押权需要很高的成本，这将进一步压缩金融机构的赢利空间，加重放贷负担。第二，我国的农地经营权抵押贷款往往在政府的主导下进行，带有一定的政策导向。在整个取得贷款的过程中，政府给予农户许多扶持和帮助，使得这种贷款自身成长能力较弱。最后，一旦农户无法偿还到期贷款，金融机构处置土地经营权面临着变现的困难。一般来说，根据我国《中华人民共和国物权法》的规定，为了实现抵押权，抵押权人（即放贷的金融机构）有权拍卖、变现抵押标的物。然而，由于农村土地经营权只对农业经营者具有特殊价值，愿意购买土地经营权证的客户很少，即使非农业经营者和有意愿有能力的农业经营者存在，想要顺畅地变现抵押权，还需要有一个为双方共享交易信息、为交易的安全性保障的平台提供配套服务。这些都是金融机构在接受农村土地经营权贷款上积极性不足的原因。

（三）耕地质量下降与生态风险

“三权分置”实施后，农地会通过流转集中到土地经营者手中，通过集中经营来扩大生产，形成规模效益。但是这种模式下，存在着耕地质量下降的风险。首先，土地经营者在将土地集中后，为了追求短期的经济效益，可能会存在对土地进行过度耕种的行为，对化肥、农药等大量使用，也使得土地质量被严重影响。这种不根据耕地自身的特点出发的耕种行为会使得土地上农业作物的产量逐年大幅下降，而当土地质量降低到无法满足经营的需求时，往往会选择放弃这些被破坏掉的土地，而与其他地方的农户签订流转合同，继续经营其他土地。这些土地，即使归还给农户，也由于其质量严重下降，不再适合耕种，恢复土地肥力需要时间和投入。此外，还有一些经营者把土地集中后，将耕地用于非农建设，这类使用用途包括建设超标准的生产道路、绿化工程，发展乡村旅游业，为了发展水产养殖将土地挖深等。这些土地非农化的应用也是耕地质量下降的原因之一。

进一步来说，由于农地被集中用于投入生产，为了提高土地的经济价值，有一部分土地经营者会通过改变土地的结构和用途，以非农业方式加以利用。这样虽然在短期提高了土地的单位经济价值，但是长期来看，会导致粮食种植耕地面积的大幅下降，粮食产量下降，粮食价格随之被推高。另外，也可能有部分经营者为了追求利润，过量使用农药、化肥，甚至生产转基因产品等。无论是粮食产量问题、粮价问题还是食品安全问题，都是需要注意到的耕地与粮食风险问题。

最后，就算先不论农药、化肥、饲料等的污染风险，即使是大面积地单品种集中种养、过度培育等，也有可能引发相关地区生态链失调的风险。而这种生态风险一旦形成，土地的生态环境和生产能力很难在短期内得以恢复，持久的破坏力以及漫长的恢复期将使得农业的可持续发展能力受到严重影响。

农民工创业者，不论是承包户或者是经营者，土地质量下降都会给其造成严重的影响。对于农户来说，其将土地的经营权让渡给他人来使用，就是为了能够获取可靠的租金收益，为其创业提供一定的资金支持，一旦土地质量出现了问题，那么这块的经营权在今后就很难继续流传出去，丧失租金的收益。对于土地的经营者来说，如果因为其过度使用而导致土地质量下降，给农户造成严重的影响，毫无疑问其需要赔偿农户的经济损失，付出惨重的代价。如果双方在签订合同的时候，对土地的毁损赔偿金额有约定好还办，如果没有约定，那么土地毁损的价值评估也是难以进行的，进而引发新的矛盾。

（四）农民权益保护问题

首先，"三权分置"后的土地流转存在着"流出方"和"土地集中方"双方需求错配的风险。一方面，土地流入方在手中集中大量土地，以进行规模化经营和大规模的投资，对于土地集中经营者来说，为了取得长期可持续的营收，他们往往希望有较长的、稳定的经营周期。然而，农户则希望签订更为灵活的流转合同，甚至更倾向于自己的土地仅在较短的年限流转，以便自己外出务工受阻时能够随时收回土地继续耕种。双方不同的利益诉求导致土地流转的合意较难达成，在签订流转合同时往往意见向左，而且更容易出现纠纷。

其次，土地流转之后，农民工有了资金和劳动力投入自主创业，但也随之带来了农民在创业失败、养老等方面的不确定性风险。创业必然伴随着不确定性，虽然改变了传统依靠土地农耕的生存方式，但是农民也需要面临创业失败的风险，并且农民将手中的土地流转出去之后，不仅需要有可行的、合理的创业方案和再就业方向做支持，也需要有有效的农村社会保障制度提供坚实的保障支持。另外，虽然近些年来，政府在推进农村最低生活保障制度、养老保险制度、新农合医疗等方面已经有了大量的政策投入和资金支持，但是目前农村的社会保障制度距离一个现代化、系统化的，让农民无养老担心和后顾之忧的较为完善的体系还存在着较大的差距。这也就是说，一方面农民工创业，从土地上走出去，能够帮助农民推动生存谋生方式的转型，但另一方面也削弱了土地对于农民生存、生产、生活的基础保障作用，尤其是对于农民养老方面的风险不可忽视。

三、相关风险与挑战的对策

资源转化为资本才能创造财富。农村土地的“三权分置”，对于盘活农村资源、促进农村资本转化有着重要的意义。但是在实行“三权分置”改革后，仍然需要特别注意以下几项关键制度的构建工作：

（一）确保土地确权先行

土地确权是我国新一轮农村改革的开始，是产权改革的第一步。土地确权，即明晰产权关系，进行产权确认登记，将集体所有的土地所有权落实到户。确权完成后，农民将拥有“三权三证”，具体指的是：农民承包土地的经营权、农民宅基地的使用权、农民在宅基地之上自建住房的房产权；农民承包土地经营权证、农民宅基地使用权证和农民在宅基地之上自建住房的房产证。土地确权将这“三权”再次强调和明确,将这“三证”切实交到农民的手中。

从全国政协经济委员会调研组在浙江、重庆、河南、山东、四川等省市的调查资料可以看出,农民对于土地确权工作的开展是拥护的,积极支持的。截至2017年7月底,山东、宁夏、安徽、四川4省、自治区的土地确权工作已基本完成,且2017年新增了北京、天津等6个省份开展土地确权试点。土地确权可以切实维护农民的财产权益,是对农民权益的充分尊重和坚实保障,土地确权之后,农民对自己赖以生存的土地和房屋有了安定感,稳住了农民的心。另外,土地确权顺应了土地流转加速的现状,可以规避和减少因土地流转归属不明带来的纠纷。农民在从事土地流转时总会担心流转出去土地的归属问题,在现实生活中由于流转之后的土地租赁、入股退股产生的纠纷也普遍存在。土地确权之后,农民手中拿着自己的承包土地经营权证,不必担心流转之后自己财产权的损失,也不必担心土地流转以后应得的收益得不到兑现,所以更愿意也更放心以转包、租赁、入股等形式将土地流转出去。这样,从土地确权开始,就逐渐形成了一个良性循环,更多的土地得到流转,农业规模经营的队伍不断扩大。最重要的是,土地流转对于农民收入增长有着重要的推动作用,“思想先行”,农民从思想上对于生产经营的信心大增,积极性被充分调动,财产收入增加。转包或者租赁了土地的农民,可以有足够的土地来扩大生产,进行规模养殖和种植,加强与农业合作社的积极互动,农民可以有更丰富的收入渠道,逐步踏实稳健地走向致富发展。

但是需要明确的是,由于土地和其他生产资料本身性质存在天然的不同,即使是土地确权之后,土地的使用和流转也并非完全没有限制,仍然是要在保证农业用的耕地和建设用地使用方向不变的前提下,保障农民的财产权益。

之所以强调土地确权制度的重要性,是因为在土地确权工作完成后,"三权分置"使得农民可以将"三权三证"拿到手中,从而借助金融的力量加快将土地资源转化为资本。一方面农民可以将土地经营权等作为抵押物获得贷款,取得创业所需的"第一桶金",另一方面,将手中土地抵押出去的农民可以不用再依托土地从事农耕活动,而是转变成了新的自由劳动力,为从事其他性质的工作以及为农民工实现自我创业提供宝贵灵活的人力资本。所以说,土地确权工作是顺利实现制度设计的第一步。

(二)积极激活土地的资本属性

在这个层面上,一方面是农村房屋和土地抵押贷款的放开。《农民住房财产权抵押贷款试点暂行办法》和《农村承包土地的经营权抵押贷款试点暂行办法》是两份极具改革性质的文件。这两份文件意味着,为实现"农村承包土地的经营权和农民住房财产权抵押贷款"的农房、农地抵押贷款试点在我国正式建立。可以说,以抵押为杠杆,盘活农村的土地和房屋资产,是激活土地的资本属性、帮助农村创业者取得关键启动资金的重大举措。

另一方面是土地确权后带来的农民财产性收入的增加。承包地作为农民财产,可以给农民带来承包地的转包费、出租的租金、土地入股的分红、土地转让后的价款等;宅基地及宅基地上自建的房屋可以为农民带来房屋的租金、房屋转让后的价款等。此外,农民积累了足够的资本开展创业项目,还可以取得创业所带来的额外收入等。

(三)建立健全土地流转的规范化市场

仅完成土地确权工作和推动土地资本的转化是不够的,还需要有一个完善的土地流转市场与其相互配合,共同发挥作用。

建立一个规范的土地经营权交易市场,首先需要确定公平交易的市场规则。一个公平有效、合理运转的交易市场能够有效减少交易双方信息不对称的状态，通过提供公开的交易机会和供求信息，为双方提供可以成交的机会，通过确定交易规则，土地流转的成交价格也会在竞争中趋于合理，供需双方都能以合适的价格成交，共享收益。信息不对称的减少，可以反过来促进转包、租赁等土地流转的行为更加规范化，另一方面还可以吸引更多的交易主体加入，扩大土地流转市场，促进土地流转规模的扩大。其次，培育有关土地流转的中介服务组织也是建立规范的土地经营权交易市场的过程中有效的举措。目前一些农村地区已经有为土地流转提供服务的办公室或者信息中心，但这样是远远不够的。健全完善的中介服务组织体系可以为农民提供懂得土地流转和农村实际情况的专业人员的智力支持，能够在土地流转交易的过程中约束当事人行为，减少向非农活动转变的做法，符合一以贯之的土地使用大方向，此外，还能有效减少土地流转过程中的供求纠纷，保障供方的合法权益和取得收益的权利，和土地确权的重要意义的达成也是相辅相成的。这些措施都对一个规范市场的建立有着重要的作用。

一个规范的土地经营权交易市场对鼓励和推动农民工自主创业也有着重要作用。在一个统一、公平、公开、合理、有效运转的土地流转市场主导下，农民工一方面可以将自己手中的土地以合理的价值抵押出去，取得贷款，不必担心交易规则不明确导致自身利益受损的问题。另外，规范化的土地经营权交易市场真正建立起来了之后，农民也不必担心自己创业之后面临的失地问题，即相当于帮助其解决了后顾之忧，使得农民更加有动力从农地走出来，投入自主创业的大潮。

（四）普惠金融的发展破解农民工创业融资难的困境

除了建立健全土地流转的规范化市场外，随着普惠金融的蓬勃发展和推进，普惠金融成为解决农民工创业者融资难问题的一把利剑。应当适度放低普惠金融的准入门槛，尤其是面向农民工创业者的普惠金融企业，让更多的民间资本有机会能够进入民间底层，建立小型、微利的金融机构，包括组建村镇银行、小额贷款公司、资金互助社、小额担保公司等。

（五）发挥好村集体的监督制约作用

《意见》中指出，农村土地农民集体所有，是农村基本经营制度的根本，必须得到充分体现和保障。村集体有权对承包农户和经营主体使用承包地进行监督，而且由于村集体对于情况的了解和熟悉，其监督能够取得良好的效果。农民工创业者如果在外进行创业，将自己的土地流转出去，便没有时间和能力去监督经营者对于土地的使用情况，而村集体的监督机制恰好就能填补这一空白，使农民工能够安心进行创业，也能保证该土地资本能够长期、持续地为其带来收益。如果农民工创业者自身就是经营能手，流转过来很多土地进行种植、养殖，村集体的监督也能让其合理利用土地，防止毁坏土地或者随意是改变土地的用途。

参考文献

1. 厉以宁：《中国经济双重转型之路》，中国人民大学出版社 2013 年版。
2. 陈建萍：“土地确权是农民致富的起点——专访全国政协经济委员会副主任、北大光华管理学院名誉院长厉以宁”，《人民政协报》2013 年 2 月 5 日第 B01 版。
3. 段贞锋：“‘三权分置’背景下农地流转面临的风险及其防范”，《理论导刊》2017 年第 1 期。
4. 黄源、谢冬梅：“‘三权分置’背景下农村土地经营权抵押贷款难点和破解思路”，《四川师范大学学报（社会科学版）》2017 年第 2 期。
5. 聂婴智、韩学平：“农地‘三权分置’的风险与法治防范”，《学术交流》2016 年第 10 期。
6. 潘小英：“‘三权分置’后的农民权益保护”，《中共郑州市委党校学报》2015 年第 2 期。
7. 宋兴国、李晓蕾：“全国农村承包地确权已完成 80% 整省试点省份达 28

个”,《21世纪经济报道》2017年8月10日。
8. 伍山林:“‘三权分置’,让农村土地‘活’起来”,《人民论坛》2017年第8期。
9. 杨泥娃:“‘三权分置’:唤醒农村‘沉睡的资本’”,《中国产经新闻》2016年9月1日。

(廖慧玲,武汉大学经济与管理学院;李晓萱,北京大学光华管理学院;潘月强,北京大学法学院;刘小溪,北京大学光华管理学院)

图书在版编目(CIP)数据

中国道路与农民工创业/厉以宁主编. —北京:商务印书馆,2017
(中国道路丛书)
ISBN 978-7-100-15373-7

Ⅰ. ①中… Ⅱ. ①厉… Ⅲ. ①民工—劳动就业—研究—中国 Ⅳ. ①D669.2

中国版本图书馆 CIP 数据核字(2017)第 230885 号

中国道路丛书
中国道路与农民工创业
厉以宁 主编
程志强 副主编
赵秋运 主编助理

商 务 印 书 馆 出 版
(北京王府井大街 36 号 邮政编码 100710)
商 务 印 书 馆 发 行
北 京 冠 中 印 刷 厂 印 刷
ISBN 978-7-100-15373-7

2017 年 11 月第 1 版 开本 787×960 1/16
2017 年 11 月北京第 1 次印刷 印张 23¼
定价:62.00 元